| 양명숙 · 한재희 · 전지경 · 김윤희 · 진선애 공저 |

학지사

머리말

『집단상담 사례와 프로그램 개발의 실제』는 많은 시간과 고민 그리고 노력을 통하여 이루어진 결과물이다. 먼저, 이 책의 기획은 2013년부터 진행된 '집단상담 공개사례발표회'에서 시작되었다. 집단상담 공개사례발표회에 수퍼바이저로 초대된 한재희 교수의 격려로부터 태동이 된 것이다. 한 교수는 집단상담 공개사례발표회를 보고는, 제대로 준비된 사례를 만난 것 같다는 피드백과 더불어 다른 수련생들을 위하여 사례집으로 엮어 보는 것도 좋을 것 같다는 의견을 주었고, 이에 이 책을 집필하기로 하였다. 초기에 집단상담 사례들을 중심으로 사례집을 준비하던 중, 미흡한 상태의 사례를 발표하는 것에 부담을 느껴 집단상담 사례집의 출판을 중단했었다. 그러나 이제는 집단상담 전문가 및 수퍼바이저가 된 사례 발표자가 집단상담을 지도하는 입장이 되었고, 집단사례의 모델을 제시할 수 있는 사례집의 필요성에 동참하면서 이 책의 출간에 다시 박차를 가하게 되었다. 이에 집단상담 사례만을 중심으로 할 것이 아니라, 이를 작성하는 실제 예시와 집단상담 프로그램 개발과정의 이론과 실제를 추가하기로 하였다. 따라서 집단상담에 대한 초보들이 이 책을 통하여 집단상담 사례를 작성하고, 집단상담 프로그램 개발에도 참고할 수 있는 기초 안내서로 출간하게 되었다.

이 책의 제1장 집단상담의 기본 개념과 원리는 한재희 교수가 집필하였고, 제2장 집단상담 프로그램의 개발과정과 실제는 양명숙과 전지경 교수가 집필하였다. 제3장 대학생의 대인관계 향상을 위한 집단상담 프로그램은 김윤희 박사가 집필하였고, 제4장 자신감 회복을 위한 자기성장 집단상담 프로그램은 진선애 상담원이 집필하였다. 제5장 미혼 커플관계 탄력성 증진을 위한 집단상담 프로그램은 전지경 교수가 집필하였다. 각 집단상담의 사례 중에 제1의 수퍼바이저는 한재희 교수이고, 제2의 수퍼바이저는 양명숙 교수이다.

현재 우리나라에서 출판된 집단상담 관련 서적들을 살펴보면, 집단상담의 이론과 실제에 해당하는 교재들은 비교적 활발하고 왕성하게 출판되어 있는 반면, 집단상담의 사례나 집단상담 프로그램 개발과정 및 실제에 대한 책은 찾아보기 힘들다. 이에 이 책에서는 전문상담사가 되기 위하여 수련하는 수련생들이나 상담학도들이 집단상담의 기본 개념과 원리를 바탕으로 집단상담을 실시하고, 이를 집단상담 사례집으로 정리할 수 있도록 돕고자 하였다. 이와 더불어 임상 현장이나 연구논문 등에서 집단상담 프로그램을 개발하고자 할 때, 기초가 되는 기본적인 과정을 간단하게 소개하였다.

이 책에 소개된 사례들은 한국상담학회 집단상담 1급 전문상담사가 되기 위하여 준비하는 과정에서 이루어진 것이다. 사례 발표자 입장에서는 여전히 미비하여 출판을 꺼리기도 한 사례이지만, 누구나 초보라는 과정을 통하여 전문가로 성장하기에, 그 과정 그대로의 모습을 후배를 비롯한 상담학도들에게 보여 주는 것도 배움의 과정이라는 수퍼바이저들의 격려로 출판하게 되었다. 그리고 집단상담 프로그램 개발과정으로 소개된 사례는 학위논문이나 연구논문의 사례를 모아서 소개하였다. 더 자세한 과정들은 참고문헌 등을 통하여 알 수 있다.

마지막으로, 이 책을 통하여 아직은 성장과정에 있는 많은 임상 수련생과 상담학도에게 시작이 반이라는 격려와 누구나 처음에는 어설픈 초보라는 알아차림과 함께 전문 상담사로 성장할 수 있는 계기가 되기를 바란다는 이야기를 해 주고 싶다. 더불어 집단상담의 사례 발표를 허락해 준 각 집단상담의 집단원들에게 감사드린다.

저자 일동

차례

제1장

집단상담의 기본 개념과 원리

제1절 집단상담의 개념과 특성

1. 집단상담의 정의와 기본 원리

아리스토텔레스(Aristoteles)가 인간을 '사회적 동물'이라고 말했듯이 사람의 특성 중 하나가 사회적 존재라는 것이다. 사람은 가족이라는 집단에서 태어나 가족과 사회적 공동체 속에서 활동하며, 다른 사람들과의 관계 속에서 도움을 주고받고 욕구를 충족시키며 삶을 영위한다. 사람은 가정, 학교, 공동체 및 사회 속의 집단에서 다양한 형태로 관계를 맺게 되며, 이는 개인의 특성과 삶에 중요한 일부가 된다. '집단'에 대한 정의를 살펴보면 문자적으로는 '2인 이상이 어떤 조직이나 관계를 이루고 있는 모임'이라고 할 수 있다. 하지만 실제로 인간사회 속에는 매우 다양한 유형의 집단이 존재한다. 그러므로 집단의 정의는 어떤 집단에 초점을 맞추는가에 따라 달라질 수 있으며 공통된 정의를 내리기는 어렵다. 그러나 일반적으로 집단은 사회적 관계에 의해 상당한 정도로 상호 의존되어 서로 관계를 맺고 있는 둘 이상의 개인들의 집합이라고 정의할 수 있다(Donelson, 2013).

집단상담은 문자적으로 볼 때 집단을 통해 상담이 이루어지는 과정이라 할 수 있다. 무엇보다 상담은 주의 깊이 살필 수 있는 전문적이고 인격적인 만남과 온화하고 수용적 분위기의 의사소통을 통해 내담자의 회복과 성장 지향적인 변화를 위한 전인격적인 도움의 과정이라고 할 수 있다(한재희, 2008). 따라서 집단상담은 집단이라는 특성, 즉 집단 내에서의 상호작용과 집단의 원리 및 역동을 활용하여 집단에 참여한 개개인의 회복과 성장을 이루어 가는 일련의 과정적 활동이다. 집단상담의 기본적 원리를 살펴보면 다음과 같다.

첫째, 집단상담은 집단의 원리를 상담에 활용하게 된다. 집단의 원리를 몇 가지 간추려보면, 우선 집단은 살아있는 체계로서 집단 그 자체의 규범과 구조가 형성된다. 또 집단상담은 새로운 집단이 이루어지고, 집단이 종결되는 시점이 있다. 즉, 집단의 생성과 소멸의 과정에서 집단 자체의 규범과 체계를 이루는 독특한 특성이 형성되고, 이러한 원칙이 집단과 집단원을 이끌어가는 기본적인 틀로 작용하게 된다.

둘째, 집단상담은 집단의 구성원과 집단 사이에 끊임없는 상호작용적 과정이 이루어진다. 집단의 형태는 끊임없이 변화하는 개인 간의 관심과 거부의 역학적인 긴장체계라고 할 수 있다(Moreno, 1964). 집단에서 구성원 각 개인의 감정, 사고, 행동 및 가치관은 개인 수준의 과정에 따라 형성되는 동시에 자신이 속한 집단에 따라 영향을 받는다. 또한 이러한 개인적 특성은 집단에 영향을 주어 집단을 변화시키기도 한다. 즉, 집단과 집단구성원 간에는 끊임없는 상호작용적인 과정이 존재한다. 따라서 집단상담에서 집단원 개개인과 집단 모두는 상호작용적 변화를 일으킨다. 집단원들은 그 집단만의 독특한 상호작용이나 의사소통의 방식, 갈등을 해결하거나 의사결정하는 방식, 리더십의 형태 등에 영향을 줄 뿐만 아니라, 집단조직에 의해 영향을 받아서 자신의 사고, 정서, 행동, 가치관 등의 내면적 요인과 대인관계적 행동패턴의 변화를 일으키게 된다.

집단상담의 궁극적인 목적은 집단의 힘과 역동 등을 통해 개인의 회복과 성장을 이루고자 하는 것이다. 이는 일반적인 사회공동체적 집단에서 집단 자체의 가치와 규범을 재확인시켜 주며, 소속감이나 집단성원 간의 유대감을 매우 중요한 가치와 목표로 삼는 것과는 차이가 있다. 집단상담에서 집단 내의 소속감, 유대감, 집단이 지니는 가치와 규범은 개인적 목표를 이루기 위한 과정이 되는 것이다.

마지막으로, 집단상담은 집단구성원 개개인의 총합이 아닌 통합적 체계이다. 집단상담은 전체로서 그리고 집단구성원 간의 상호작용이 연속적으로 발생하는 역동적 상호작용(dynamic interaction)의 과정으로서 이해되어야 한다. 레빈(Lewin, 1951)은 집단 역동에 관한 장이론(field theory of group dynamics)에서 이를 공식으로 나타내었다. 이는 'B = f(P, E)'로서 집단 성원의 행동(B)은 개인적 특징(P)과 환경적 요인(E)의 상호작용에 따른 함수(f)라고 할 수 있다. 종합적으로 인간의 심리적 장은 집단에서 인간행동을 결정하는 상호의존적인 모든 심리적 사실의 총합을 의미하며, 여기에는 인식하든지 인식하지 않든지에 상관없이 개인의 현재 상황과 행동에 영향을 주는 모든 것이 포함된다. 집단상담에서 집단의 역동은 무엇보다도 중요하다. 개인은 집단 내에서 여러 가지의 역동을 경험한다. 이러한 역동은 집단에 속해 있지만 개인의 심리 내적인 측면에서 경험하는 역동, 집단의 특정한 구성원과의 관계에서 경험하는 역동 그리고 전체 집단 안에서 경험하는 역동이다(Donelson, 2013). 이러한 다차원적인 역동적 상호작용을 통해 집단원은 자신을 성찰하고 의사소통의 방식을 학습하며 행동적 변화를 경험하게 된다. 집단상담의 가장 큰 힘은 바로 이러한 역동을 활용하는 것이다.

2. 집단상담의 역사

집단상담이 이론적으로 정립되는 과정에서 누가, 언제 집단의 원리를 이론화해서 상담 및 심리치료에 도입하게 되었는지는 명확히 알 수 없다. 다만, 다양한 정신 분야의 전문가들이 상담과정에서 집단을 활용하였다. 일반적으로 20세기 초에 결핵환자를 대상으로 최초로 교육집단을 시행한 프라트(Pratt)가 집단상담의 효시로 알려지고 있다(Yalom & Leszcz, 2008). 유럽에서는 1900년에서 1930년 사이에 아들러(Adler)를 중심으로 '집합적 상담'이라고 불렸던 방법이 체계적으로 활용되려는 움직임이 있었다. 그 후 1930년대에 들어서면서 루마니아 태생의 모레노(Moreno)가 집단심리치료(group psychotherapy)라는 용어를 최초로 사용하였으며, 자발성, 역할연기, 사회측정(sociometry) 등 집단심리학의 중요한 주제를 바탕으로 사이코드라마를 개발하였다.

집단역동운동이 본격적으로 시작된 것은 미국의 레빈에 의해서였다. 그를 통해 집단역동에 대한 연구가 시작되고, 이를 바탕으로 국립훈련연구소(National Training Laboratory: NTL)가 세워졌으며, 소집단으로 T-group(Training group)이 실시되었다(Yalom & Leszcz, 2008). 이러한 집단역동운동은 로저스(Rogers)를 중심으로 한 감수성 훈련과 참만남집단 등의 경험적 활동을 통한 인간 잠재력 운동으로 확산되면서 집단상담 운동에 크게 영향을 미쳤다(이형득 외, 2006). 오늘날 집단상담에 대한 수많은 연구가 이루어져서 이론적으로 정교해졌으며, 다양한 이론적 맥락과 많은 형태의 집단프로그램이 개발 · 시행되면서 상담학의 한 분야로 크게 자리매김하게 되었다.

3. 집단상담의 분류

집단상담은 매우 다양한 이론적 바탕과 형식, 그리고 많은 주제에 따라 서로 다르게 시행된다. 그러므로 집단상담에 대한 분류는 그 유형과 방식에 따라 매우 다양한 측면으로 나눌 수 있다. 우선, 집단상담은 이론적 맥락에 따라 나눌 수 있다. 각각의 상담이론은 인간의 정신적 문제를 보는 이론적 틀과 심리적 문제에 대한 원인과 개입 방식을 지니고 있다. 이러한 이론적 원리에 따라 집단상담이 운용될 수 있다. 정신분석 집단상담, 교류분석 집단상담, 행동주의 집단상담, 인간중심 집단상담, 실존주의 집단상담 등 다양한 이론적 배경에 따라 집단상담을 분류할 수 있다. 또한 진행 방식에 따라 집단상담은 구조화 집단과 비구조화 집단으로 나눌 수 있다. 구조화 집단은 구조적 틀에 의해 집단상담을 진행하는 방식으로서 일반적으로 집단원들을 위한 자료를 가지고 있다. 반면, 비구조화 집단은 구조적 틀을 갖기보다는 집단원 자체의 특성과 삶을 통해 집단상담을 진행해 나가는 방식을 의미한다.

집단상담을 내용의 특성에 따라 분류하면 교육집단, 자조집단, 성장집단, 치료집단 등으로 나눌 수 있다(Jacobs, Masson, & Harvill, 2008; 정성란 외, 2013). 교육집단은 일반적으로 정신건강과 관련된 다양한 주제에 대한 정보를 제공하거나 교육적 차원으로 구성되는 집단이다. 예를 들면, 스트레스관리집단, 비만조절집단, 진로교육집단, 성폭력예방집단 등이다. 자조집단은 유사한 상황이나 경험, 문제 등을 공유하는 구성원들이 서로 지지하면서 공동으로 어려움이나 문제를 해결해 나가는 집단이다. 한 예인 A. A.(Alcoholic Anonymous)집단은 가장 잘 알려지고 전 세계에 걸쳐 널리 활성화된 집단으로 1935년에 출발해 오늘날까지 지속적인 활동을 하고 있다. 이 밖에도 단도박집단, 가정폭력피해자집단, 알츠하이머가족집단 등 다양한 자조집단이 있다. 성장집단은 자아성장 및 대인관계 향상을 위해 집단을 통해 자신을 성찰하고 새로운 행동을 습득할 수 있는 집단이다. 감수성훈련집단, T-집단, 참만남집단, 가치명료화 집단, 대인관계향상집단, 자아성장집단 등이 이러한 집단에 속한다.

치료집단은 주로 병원 등의 상황에서 심층심리적 문제를 재조명하거나 성격적 특성의 재구성 및 교정을 위한 집단이다. 우울증치료집단이나 중독재활집단 등이 이러한 집단활동이다. 이 밖에도 집단을 분류하면서 구성원이 같은 특성을 지니고 있는지 여부에 따라 동질집단과 이질집단으로 나눌 수 있고, 집단활동의 시작에서 종결까지 같은 구성원으로만 구성되는지 여부에 따라 폐쇄집단과 개방집단으로도 분류될 수 있다.

제2절 집단상담자의 자질 및 리더십

1. 집단상담자의 역할

집단상담의 모든 과정은 집단상담자 및 집단구성원 사이의 관계와 상호작용을 바탕으로 이루어진다. 특히 집단상담자는 집단의 리더로서 집단과정을 촉진하며 집단의 응집력을 형성하고 집단원의 변화와 성장을 위한 매우 중요한 촉매제의 역할을 수행한다. 즉, 집단상담자는 기본적으로 집단 전반에 걸쳐 집단을 구성하고 유지하며 집단원 모두가 올바른 목표를 향해 나아가도록 적절한 집단문화와 규범을 형성하는 역할을 한다(Yalom & Leszcz, 2008). 이와 함께 집단상담자는 집단이 효율적으로 진행해 나갈 수 있도록 도와주는 집단 전반의 촉매적 관리자라 할 수 있다. 이러한 촉매적 관리자로서의 기능을 바탕으로 집단 안에서 다양한 역할을 수행하게 되는데, 이를 구체적으로 살펴보면 촉진자로서의 역할, 참여자로서의 역할, 관리자로서의 역할, 치료자로서의 역할로 나눌 수 있다.

촉진자로서의 집단상담자는 집단에 대한 전문적 지식을 갖춘 자로서 집단을 효율적인 방향으로 나아가도록 하기 위해 언어적 · 비언어적 의사소통을 통해 집단원의 미성숙한 행동을 자제시키며 성숙한 행동을 촉진하기 위한 영향력을 행사한다.

또한 집단상담자는 집단의 촉진자인 동시에 집단의 한 구성원으로서 참여자의 역할을 수행한다. 이 참여자로서의 역할은 집단원들에게 솔직성과 자발성에 대한 참여적 모델이 되는 것이다. 집단상담자는 단지 집단원들에게 지시하거나 요구하는 자가 아닌 집단 안에서 실제로 집단행동의 모범을 보임으로써 집단문화와 규범을 조성할 수 있다. 집단상담자가 집단 안에서 자신을 적절하게 개방하고 투명한 의사소통의 본을 보일 때 집단원 역시 안전하고 편안한 마음으로 집단에 자발적으로 참여하여 자신을 개발할 수 있게 된다.

집단상담자는 관리자로서의 역할도 하게 되는데, 집단이 준비·형성되는 과정에서부터 종결에 이르기까지 집단이 원활하게 기능할 수 있도록 생산적 분위기를 조성해 주어야 한다. 집단 안에서 구성원 사이에 신뢰가 형성되지 않는다면 집단은 결코 효율적으로 기능하지 못할 것이다. 집단상담자는 집단참여자들이 정서적으로 안정되고 자기를 개방해도 수용될 수 있다는 생각을 가질 수 있는 환경을 조성해 집단의 치료적 요인을 생성할 수 있도록 관리하여야 한다. 즉, 집단상담자는 집단 과정에서 필요한 역할을 수행해야 한다. 집단은 마치 흐르는 물과 같아서 물길이 열리는 곳으로 자연히 흐르게 된다. 물길이 없거나 막히면 물은 흐르지 못하고 고여 있거나 여러 갈래로 흩어져 버리게 된다. 수로 관리자가 물이 잘 흘러갈 수 있도록 물꼬를 터주듯이 집단상담자는 집단이 목표를 향해 갈 수 있도록 적절한 때에 적절한 방법으로 집단의 방해물을 치워 주고 길을 터 주어야 한다.

집단상담자는 심리치료사로서의 역할을 수행하기도 한다. 집단상담의 목적은 결국 집단구성원 각자의 성장과 변화, 그리고 회복과 문제해결이다. 집단상담의 과정에서 개인적 이슈가 다루어질 때 집단상담자는 집단의 역동을 활용하는 한편, 전문상담자로서 개인의 심리적 문제를 해결하기 위한 개입을 시도할 수 있어야 한다. 이를 위해 집단상담자는 숙련된 경청자의 역할뿐만 아니라 집단원 개개인의 문제나 어려움을 평가·개념화할 수 있어야 하고, 심리적 문제에 대해 개입할 수 있는 전문적 능력이 있어야 한다.

2. 집단상담의 리더십 유형

집단상담자의 역할을 수행할 때 집단리더가 발휘하는 리더십과 의사소통 유형은 매우 중요하다. 일반적으로 집단리더십의 유형은 지시형, 방임형, 민주형의 리더십으로 나눌 수 있다(강진령, 2011). 지시형 집단리더십은 주로 집단리더의 방향대로 집단의 과정을 이끌어가며 전문성과 경험을 토대로 집단원들에게 적합한 도움을 주고자 하는 유형의 리더십이다. 방임형 집단리더십은 집단리더가 집단의 방향이나 과정에 매우 소극적으로 개입하며 모든 결과와 책임을 집단원들에게 돌리는 유형이다. 민주형 집단리더십은 비지시적이면서도 구성원과 집단에 대한 책임을 공유하는 유형이다. 이 유형의 집단리더는 집단원들의 문제해결능력을 신뢰하여 집단 내에서 자율성을 증진하고 촉진적 분위기를 조성하고자 노력한다.

집단상담의 모든 리더십 유형은 나름대로의 장점과 단점을 갖고 있는데, 기본적으로 민주형을 바람직한 리더십으로 여긴다. 집단상담자는 이 리더십을 통해 집단 내에서 합리적이고 촉진적인 분위기를 형성하며 집단상담의 과정에 대한 피드백과 평가를 통해 집단이 방임적으로 흩어지지 않으면서 집단구성원이 안정감을 가지고 자발적으로 자신을 개방하고 참여할 수 있도록 이끌어 주어야 한다. 하지만 집단리더십은 집단의 유형이나 상황 혹은 집단원들의 특성에 따라 달라질 수 있다. 교육적인 구조화집단이나 집단 내에서 돌발적인 변수가 발생하여 긴급하게 해결해야 되는 경우 집단리더는 지시형의 리더십을 발휘하여야 한다. 반면, 전문가들이 모인 분명한 목적이 있는 자조그룹이라든지, 매우 독창적인 아이디어를 필요로 하며 구성원 스스로가 협의하여 기획하는 프로젝트가 있는 청소년 집단의 경우 방임형의 리더십 유형을 보이는 것이 효과적일 수 있다.

3. 집단상담자의 자질

앞에서 언급한 바와 같이 집단상담자는 다양한 기본 역할과 집단리더십의 유형을 지니고 있다. 하지만 무엇보다도 집단상담자가 집단을 효과적으로 유지하고 집단구성원이 집단을 통해 성공적인 결과를 얻기 위해서는 인간적 자질과 전문적 자질, 이 두 가지 측면에서 자질을 갖추어야 한다. 인간적 자질의 측면에서 집단상담자는 리더로서 전인격적인 자신이 집단상담의 도구가 되며 집단원에게 영향을 주는 성장의 모델이 된다. 이러한 관점에서 집단상담자는 자신과 타인에 대한 수용, 현실적 감각과 현실에 대한 수용, 성숙한 대인관계와 사회적 관심, 삶에 대한 긍정적인 자세, 상담에 대한 건전한 동기가 있어야 한다(한재희, 2008).

집단상담자는 자신과 타인에 대한 수용은 물론 스스로 자기 자신을 올바로 이해할 수 있는 능력을 갖추어야 하며, 이를 바탕으로 자신을 왜곡하거나 편견 없이 수용할 수 있어야 한다. 집단상담자는 있는 그대로의 자신을 인정하고 존중할 뿐만 아니라 집단원에 대해서도 있는 모습 그대로를 수용하며 인격적인 존중을 할 수 있어야 한다. 또한 현실적 감각이 있어야 한다. 집단상담자가 집단구성원에 대한 소망과 기대를 갖고 있어야 하는 것은 당연하지만 자신이나 집단구성원들의 현실을 지나치게 낙관하거나 긍정화함으로써 현실을 왜곡하지 말아야 한다. 이와 함께 집단상담자는 어느 정도의 불확실성에 대해 견딜 수 있는 인내가 있어야 하며 새로운 문화와 가치관 등 익숙하지 않은 것을 받아들일 수 있는 마음의 여유가 있어야 한다.

성숙한 대인관계와 사회적 관심과 관련하여 집단상담자는 자신의 삶의 영역을 유지하면서 타인에 대해서도 진정한 관심과 열린 마음을 가지고 있어야 한다. 인간과 인간 사이의 관계에서 드러나는 모습은 그 사람의 성숙도를 드러내 주는 척도로서, 성숙한 사람은 상호 의존적으로 비정상적인 결합 속에 있지 않으면서도 정서적 교류를 포함한 전인격적인 친밀한 교제를 나눌 수 있다. 또한 집단상담자는 사회공동체의 일원으로서 사회에 대한 책임 있는 자세와 관심을 가져야 한다. 삶에 대해서도 집단상담자는 긍정적인 자세를 갖고 자신의 삶에 성실하고 진지하게 임해야 한다. 삶이 성장하는 하나의 과정임을 인정하면서 가면과 허울 속에 숨겨 있는 모습이 아닌 진정한 용기와 소망을 갖고 최선을 다해야 한다.

또한 인간적 자질과 관련하여 집단상담자는 집단에 속하는 구성원 각자를 비소유적인 마음가짐으로 배려하는 진정한 동기를 지닐 수 있어야 한다(정성란 외, 2013). 즉, 집단상담자는 건전한 동기에서 다른 사람을 돕고자 해야 한다. 이와 함께 집단 분위기를 편안하게 만들어 주며 삶의 문제를 해학적으로 접근할 수 있는 능력으로서의 유머감각, 바람직한 행동의 모델 역할을 할 수 있는 자발성과 새로운 것을 창안하여 집단에 적용할 수 있는 창의성, 집단원들을 이해하고 그들의 욕구를 충족시키기 위한 충분한 역동적 자원으로서의 심리적 에너지를 갖출 수 있어야 한다(강진령, 2011; Corey, Corey, & Corey, 2016).

이와 더불어 집단상담자는 단순히 인간적 성품이 성숙한 사람이 아니라 집단행동의 초점이 되며 집단원들의 변화를 이끌어낼 수 있는 리더로서 집단운용의 전문성을 소유한 사람이어야 한다. 이러한 특성과 관련이 있는 전문적 자질로 집단상담자는 무엇보다도 집단과정 및 집단역동, 그리고 집단 내 상호작용에 대한 명료한 지식이 있어야 한다. 이를 통해 집단상담자는 집단응집력을 강화시키며 집단원 상호 간의 풍부한 상호작용을 창출해 낼 수 있는 전문적 역량을 갖춰야 한다. 또한 집단 내에서 일어나는 기본적인 집단역동, 즉 집단원 각자와 특정 집단원 사이에 발생하는 관계적 특성뿐만 아니라 집단 전체에 일어나는 태도와 정서적 상호작용을 동시에 주목하고 파악해야 한다.

전문가로서의 집단상담자가 갖추어야 할 집단상담기술은 많은 부분에서 일반적으로 전문상담자가 갖추어야 할 기술과 유사하다. 기본적으로 상담자가 내담자와의 상호작용에서 갖추어야 할 기술(micro-skill)은 크게 경청기술, 관계형성기술, 변화유도기술로 나눌 수 있다(이수용 외, 2010). 경청기술은 재진술, 반영, 요약, 구체적 명료화, 질문 등의 기술이며, 관계형성기술은 관심기울이기, 수용, 공감, 솔직성 등의 기술이다. 더 나아가 변화유도기술은 직면, 즉시성, 자기개방, 해석, 역할극 등의 기술이다. 이러한 일반적인 상담자의 기술 외에 집단상담자로서 갖추어야 할 기술은 연결짓기, 피드백 주고받기, 통제하기, 촉진하기 등이다.

연결짓기는 집단 내에서 집단원들의 특성 및 행동 그리고 언급된 내용을 서로 관련 지으면서 집단을 심층적으로 이끌거나 통찰하도록 만들어 주는 기술이다. 피드백 주고받기는 집단원들이 집단 내에서 비춰지는 서로의 모습들을 진솔하게 주고받으며 자신을 성찰할 수 있도록 하는 것이다. 통제하기는 집단에 도움이 되지 않거나 방해가 되는 행동들에 대한 집단상담자의 제지를 의미한다. 예를 들면, 한 집단원들이 잡담 등으로 너무 많은 시간을 소모한다거나 집단 외부의 이야기를 끌어들여 장황한 설명을 하는 행동, 다른 집단원을 험담하거나 비난하고 공격하는 행위, 집단 압력을 통해 한 집단원의 개인적인 비밀을 노출하도록 강요할 때 등이다. 그러나 통제하기는 집단상담자의 자의적 통제라기보다는 집단원이 초기에 만든 규범에 따라 집단상담자가 집단원으로 하여금 기억나게 하도록 만드는 역할이라 할 수 있다. 촉진하기는 집단상담자가 지금-여기의 집단과정에서 집단원들이 자신들의 느낌이나 생각을 솔직하게 표현할 수 있도록 초청, 도전 또는 모델링을 제공하는 기술이다. 이를 위해서 집단상담자는 때때로 집단 내 갈등이나 불일치를 개방할 수 있도록 장려하며 의사소통의 방해 요소들을 제거해 주는 역할을 한다.

제3절 집단상담의 과정

집단상담은 어느 특정한 목적을 지니고 있으며 집단 내 모든 참여자도 집단의 역동을 만들어 가면서 각자의 성장적 목표를 성취하기 위해 노력해 나간다. 이러한 과정에서 집단상담은 집단의 생성에서 시작하여 종결에 이르기까지 일련의 변화 혹은 발달과정을 거치게 된다. 집단상담자는 전문가로서 일반적으로 집단이 진행되는 과정에서 발생하는 전형적인 현상에 대해 인지하고 있을 때 더욱 효율적으로 집단을 이끌어 갈 수 있다. 이러한 집단발달과정에 대한 인식은 집단을 전체적으로 조망하면서 집단 내에서 발생하는 문제들을 예측할 수 있을 뿐만 아니라 적절한 시점에서 효과적으로 개입할 수 있는 능력과 각 발달단계에서의 과제를 성공적으로 실행할 수 있는 역량을 지닐 수 있게 해 준다. 따라서 비록 모든 집단이 동일한 발달단계를 거치는 것은 아니지만 많은 집단상담 전문가는 통상적으로 집단이 발달해 가는 단계를 집단의 원리적인 차원에서 제시하고 있다. 집단상담의 단계별 발달과정을 살펴보면 집단상담 시작단계, 형성단계, 활성단계, 작업단계, 종결단계로 구분할 수 있다.

1. 시작단계

집단상담이 처음 시작하는 회기에 집단원들은 기본적으로 집단 참여에 대해 양가적인 감정과 태도를 갖는다. 처음 만나는 집단원들 사이에 기대감뿐만 아니라 긴장과 불안 등 여러 감정이 교차하며 집단에 대한 탐색의 과정으로 시작된다. 또한 집단에서 자신이 해야 될 역할과 행동 등에 대한 모호함과 혼란스러움으로 인해 집단상담자와 다른 집단원들에 대한 주의 깊은 관찰이 이루어지며 자신의 내면을 노출하는 것을 두려워한다. 따라서 집단원 대부분의 의사소통 방식은 피상적이며, 서로 간에 갈등을 유발하지 않도록 사회적 예의 수준을 넘지 않으려고 노력하면서 눈치를 살피는 특성이 있다.

집단상담의 시작단계에서 집단상담자는 무엇보다도 신뢰롭고 안정적인 분위기를 조성하기 위해서 노력하여야 한다. 집단원이 집단에 참여하게 된 동기를 스스로 인식할 수 있도록 도우며 집단상담을 통해 새롭고 의미 있는 경험을 수행할 있도록 격려한다. 집단상담자는 시작단계에서 집단 자체가 새로운 경험의 발판이 될 수 있도록 신뢰롭고 수용적인 분위기를 형성해 나가는 것이 매우 중요하다. 또한 집단원들이 다른 집단구성원이나 집단상담자에게 초점을 맞추는 것 자체가 긴장과 방어적인 태도일 수 있다는 것을 인식하도록 도움으로써 집단원이 지금-여기의 자신에게 초점을 맞추도록 해야 한다. 더 나아가 집단원들의 내면적 심정에 대한 연결짓기를 통해 서로의 유대감을 형성해 주는 작업이 필요하다.

집단상담자가 시작단계에서 수행해야 할 내용은 집단에 대한 오리엔테이션과 집단구조화, 목표 설정 등이다. 오리엔테이션의 주된 작업은 집단을 구성하는 일이며 집단원에 대한 소개와 상호 간의 인사, 집단 내에서 예상되는 불안과 긴장의 해소 및 기대감을 갖도록 하는 것이다. 집단원 자기소개는 주로 자신이 집단에서 불리고 싶은 이름이나 별칭을 소개하고 그 의미에 대해서 설명하도록 한다. 구조화집단에서는 자기소개 및 현재의 자기 마음을 표현할 수 있는 간단한 질문지나 자료를 통해 보다 편안하게 자기를 개방할 수 있도록 한다.

집단구조화 작업은 집단의 규범을 설정하며 집단의 고유한 문화적 토대를 마련하는 작업이다. 집단규범은 집단에서 집단원들이 공통적으로 인식하고 있는 행동과 태도 등의 규칙으로 명시적 규범과 암묵적 규범 모두를 포함한다. 명시적 규범은 집단 내에서 집단운영 및 휴식시간, 진행방식, 집단원의 개인사에 대한 비밀유지, 의사소통의 방식, 핸드폰 사용 등이다. 암묵적 규범은 명시적으로 설정한 것은 아니지만 집단 내에서 상호작용의 태도 방식이나 자기표현의 내용, 집단리더와의 관계 방식 등 암묵적으로 형성된 문화적 규칙과도 같은 요소들이다.

집단 초기에 집단규범이 모호하거나 효율적인 규범이 형성되지 않으면 집단이 안정감을 갖지 못하고 눈치를 보거나 자기개방을 하지 않으며 긴장감이 발생한다. 특히 집단규범을 형성하는 데 집단상담자가 주도하기보다는 집단원이 스스로 만들어가도록 하며, 상호작용과 의사소통 방식에서 집단상담자의 모델링이 매우 중요하다. 집단상담자는 직접적 교육이나 지시, 조언보다는 집단 내에서의 경청 및 수용, 진솔한 의사소통, 적절한 자기개방, 다른 집단원의 부정적 감정을 신뢰롭게 처리하고 건설적으로 관계를 촉진시키는 방식 등의 모범을 통해 집단원들에게 경험적 교육을 시키며 효율적인 집단문화를 형성할 수 있도록 만든다.

집단상담의 초기 과정에서 이루어져야 할 또 다른 중요한 과제는 목표설정이다. 집단상담에서의 목표는 크게 집단의 과정목표와 집단원 개인의 성취목표가 있다. 집단의 과정목표는 집단이 효율적으로 운용될 수 있도록 하는 목표로 지금-여기에서 진솔한 자기개방과 다른 집단원에 대한 경청과 수용, 정직한 피드백과 즉시적 반응, 갈등을 억압하지 않고 구체적으로 다루거나 집단 내에서의 모험을 시도하는 등 집단이 신뢰롭고 안정적이 될 수 있도록 하는 것을 의미한다. 성취목표는 각 집단원이 집단을 통해 개인적으로 성취하고픈 행동목표를 설정하고 명료화하는 것이다. 실제적으로 집단의 과정목표와 개인의 성취목표는 서로 연결되어 있으며, 집단의 과정목표가 적절히 이루어질 때 집단구성원의 성취목표가 효과적으로 이루어질 수 있다.

2. 형성단계

집단상담이 시작되면서 집단원들이 낯선 사람들과 함께해야 하는 것으로 인한 불안과 긴장이 어느 정도는 해소되었을지라도 곧바로 집단이 안정되거나 유대감, 응집력을 갖추지는 못한다. 일반적으로 집단이 오리엔테이션과 구조화 등의 초기 작업이 끝나고 나면 가벼운 자기개방이 이루어지기 시작한다. 하지만 이 과정에서 오히려 집단상담에 대한 또 다른 불안과 더불어 갈등이나 저항 등의 다른 이슈들이 등장하게 된다. 집단 내에서 집단원들의 진정한 관계가 형성되기 위해서는 형성단계에서 경험하는 것이 무엇보다 중요하다.

형성단계에서 집단원들은 집단에 대한 불안과 두려움을 내포하고 있다. '집단에서 자신의 개인적 세계에 대한 개방을 어느 정도 해야 하는지?' '다른 사람들의 압력이나 주목을 받는 것은 아닌지?' '자신의 행동이나 태도, 의사소통이 적절한지?' 혹은 '집단상담자나 집단원들이 자신을 어떻게 평가하는지?' 등에 대한 불안이나 두려움이다. 또한 이 단계에서는 집단상담자에 대한 의존이나 불만이 발생하며 집단원들의 다양성으로 인해 때로는 집단상담자와 집단원, 집단원과 집단원 사이의 갈등이 증폭되기도 한다. 이러한 갈등에 대한 두려움으로 인해 피상적인 대화에 치우치거나 일반적인 관심사에 대한 토론, 집단원 서로 간에 긍정적 지지와 격려로 일관하거나 긴 시간의 침묵이 일어나기도 한다.

형성단계에서의 일반적인 과업은 이 단계에서 자연스럽게 나타나게 되는 집단원들의 의존성과 저항 및 갈등 등을 처리하며 집단응집성과 역동을 향상시키는 것이다. 집단역동을 향상시키기 위한 집단상담자의 역할은 무엇보다도 집단의 응집력을 촉진해서 집단원들이 자발적으로 진솔하게 참여하도록 북돋우는 일이다. 한 집단원의 진솔함은 다른 사람의 솔직한 개방을 이끌어

낸다. 이러한 진솔한 개방이 확산되어 갈 때 집단에 대한 깊은 신뢰가 형성되기 시작하고 오히려 내면의 불안과 두려움이 가라앉게 되며 집단원들은 안정감을 갖는다. 실제로 집단이 효율적으로 운용되지 않거나 문제가 발생되는 이유는 집단원들이 표출한 갈등과 부정적인 감정 때문이 아니라 집단에 대한 자신의 진솔한 내면을 표출하지 않기 때문이다. 따라서 형성단계에서 가장 중요한 사항은 집단원들이 집단 내에서 자신들의 생각과 느낌을 표출할 수 있도록 촉진하는 것이다. 이러한 과정을 통해 집단에서의 상호작용을 하며 대화하는 주제가 집단 외부적인 것에서 집단 내부적인 내용으로, 추상적인 것에서 구체적인 내용으로, 일반적인 것에서 개인적인 내용으로 초점을 전환하게 된다(Yalom & Leszcz, 2008).

집단상담자는 갈등이나 집단원의 도전에 대해 권위적인 해석이나 판단, 비난 또는 변명으로 일관하지 않도록 조심하여야 한다. 집단상담자는 경청하는 태도로 듣고 집단원이 충분히 자신의 속마음을 표현할 수 있도록 격려하며 집단원의 마음속에 있는 역동을 탐색하여 알아주고 이를 건설적으로 활용할 수 있어야 한다. 이러한 집단상담자의 모델링을 통해 집단에서의 갈등을 해결하는 방법과 의사소통의 방식을 경험적으로 학습하게 된다. 집단원의 불만이나 저항 및 갈등 등이 건설적으로 해결될 때 집단응집력이 향상되고 집단의 역동이 더욱 활성화된다.

이 밖에도 집단상담자는 이 단계에 주로 나타나는 집단원의 행동에 대한 적절한 개입을 해야 한다. 이 행동에 대한 예를 들면, 참여하지 않고 침묵하며 철수(withdraw)하고 있는 행동, 집단의 대화를 독점하려고 하는 행동, 다른 집단원을 조언하며 가르치면서 자신의 우월성을 드러내 보이려는 행동, 리더에게만 몰두하여 질문하고 순응하려는 행동, 다른 사람을 비난하고 공격하는 행동, 집단의 초점을 흐리는 웃긴 말과 행동으로 관심을 집중시키려는 행동, 리더와 경쟁하거나 공동지도자 같은 역할을 하려는 행동, 집단 내 몇 사람과 하위집단을 형성하는 행동 등이다. 이러한 행동에 대한 개입에서 집단상담자가 감정적인 대립이나 비판적 제지를 한다면 자칫 집단의 안정성이나 역동을 해칠 수 있다. 집단상담자는 이러한 집단원의 태도나 행동에 대해 부드럽지만 단호한 현상적 묘사를 통해 스스로 집단에 미치는 영향을 성찰하게 하거나, 다른 집단원들을 초대하여 느낌이나 생각을 표출할 수 있는 기회를 만들어 줌으로써 집단에 부정적 영향을 주는 행동을 효과적으로 다루어야 한다.

3. 활성단계

집단상담이 진행되는 과정에서 단계적 변화가 명확한 경계선이 있는 것이 아니며 실제적으로 여러 단계가 부분적으로 중복되면서 진행이 된다. 집단이 효율적으로 운용이 되면 집단상담의 형성단계에서 활성단계 역시 자연스럽게 중복되면서 발전하게 된다.

집단상담이 활성화되면 무엇보다도 집단원의 자율성과 안전감이 증대되어서 자신이 생각하고 느끼는 바를 서로 분명하게 전달하기 시작한다. 따라서 집단원 사이에 의사소통이 명확해지고 피드백을 직접적으로 활발하게 주고받으며 이를 거부감 없이 받아들인다. 또한 집단원이 자신 또는 집단상담자와의 사이에 다른 의견과 다양한 차이가 있을 수 있음을 인정한다. 그리고 갈등이 생길 때 수면 위로 드러내어 토의하면서 대부분 해결의 실마리를 찾게 되고 이로 인해 응집력이 더욱 강화된다. 이 단계에서는 집단원이 자연스럽게 각자 다른 외부적 상황의 주제 혹은 각자의 고립된 생각에 몰입되기보다는 지금-여기의 상호작용을 중심으로 이야기를 나누면서 집단의 소속감을 느끼며 소외된 집단원이 보다 능동적으로 참여할 수 있도록 관심을 갖고 초대하기도 한다.

이 단계의 가장 큰 특징은 집단원의 자발적 참여가 증대되는 것과 집단의 응집력이 강화되는 것이다. 집단의 응집력이 강화되는 요인 중 하나가 집단원이 스스로 자신을 다른 집단원에게 노출하여 개방하는 것이다. 이전 단계의 긴장과 불안, 갈등과 저항 등을 극복하고 나면 집단원 사이에 깊은 신뢰감이 형성되며 좀 더 편안하게 자신의 생각, 느낌 그리고 삶을 드러내게 된다. 이러한 과정에서 집단원이 서로 공통적인 특성과 유사한 삶의 문제와 고민을 볼 수 있게 되며 심리적으로 더욱 가까워지고 연대감을 형성하게 된다. 이 같은 집단원의 자기노출과 피드백은 결과적으로 집단 내에서 자신의 특성을 인식하고 깨닫게 되는 힘이 된다. 활성단계에서 집단은 마치 서로에게 거울과 같은 역할을 하기 시작한다. 집단원은 그동안 볼 수 없었던 자신의 모습을 지금-여기의 집단원이 비춰 주는 거울을 통해 좀 더 명확히 볼 수 있게 되며, 이를 통해 자기 자신을 대면하기 시작한다. 현재 삶에서 자신의 대인관계 패턴이나 심층적 정서와 비합리적 신념, 가치관 등을 자각하게 되고 서서히 정서적 정화가 진행되며 자기에 대한 수용이 이루어진다.

이 단계에서 집단상담자는 촉진자로서의 역할이 중요하다. 집단상담자가 집단원 개개인을 지목하여 노출시키거나 직접적으로 개입하기보다는 집단의 흐름이 잘 진행되도록 물꼬를 터 주고, 집단원들이 자발적으로 참여할 수 있도록 때로는 기다려 주며, 때로는 참여자로서 자신의 내면을 개방하는 등 집단원과 함께해야 한다. 그러나 집단의 흐름이 급격하게 깊어지지 않도록 집단의 물살을 조절하는 것도 중요하다. 집단원의 유대감이 강해지고 응집력이 빠르게 형성되면 자칫 집단의 물살이 한 곳으로 과도하게 흐르게 된다. 그러면 한 집단원의 고민이나 문제를 빠르게 해결해 주기 위해 섣부른 통찰과 분석 또는 조언적 처방, 자신들의 해결방식에 대한 강요 등을 쉽게 제공하는 분위기에 빠지기도 한다. 집단상담자는 집단원 전체의 내면적 노출이 서서히 심화되도록 진정한 자기감정의 표출과 상호작용을 도와야 한다.

이 단계에서 한 집단원에게 집중되어 정서적 분출이 강하게 일어나거나 간접적인 집단 압력으로 인해 삶에 대한 자기노출이 과다하게 이루어지면 그

후에 집단은 오히려 경직되어서 침묵이나 다른 사람에 초점을 두고자 하는 경향이 나타난다. 이는 마치 청소년들이 해변가로 물놀이를 가자마자 여러 친구가 한 사람을 들어서 물에 빠뜨리는 장난에 비유하면 좀 더 이해가 잘 될 것이다. 이들은 물놀이를 위해 해변에 갔지만 물속으로 완전히 들어가기 위해서는 이전에 해변 모래사장에서 뛰노는 시간이 필요하다. 그런데 여러 사람이 한 사람을 들어서 물속에 빠뜨리면 그 후에 나머지 사람들은 자신이 붙잡히지 않기 위해 서로 도망 다닌다. 만약 친구들이 같이 손잡고 서서히 같은 깊이로 물속으로 들어가면 모두가 자발적으로 완전히 물속으로 들어가 물놀이를 편안하고 즐겁게 시작할 수 있다.

활성단계에서는 집단원 전체가 유사한 깊이의 내면적 개방이 서서히 이루어지도록 나선형적인 개입이 필요하다. 이를 통해 집단원이 자신뿐만 아니라 서로에 대한 이해와 수용이 늘어나고 자신들의 삶에서 겪은 아픔과 고민 등을 다른 집단원과 공유하고 보편화된 경험이라는 안도감을 느끼면서 자신의 삶을 집단에서 직접적으로 다루고 싶은 마음이 생기게 된다. 이는 자신과 자기 삶의 깊은 내면을 보여 주어도 평가와 비판을 받기보다는 격려와 존중을 받는다는 사실을 깨달으면서 점차 자신의 개인적 삶에 다른 집단원을 초대하는 것이다.

4. 작업단계

집단상담 활성단계와 작업단계는 매우 자연스러운 연계성이 있으며 공통점이 나타난다. 그러나 이 두 단계는 핵심적 초점에서 어느 정도의 차이가 존재한다. 활성단계에서는 개인적 삶과 내면적 노출이 집단 내에서 다른 집단원과 연결되며 서서히 나선형적 형태로 심화되는 것이 핵심이라면, 작업단계에서는 집단 내 한 개인에 초점을 맞춰서 깊이 있게 다루는 특성이 있다. 집단원들의 피드백과 개방도 한 집단원을 향해서 이루어진다.

작업단계에서는 무엇보다도 집단원의 깊은 내면과 자신의 삶에 대한 심층적 개방이 이루어진다. 이러한 자기노출에 대한 집단원의 수용과 공감은 억압되어 있던 부정적 감정을 정화해 줄 뿐만 아니라 자신에 대해 더욱 깊은 통찰을 할 수 있도록 만들어 준다. 집단원이 집단 속에서 자신의 감정을 표출한다는 것은 그 자체로 치료적이라 할 수 있다. 삶의 과정에서 자신을 소외시키는 가장 큰 특징은 자신의 감정을 차단하는 것인데, 정서적 표출은 자신의 감정을 올바르게 인식하는 것이며 자신을 이해하고 수용하는 과정이 되기 때문이다.

또한 집단원이 자신의 내면에 접촉하고 정서적으로 활성화되었을 때 인지적 특성을 분명하게 이해하며 통찰할 수 있다. 작업단계에서는 자신이 지니고 있던 비합리적 신념이나 왜곡된 인지적 요인을 집단원의 피드백과 도움을 통해 발견하고 인지적으로 재구조화하는 일들이 이루어진다. 또한 이 단계에서 대부분의 집단원은 이제까지 자신이 유지해 온 가치관이나 행동적 패턴을 돌이켜보고 이것이 현재 자신에게 적절한지의 여부를 다른 집단원을 통해 점검한다. 더 나아가 다각적인 측면에서 더욱 효과적이고 성숙한 대안행동에 대한 가능성과 그 영향을 생각하며 집단 안에서 모험적으로 실행해 보기도 한다.

집단상담자는 이 단계에서 일반적으로 집단의 역동을 활용하는 리더로서의 역할만이 아니라 집단원 개인의 삶의 성숙과 문제해결을 위해 전문상담사로서 더욱 자주 개입하는 역할을 수행한다. 집단상담자의 개입은 정서적 분출 및 정화, 비합리적 신념이나 인지왜곡의 수정, 비효과적 행동 패턴에 대한 자각 및 효과적인 대안행동의 습득, 삶의 가치관 점검 및 재설정 등 다양한 차원에서 이루어질 수 있다. 이러한 집단상담자의 전문가적 개입은 상담에 대한 이론적 바탕에 따라 강조하는 바가 달라지기도 한다. 때로는 심리상담적 차원으로 때로는 가족치료적 접근으로 개입이 이루어지며 빈 의자 기법이나 역할극, 가족조각 등 다양한 기법이 활용되기도 한다.

이 같은 작업의 과정에서 집단상담자는 다른 집단원이 수용하고 공감해 주며 진솔한 피드백을 통해 함께할 수 있도록 해야 한다. 하지만 작업을 하고 있는 집단원이 다른 집단원의 조언이나 생각에 의해 좌우되지 않도록 하여야 한다. 집단상담자는 오히려 집단원이 좀 더 깊이 있게 자신의 현실과 자기를 대면하고 실존적 선택을 할 수 있도록 다양한 치료적 개입을 적용하며 이러한 선택을 집단 내에서 실험해 볼 수 있도록 용기를 주어야 한다. 특히 정서적 분출이 일어났을 때에는 단순히 집단원에게 위로받고 정서적 수용을 받는 것으로 끝마치는 것이 아니라 개인적 경험과 관련된 강렬한 감정의 이면에 있는 의미를 자각하여 통찰할 수 있도록 도와주는 것이 더욱 중요하다.

5. 종결단계

집단상담은 진행과정을 거쳐 결국 종착점에 도달하게 된다. 집단은 작업단계를 진행하면서 하나의 팀으로 더욱 강한 응집력을 형성하며 집단원은 더욱 편안한 마음으로 자신의 내면과 행동적 패턴을 통찰하고 다른 구성원을 수용하며 진솔한 피드백을 주고받는다. 또한 집단원은 비효과적인 대인관계 패턴을 버리고 새로운 대안행동을 실행해 보면서 자신들이 집단 내에서 계획한 목표를 달성해 나간다. 집단의 종결 시점이 다가올 때, 집단상담자는 집단원이 집단에서 자신에 대해 통찰하고 성장을 위해 경험한 것들에 대한 의미와 학습한 내용을 명료하게 정리하고, 삶 속에서 이를 지속적으로 실천하고자 하는 의지와 기대를 갖고 마칠 수 있도록 도와야 한다.

종결단계에서 일반적으로 이루어지는 과업은 주로 집단에서 행했던 경험에 대한 개관과 성장에 대한 평가, 집단과정의 의미, 미해결과제 및 부정적 감정에 대한 확인과 마무리 작업, 이별 감정 및 피드백 교환, 그리고 작별인사 등이다. 집단상담 경험에 대한 평가와 의미는 집단과정이 집단원 각자에게 특별하게 준 의미나 도움이 되었던 경험을 구체적으로 나누면서 집단에서 얻은 성과를 명료화하는 것이다. 이때 집단상담자는 무엇보다도 집단원이 자신의 집단상담 경험에 대한 정리에 집중하도록 하며 가급적 긍정적인 경험의 결과를 구체적이고 가시적인 용어로 나누도록 해야 한다.

집단에서 모든 문제나 삶의 과제가 해결되는 것은 아니다. 집단에서 어느 정도 표출이 되고 다루어졌지만 여전히 미해결로 남아 있는 과제들에 대해서는 좀 더 구체적으로 인식하는 작업이 필요하다. 그러나 집단상담자가 종결단계에서 특정 집단원의 미해결과제를 집중하여 다루는 것은 적절하지 않다. 단지 추후 해결해야 할 과제나 문제에 대한 정리 및 필요성을 지각할 수 있도록 마무리해야 한다.

또한 집단이 종결에 이르게 되면 집단원은 대부분 집단과정에서 느꼈던 긴장이 해소되면서 안도감을 느끼며 편안해지는 경향이 있다. 하지만 한편으로는 그동안 집단과정을 통해 쌓인 친밀감으로 인해 집단원과 헤어지는 것에 대한 아쉬움을 경험하게 된다. 집단상담자는 집단원이 느끼는 아쉬운 감정을 표현할 수 있는 시간을 제공하고 함께 공유할 수 있도록 도와야 한다. 또한 이 단계에서의 피드백 교환은 집단상담을 막 시작했을 때와 비교해 달라진 긍정적 변화와 통합적 관점에 초점을 맞출 필요가 있다. 집단상담자 역시 교훈과 조언, 해석보다는 집단원의 긍정적 변화와 집단에서의 수고에 대해 초점을 맞춤으로써 유종지미를 거둘 수 있도록 도와야 한다.

마지막으로, 집단상담자는 종결회기에서 집단원의 개인적 삶의 노출을 염려하는 집단원의 마음이 충분히 표현될 수 있도록 도우면서 사적인 내용에 대한 비밀유지에 대한 중요성을 다루고 최종 마무리와 작별인사를 통해 집단을 마무리하도록 돕는다. 이때 작별과 관련한 간소한 의식을 치루는 것도 많은 도움이 될 수 있다.

집단 종결 후 집단상담사는 간혹 추수모임이나 집단원과의 개별적인 추수면담을 진행할 수도 있다. 이러한 추수모임은 일반적으로 종결 후 약 3개월에서 6개월 사이에 진행되며 집단원과의 개인별 추수면담은 집단 종결 후 4주에서 5주 정도 경과 후에 이루어지는 것이 적절하다. 추수집단에서 집단원들은 집단 종결 후 삶 속에서 지속적인 성장과 변화에 대해 평가하고, 이를 위해 겪었던 어려움을 함께 나누는 시간을 갖는다. 또한 이들은 집단상담에서의 긍정적인 경험을 다시 되새기며 서로를 지지하는 과정을 거치게 된다. 개인별 추수면담 역시 집단상담자가 집단원이 설정했던 삶의 목표와 기대를 얼마나 달성했는지를 평가하고 집단이 주었던 의미와 가치를 되새기도록 도우며 지속적인 성장과 변화를 격려한다.

제4절 집단상담 수퍼비전을 위한 사례보고서 작성

1. 집단상담 수퍼비전

숙련된 집단상담 전문가가 되기 위해서는 여러 가지 노력이 필요하다. 다양한 집단의 특성에 대한 이해와 집단상담 이론에 대한 학문적인 토대를 갖춰야 하며, 때로는 집단원과 보조 리더로 집단에 참여하여 자신을 성찰해 봐야 한다. 뿐만 아니라 집단상담의 실제에 대한 많은 경험도 필요하다. 또한 자신이 집단상담자로서 지도한 집단상담에 대한 수퍼비전을 받는 것은 전문가로 성장하기 위한 필수적인 요소라 할 수 있다. 집단상담 수퍼비전은 비디오 녹화나 직접 관찰, 또는 사례보고서 등 다양한 방식으로 이루어질 수 있다. 특히 상담센터나 집단상담 관련학회 등에서 개최되는 수퍼비전은 일반적으로 수련생이 집단상담 사례보고서를 작성하여 발표하는 것을 통해 이루어진다. 이러한 사례보고서 발표를 통한 집단상담 수퍼비전은 개인상담 수퍼비전과는 다른 특성이 있다.

집단상담 수퍼비전에서는 집단원 개개인뿐만 아니라 집단 내에서 구성원 간에 이루어지는 상호관계적 차원, 집단 내 하위집단과 전체 집단적 차원 등 다양한 요소들이 다루어져야 한다. 따라서 집단상담 사례보고서는 집단상담에서 다루는 여러 차원의 내용을 효과적으로 기술해야 한다. 집단상담 수퍼비전 사례보고서에 포함해야 하는 주요 내용은 집단 및 프로그램에 대한 소개, 집단상담 목표, 집단원에 대한 설명, 집단과정, 집단역동, 집단상담 평가, 수퍼비전을 통해 도움 받고자 하는 내용, 축어록 등이다(권경인, 2010). 이러한 내용을 토대로 한국상담학회의 분과학회인 한국집단상담학회에서는 집단상담 사례발표 양식(부록 참조)의 기본틀을 제시하고 있다. 이 책의 집단상담 프로그램 사례보고서도 이 양식을 기본 바탕으로 하여 서술하고 있다.

2. 집단상담 사례 발표 양식

한국상담학회는 집단상담 사례발표 양식을 크게 네 가지 범주로 나누어서 서술하도록 하고 있는데, 이는 '집단상담 사전 계획' '집단상담 실제진행' '집단상담 평가' '집단상담 사례토의'로 구분되어 있다.

'집단상담 사전 계획'의 범주에는 집단상담이 실제로 진행되기 전에 집단상담자가 집단상담을 하기 위한 기획과 관련된 서술이라고 볼 수 있다. 이 범주에서 서술해야 하는 항목은 시행하는 집단상담의 목적과 필요성, 집단상담 프로그램의 이론적 배경, 시행되는 프로그램의 장소 및 시간, 리더, 프로그램에 참여할 수 있는 대상과 프로그램의 회기별 구체적인 진행순서 및 내용 등이다.

'집단상담 실제 진행'의 범주에서 서술되는 내용은 세 영역으로 나눌 수 있다. 첫 번째 영역은 기획된 집단상담 프로그램이 실제로 운용되는 첫 단계로서 집단의 본 회기가 시작되기 전까지의 과정인 홍보 및 신청접수와 접수면접, 사전집단이나 집단 오리엔테이션 등에 대한 내용을 서술하는 과정이다. 두 번째 영역은 집단상담이 실행되는 과정에 대한 서술로서 각 회기에 대한 내용을 좀 더 상세히 설명하는 것이다. 회기마다 기록되는 중요한 사항들은 개최일시 및 장소, 출석한 집단원, 회기별 목표와 진행과정 그리고 회기에 대한 평가 등이다. 또한 한 회기를 선정하여 5~10쪽 정도의 축어록을 작성해야 한다. 세 번째 영역은 집단상담이 끝난 이후의 과정에 대한 서술로서 평가모임에 대한 내용과 사후지도나 수퍼비전이 있었을 경우 이에 대한 내용을 기술하는 것이다.

'집단상담 평가'에 대한 범주에서는 집단상담 진행과정 전반에 대한 간단한 요약과 집단원의 회기별 출결사항 그리고 집단에 대한 평가와 관련된 내용을 서술한다. 평가는 집단 및 집단원에 대한 평가, 집단상담자에 대한 평가, 집단상담 프로그램 및 기타 환경조건 등에 대한 평가로 구분하여 기술할 수 있다. 집단 및 집단원에 대한 평가는 방법과 도구, 성취 또는 미성취된 내용과 정도 등에 대한 내용이며, 집단상담자에 대한 스스로의 평가는 집단리더로서 수행한 자신의 역할 및 행동에 대한 평가와 이를 기반으로 본 추후 더욱 성장해야 될 인간적 · 전문적 요소들에 대한 내용을 기술한다. 또한 집단상담 프로그램 및 기타 환경조건에 대한 평가는 프로그램의 시간이나 장소, 목표, 회기별 구성이나 내용, 경비, 상황적 조건, 행정적 지원 등과 관련된 사항들이 효율적이고 적절했는지에 대해 서술하는 것이다.

'집단상담 사례토의'의 범주에서 서술해야 하는 내용은 일반적으로 집단상담자가 집단을 통해 개인적으로 성찰했거나 새롭게 학습한 내용을 기술한다. 이와 더불어 수퍼바이저 및 동료들에게 도움 받고 싶은 내용과 시행한 집단상담과 관련하여 사례모임을 통해 토의하고 싶은 주제 등을 서술한다.

〈부록〉 집단상담 사례발표 양식(한국상담학회)

1. 집단상담 사전 계획

1) 목적:

2) 이론적 배경:

3) 프로그램 내용

① 일시:

② 장소:

③ 대상

No	가명/애칭	성별	나이	호소 문제나 진단 문제	특성 및 태도 (상담동기의 높고 낮음 포함)
1					
2					
3					

④ 지도자:

⑤ 목표:

⑥ 단위 회기별 제목, 목표, 진행 내용 및 순서

NO	회기 제목	회기 목표	회기 진행 내용 및 순서
1			
2			
3			

2. 집단상담 실제 진행

☞ 사전 과정

1) 홍보:

2) 신청접수:

3) 접수면접

No	대상	형식	접수면접 내용
1	인적사항(이름, 나이, 성별, 직업 등)	• 면접일시와 장소 • 면접 방법(개별, 집단/대면, 전화 등)	• 진행과정 −진행과정: −평가내용: [예, 호소문제나 증상, 문제사(병력), 상담사(치료사), 문제 태도, 상담 태도(상담 경위, 목적, 기대), 기능장애(신체, 심리, 관계, 직무), 기타(정신장애, 위기)] −조치사항: (예, 선별, 선별후 조치사항)
2			
3			

4) 사전 집단 또는 집단 오리엔테이션

① 일시: ___년 ___월 ___일(___요일) ___시부터 ___시까지

② 장소:

③ 출석:

④ 목표:

⑤ 진행과정과 결과:

⑥ 평가:

☞ 본 집단상담 과정

1) 1회기

① 일시: ___년 ___월 ___일(___요일) ___시부터 ___시까지

② 장소:

③ 출석:

④ 목표:

⑤ 진행:

⑥ 평가:

2) 2회기

① 일시: ___년 ___월 ___일(___요일) ___시부터 ___시까지

② 장소:

③ 출석:

④ 목표:

⑤ 진행:

⑥ 평가:

3) 3회기~10회기(축어록 회기)

① 일시: ___년 ___월 ___일(___요일) ___시부터 ___시까지 (○회기)

② 장소:

③ 출석:

④ 목표:

⑤ 진행:

⑥ 평가:

☞ 사후 과정

1) 사후 수퍼비전, 평가모임, 대내외 보고

2) 사후지도

① 일시: ___년 ___월 ___일(___요일) ___시부터 ___시까지

② 장소:

③ 출석:

④ 목표:

⑤ 진행:

⑥ 평가:

3. 집단상담 평가

1) 과정 요약

① 사전 준비과정 요약:

② 본 집단상담 진행과정(사후과정 포함) 요약:

③ 본 집단상담 결과 요약:

④ 구성원 출결 사항

No	가명/애칭	성별	나이	회기별 출결 사항											
				1	2	3	4	5	6	7	8	9	10	11	12
1															
2															
3															
4															

2) 평가방법 및 평가도구

① 평가방법:

② 평가도구(준거):

3) 평가내용

① 목표 성취

- 성취된 내용과 정도:
- 미성취된 내용과 정도:

② 집단상담자 평가

- 집단상담자의 역할 및 행동 평가:
- 집단상담자의 전문적 · 인간적 성장과제:

③ 집단상담 프로그램 평가:

4) 기타 집단상담 환경조건 평가:

4. 집단상담 사례 토의

1) 상담자의 개인적 통찰이나 학습 그리고 제안:

2) 상담자가 지도받고 싶은 내용:

3) 집단상담 사례토의 주제:

참고문헌

강진령(2011). **집단 상담의 실제**. 서울: 학지사.

권경인(2010). 집단상담 수퍼비전 사례기록 모형 개발, **상담학연구**, 11(1), 153-169.

이수용, 김경미, 김미애, 나해숙, 박상규, 신종우, 이영순, 한재희(2011). **사회복지실천 상담기술론**. 서울: 학지사.

이장호, 김정희(1992). **집단상담의 원리와 실제**. 서울: 법문사.

이형득, 김성회, 설기문, 김창대, 김정희(2006). **집단상담**. 서울: 중앙적성출판사.

정성란, 고기홍, 김정희, 권경인, 이윤주, 이지연, 천성문(2013). **집단상담**. 서울: 학지사.

한재희(2008). **상담패러다임의 이론과 실제**. 서울: 교육아카데미.

Corey, M. S., Corey, G., & Corey, C. (2016). **집단 상담 과정과 실제**(9판) (김진숙, 유동수, 전종국, 한기백, 이동훈, 권경인 역). 서울: 센게이지러닝. (원전은 2013년 출판)

Donelson, R. F. (2013). *Group Dynamics*(6th ed.). New York: Wadsworth Publishing.

Lewin, K. (1951). *Field theory in social science; selected theoretical papers*. D. Cartwright (Ed.). New York: Harper & Row.

Moreno, J. (1964). *Psychodrama: Volume 1* (Rev. ed.). New York: Beacon Press.

Jacobs, E. E., Masson, R. L., & Harvill, R. L. (2008). *Group Counseling: Strategies and Skills* (6th ed.). New York: Brooks Cole.

Yalom, I. D., & Leszcz, M. (2008). **최신 집단정신치료의 이론과 실제**(제5판) (최해림, 장성숙 역). 서울: 하나의학사. (원전은 2005년 출판)

제2장

집단상담 프로그램의 개발과정과 실제

제1절 집단상담 프로그램의 개발과정

이 장에서는 집단상담 프로그램의 개발이 어떻게 이루어지고 있는가에 대하여 살펴본다. 집단상담 프로그램을 개발하고자 하는 상담전공 대학원생과 현장에서 집단상담 프로그램을 개발하여 활용하고자 하는 전문상담사에게 집단상담 프로그램 개발을 위한 기초 정보를 제공한다. 이에 집단상담 프로그램 개발에 필요한 최소한의 기본적인 과정은 김창대 등(2011)을 중심으로 이론적 과정을 설명하고, 실제는 전지경(2004), 남정아(2011), 천세영(2017)을 중심으로 집단상담 프로그램 개발과정의 실제를 살펴본다.

먼저, 집단상담 프로그램의 개발이란 연구자가 추구하고자 하는 집단상담 프로그램의 목적과 목표를 설정하고, 이론적 근거를 바탕으로 집단활동의 내용을 집단의 발달단계에 적합하게 구성하는 것이다. 이러한 집단상담 프로그램의 개발은 집단의 대상이나 목적에 따라서 다양하게 이루어질 수 있다. 김창대 등(2011)은 프로그램의 개발 원리에는 ① 실용성, ② 모형의 체계성, ③ 개발방법의 객관성과 엄격성, ④ 효과의 검증 가능성, ⑤ 개발과정의 순환성, ⑥ 개발 및 운영의 예술성이 있다고 하였다. 여러 학자의 다양한 프로그램 개발 모형이 있지만, 이 장에서는 6단계 중심의 집단상담 프로그램의 개발과정에 대하여 살펴보겠다.

1. 집단상담 프로그램의 기획

집단상담 프로그램 개발단계 중에서 기획단계는 전체적인 개발 계획을 수립하고, 개발의 전 과정을 제시하는 첫 번째 단계이다. 이 단계에서는 문헌연구를 통한 이론적 기초를 확립하며, 요구분석을 한다. 즉, 기획단계는 집단상담 프로그램 개발을 위한 전체 설계도를 제시하고 계획을 수립하며 개발의 전 과정에 대한 밑그림을 제시한다. 이 단계에서는 문헌 연구를 통한 프로그램의 이론적 토대 마련과 더불어 요구도 조사를 중심으로 연구의 필요성과 집단상담 프로그램 개발의 기본 방향을 확립해야 한다. 따라서 프로그램 개발에 대한 필요성과 집단상담 프로그램의 대상을 선정하고, 집단참가자들의 특성을 고려하여 프로그램의 목표와 특성 등에 대하여 탐색해야 한다.

1) 1단계: 문헌 연구

문헌 연구는 집단상담 프로그램 개발의 초기 작업으로, 프로그램의 기초가 되는 선행 연구나 이론을 체계적으로 검토하고 이를 중심으로 새로운 프로그램의 개발을 위하여 적절한 이론을 선정해야 한다. 개발하고자 하는 집단상담 프로그램에 적합한 이론에 대한 선택은 적절성, 완전성, 정밀성 그리고 검증 가능성, 새로운 가능성에 대한 발견적 가치가 있는지 등의 기준에 따라 선정할 수 있다. 이러한 기준에 따라 집단상담 프로그램 개발자는 먼저 선행 이론이나 주요 변인에 관련된 경험적인 연구에 대한 면밀한 검색과 분석을 통하여 프로그램의 기초가 되는 주요 이론을 정하고, 이론적 근거를 바탕으로 집단상담 프로그램을 개발한다.

2) 2단계: 요구분석

문헌 연구를 통하여 프로그램의 이론적 토대를 마련하였다면, 개발하고자 하는 집단상담 프로그램의 대상의 요구를 정확히 분석해야 한다. 이는 집단상담 프로그램 개발의 성공 여부를 좌우하는 중요한 요소이기 때문이다. 요구분석은 집단상담 프로그램 기획단계에서 필수적으로 이루어져야 할 중요한 과제이다. 그러나 많은 프로그램 개발자는 이를 소홀히 여기는 경향이 있다. 하지만 요구분석은 특정 문제와 관련된 대상자들의 요구를 파악하고 이를 충족시키기 위한 구체적 방안을 마련하는 단계이기 때문에 프로그램 개발단계에서 매우 중요하다. 김창대 등(2011)은 요구분석이란 특정 문제를 해결하기 위해 이와 관련된 대상 집단, 지역사회 및 관련기관을 비롯한 환경 등을 대상으로 좀 더 구체적이고 체계적인 분석을 통하여 중요한 문제가 무엇이며, 그 문제들의 우선순위가 어떻게 되는지 확인하고, 문제를 해결하기 위한 목적을 설정하여 집단상담 프로그램의 효과성과 효율성을 제고하기 위한 활동이라고 정의하였다.

2. 집단상담 프로그램의 구성

프로그램의 구성단계에서는 프로그램의 목표가 달성되는 데 필요한 이론적 구인을 추출하여 구성요소를 만들고, 이에 적절한 활동요소를 선정하여 조직화한다. 구체적인 절차는, 먼저 프로그램의 이론적 검토를 통해 이론적 요인을 구체화하여 구성요소를 추출하고, 이를 구현하기 위한 활동요소를 수집하고 새로운 활동요소를 개발한다. 이를 바탕으로 목표에 맞는 프로그램 활동요소를 선정하고 조직하여 프로그램 시안을 만들고, 이에 대한 타당도를 검토한 후 수정·보완하여 프로그램의 구성을 완성한다.

1) 3단계: 프로그램 시안 구성

집단상담 프로그램의 개발단계의 첫 단계인 문헌연구와 요구도 조사에서 프로그램의 이론적 토대가 구성되면, 구성단계에서는 개발하고자 하는 프로그램에서 이루고자 하는 목표가 잘 성취될 수 있도록 이론적 구인을 추출하여야 한다. 프로그램 개발자가 구축한 이론적 배경을 바탕으로 이루어진 집단상담 프로그램의 구성요소 및 구체적인 활동요소를 프로그램의 목표가 성공적으로 이루어질 수 있도록 설정하는 단계이다. 프로그램의 목적 및 목표를 적절하게 성공시키기 위한 집단상담 프로그램의 구성요소 및 활동요소를 구성하는 절차는 학자에 따라서 차이가 있을 수 있지만, 김창대 등(2011)이 제시한 프로그램 시안의 구성의 절차를 살펴보면 다음과 같다. 먼저 ① 집단상담 프로그램을 이론으로 검토하고 이론적 요인을 구체화한다. 이를 위하여 집단상담 프로그램과 관련된 이론적 기반을 충분히 검토한 후에 구성요소를 선택하도록 한다. 이후에는 ② 관련자료 수집을 위해 관련 키워드를 정하여, 다양한 관련 문헌과 선행 집단상담 프로그램들을 검색하여 프로그램 개발에 필요한 다양한 활동요소를 수집한다. 그리고 ③ 수집된 집단상담 프로그램과 활동요소를 정리하고 비교하여 새로운 집단상담 프로그램 활동요소를 개발한다. 이를 통하여 ④ 효과적인 집단상담 프로그램 활동을 선정하고 활동 요소를 조직한다. 그리고 이를 바탕으로 집단상담 프로그램 시안을 구성한다.

2) 4단계: 집단상담 프로그램 시안에 대한 내용 타당도 및 안면 타당도 검증

집단상담 프로그램 시안이 완성되면 이에 대하여 내용 타당도 및 안면 타당도 검증을 실시한다.

타당도란 그 검사가 측정하고자 하는 속성을 정확하게 측정하는지를 의미한다. 집단상담 프로그램의 개발에서는 대부분 내용 타당도(content validity)를 통하여 검증을 하는데, 이는 문항들이 그 검사가 측정하고자 하는 내용 영역을 얼마나 잘 반영하고 있는지를 말한다. 대개의 경우 내용 타당도는 해당 분야 전문가들의 판단을 토대로 결정하기도 한다. 내용 타당도 검증 과정에는 전문가들을 통하여 프로그램 목적 및 목표, 회기별 하위목표의 적절성, 회기 구성 내용과 활동 방법의 적절성 여부를 검토받는다. 또한 안면 타당도 (face validity)가 있는데, 이는 실제로 무엇을 재는가의 문제가 아니라, 검사가 측정하고자 하는 바를 제대로 측정하는 것처럼 보이는가를 뜻하는 것이다. 집단상담 프로그램 시안에서는 대부분 전문가의 내용 및 안면 타당도 검증을 통해 시안을 수정·보완하여 집단상담 프로그램의 시안을 완성한다.

3. 집단상담 프로그램의 실시 및 평가

프로그램 실시단계에서는 완성된 집단상담 프로그램 시안의 실시를 준비한다. 먼저 집단상담 프로그램을 홍보하여 참가자를 모집하고, 사전면접과 오리엔테이션 등을 실시한다. 평가를 위하여 실험집단과 통제집단을 구성하고, 실험집단을 대상으로 프로그램을 실시한다. 평가는 프로그램의 목표에 따른 평가척도 등을 선정하여, 프로그램 실시 전 사전검사, 프로그램 실시 직후 사후검사와 집단원 자체평가 및 수퍼비전 등을 통하여 프로그램의 효과를 평가할 수 있다.

1) 5단계: 집단상담 프로그램 실시

개발하고자 하는 집단상담 프로그램의 시안이 완성되면, 개발자는 집단상담 대상자들에게 프로그램을 실제 실시할 준비를 하게 된다. 이 과정은 개발자의 역량에 따라서 많은 영향을 받을 수 있는 단계이다. 전문적으로 수련된 집단상담 개발자에 따라 프로그램이 개발·실시되는 경우도 있지만, 실제 집단상담 개발자와 지도자가 다른 경우도 있다. 하지만 어떤 경우라고 하더라도 집단상담 지도자는 개발하고자 하는 집단상담 프로그램에서 요구하는 자격 요건이나 연수 등을 이수하여 집단상담 지도자로서의 자격과 요건을 갖추어야 한다.

실제적인 진행과정 또한 프로그램에서 요구되는 환경적 세팅, 지도자의 능력과 자질, 진행하는 조직의 인적 자원 및 역량 등 집단상담 실시 전에 철저한 준비가 필요하다. 김창대 등(2011)은 프로그램의 효율성을 높이기 위해서는 먼저 프로그램 지도자는 집단원들이 프로그램에 적극적으로 참여하도록 촉진해야 한다고 하였다. 아울러 프로그램 실행을 위한 제반 여건을 운영·관리하는 관리자와 긴밀한 협력관계를 구축할 것과 집단원과의 눈높이를 맞추어야 하고, 집단원을 독립된 인격체로서 그 고유성을 인정해 주어야 한다고 강조하였다. 또한 진정하고 참된 '만남'이 지니는 진솔한 의미를 깊이 깨닫고 이를 바탕으로 최선을 다하는 지도활동을 구사해야 한다고 하였다.

2) 6단계: 집단상담 프로그램 수정 및 보완 후 확정

개발된 집단상담 프로그램의 실시 후에 평가는 결과적으로 따라오는 과정이다. 이러한 집단상담 프로그램의 평가는 실험설계에 따른 평가와 더불어 참가한 집단원의 평가와 수퍼비전 등을 통하여 그 효율성을 평가받는다. 집단상담 프로그램 평가의 목적은 개발자가 추구하고자 한 목표에 따라 이 집단상담 프로그램이 적절하게 이행되고 있는지 확인하기 위함이다. 따라서 의도한 목적이 달성되었는지를 주관적·객관적인 검증을 통하여 확인하게 된다. 집단상담 프로그램의 평가는 객관적 효과 평가와 주관적 효과 평가가 있는데, 객관적 효과 평가는 통계 등을 활용한 자료 수집에 따라 이루어지고, 주관적 효과 평가는 참여자들의 만족도 평가와 경험보고서 등에 따라 이루어진다. 따라서 개발된 집단상담 프로그램은 객관적 평가와 주관적 평가를 통하여 수정·보완이 이루어지고, 최종적으로 집단상담 프로그램이 완성된다.

많은 집단상담 프로그램은 이러한 집단상담 개발 과정을 따라서 개발되지만, 연구자나 주제에 따라서 그 단계들이 더 세분화되기도 하고, 축약되기도 한다. 이에 각 연구에서 이루어진 실제 개발과정을 살펴보면 다음과 같다.

먼저, 전지경(2004)의 대학생 커플의 관계증진을 위한 통합적 프로그램 개발 연구에서는 총 8단계의 단계를 거쳐 집단상담 프로그램을 개발하였다. ① 첫 번째 단계에서는 대학생 시기의 발달과정과 발달과업을 고려하여 기존의 결혼 준비 프로그램과 전문가의 의견을 참고로 집단상담 프로그램의 이론적 토대를 마련하였다. ② 두 번째 단계에서는 실제 집단상담 프로그램 수혜자인 대학생 커플들의 요구 분석을 실시하였다. ③ 세 번째 단계에서는 첫 번째와 두 번째 단계의 과정을 거쳐 모은 자료를 근거로 집단상담 프로그램에 들어가는 활동을 탐색 · 구성하였다. ④ 네 번째 단계에서는 상담관련 전문가에게 집단상담 프로그램의 안면 타당도를 실시하였다. ⑤ 다섯 번째 단계에서는 전문가의 안면 타당도 및 조언을 통하여 집단상담 프로그램을 수정 · 보완하여 프로그램의 수정 작업을 실시하였다. ⑥ 여섯 번째 단계에서는 집단상담 프로그램 실시 후 참가자의 요구도 및 회기마다 실시된 수퍼비전과 프로그램에 대한 전문가들의 조언을 중심으로 프로그램을 수정 · 보완의 과정을 거쳤다. ⑦ 일곱 번째 단계에서는 집단상담 프로그램 실시 후 참가자의 프로그램 전반에 대한 만족도 검사와 집단상담 프로그램의 소목표로 설정된, 이해, 수용, 개방 정도에 대한 평가척도를 통하여 평가하였다. 실험집단과 통제집단의 평가와 참여자의 프로그램에 대한 전반적인 평가를 반영하여, ⑧ 최종 집단상담 프로그램을 구성하였다.

남정아(2011)의 다문화가정 모-자 상호작용 향상을 위한 집단미술활동 프로그램 개발에서는 총 6단계를 거쳐 집단상담 프로그램을 완성하였다. ① 첫 번째 단계는 다문화가정 어머니들이 양육과 상호작용에 어려움을 가지고 있다는 선행 연구와 위니컷(Winnicott)의 어머니의 역할과 상호작용을 강조한 문헌을 근거로 프로그램의 이론적 토대를 마련하였다. ② 두 번째 단계는 다문화가정 모-자 상호작용 향상을 위해 다문화 관계자와 다문화 어머니를 대상으로 요구도를 분석하였다. ③ 세 번째 단계는 앞의 두 단계의 과정을 거쳐 모은 자료를 근거로 집단상담 프로그램의 회기별 목표와 활동 계획을 구성하였다. ④ 네 번째 단계는 상담전공 교수 1인과 미술치료 수련 감독 1인, 미술치료 전문가 1인의 내용 타당도 검증을 통해 집단상담 프로그램을 수정하였다.

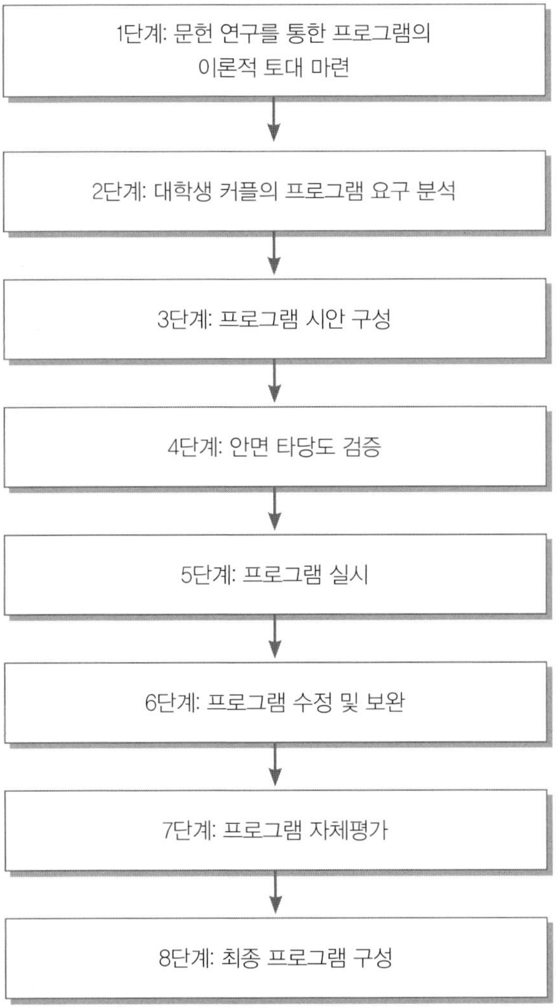

[그림 2-1] 집단상담 프로그램 개발과정 1

출처: 전지경(2004).

⑤ 다섯 번째 단계는 집단상담 프로그램을 실시하여 프로그램에 참여한 집단원의 자체 평가 및 회기마다 실시된 수퍼비전을 중심으로 프로그램 수정 · 보완의 과정을 거쳤고 또한 실험집단과 통제집단의 차이를 분석하였다. ⑥ 여섯 번째 단계에서는 앞의 모든 단계를 거쳐 최종적으로 집단상담 프로그램의 구성을 개발하여 제시하였다(남정아, 2011: 28).

천세영(2017)은 청소년의 학교생활 적응 향상을 위한 과정지향심리 집단상담 프로그램 개발에서 총 6단계를 거쳐 집단상담 프로그램을 완성하였다. 이

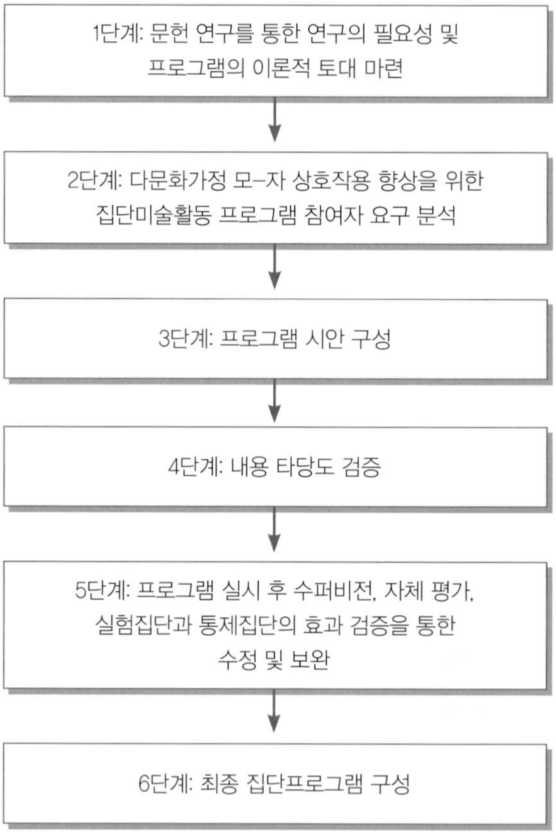

[그림 2-2] 집단상담 프로그램 개발과정 2

출처: 남정아(2011).

를 살펴보면, ① 첫 번째 단계에서는 문헌 연구로 연구의 필요성과 프로그램의 이론적 근거 정립을 위해 청소년의 학교생활 적응과 과정지향심리학 이론에 대한 선행 연구를 고찰하였으며, 이를 바탕으로 프로그램의 내용적 측면과 기술적 측면에서의 이론적 토대를 마련하였다. ② 두 번째 단계에서는 주요 정보제공자(key informamts) 조사방법을 통하여 요구조사 및 분석을 하였다. 학교교사 및 관리자, 학교 상담교사와의 면담, 집단상담 전문가 및 과정지향심리 전문가와의 면담을 실시하였고, 학생들을 대상으로 요구조사를 하였다. ③ 세 번째 단계에서는 문헌 연구와 요구 분석을 바탕으로 청소년의 학교생활 적응과 과정지향심리학 이론을 구성 원리로 하여 프로그램 시안을 제작하였다. ④ 네 번째 단계에서는 상담전공 교수 2인과 집단상담 전문가 3인, 아동 · 청소년 상담전문가 1인의 내용 타당도 검토와 과정지향심리학을 수강한 상담학 관련 석사 이상 전문가 14인을 대상으로 프로그램을 시연하여 받은 피드백을 통해 프로그램을 수정하였다. ⑤ 다섯 번째 단계는 실시 단계로 프로그램을 홍보하여 참가자를 모집하고, 사전 면접을 통해 참가자 선정 후 연구를 위해 실험집단 2개와 통제집단 2개로 구성하여 프로그램을 실시하였다. 그리고 효과 검증을 위하여 사전과 사후, 그리고 추수검사와 집단원들의 자체 평가를 실시하였다. ⑥ 여섯 번째 단계에서는 최종 프로그램 구성을 위해 실시된 프로그램을 분석하고, 수정 및 보완을 하였다. 구체적으로 프로그램은 회기마다 실시간 이루어진 수퍼비전과 비디오 촬영 분석, 집단참여자의 자체 평가에 따른 프로그램 분석, 실험집단과 통제집단의 차이에 의한 효과 검증으로 분석하였다. 집단참여자의 자체 평가는 세부적으로 프로그램 실시 방법과 내용에 대한 참여자 요구 및 평가, 참여자 회기별 만족도 평가, 참여자 상담목표 달성도, 참여자 경험보고서가 활용되었다. 분석결과를 바탕으로 최종 프로그램 구성을 위한 수정 · 보완을 하였다. 이를 통하여 집단상담 프로그램을 최종적으로 구성하였다(천세영, 2017: 17-18).

이상에서와 같이 집단상담 프로그램 개발과정에 대하여 기초적인 이론적

과정 및 실제 개발과정에 대하여 간단하게 살펴보았다. 실제로 집단상담 프

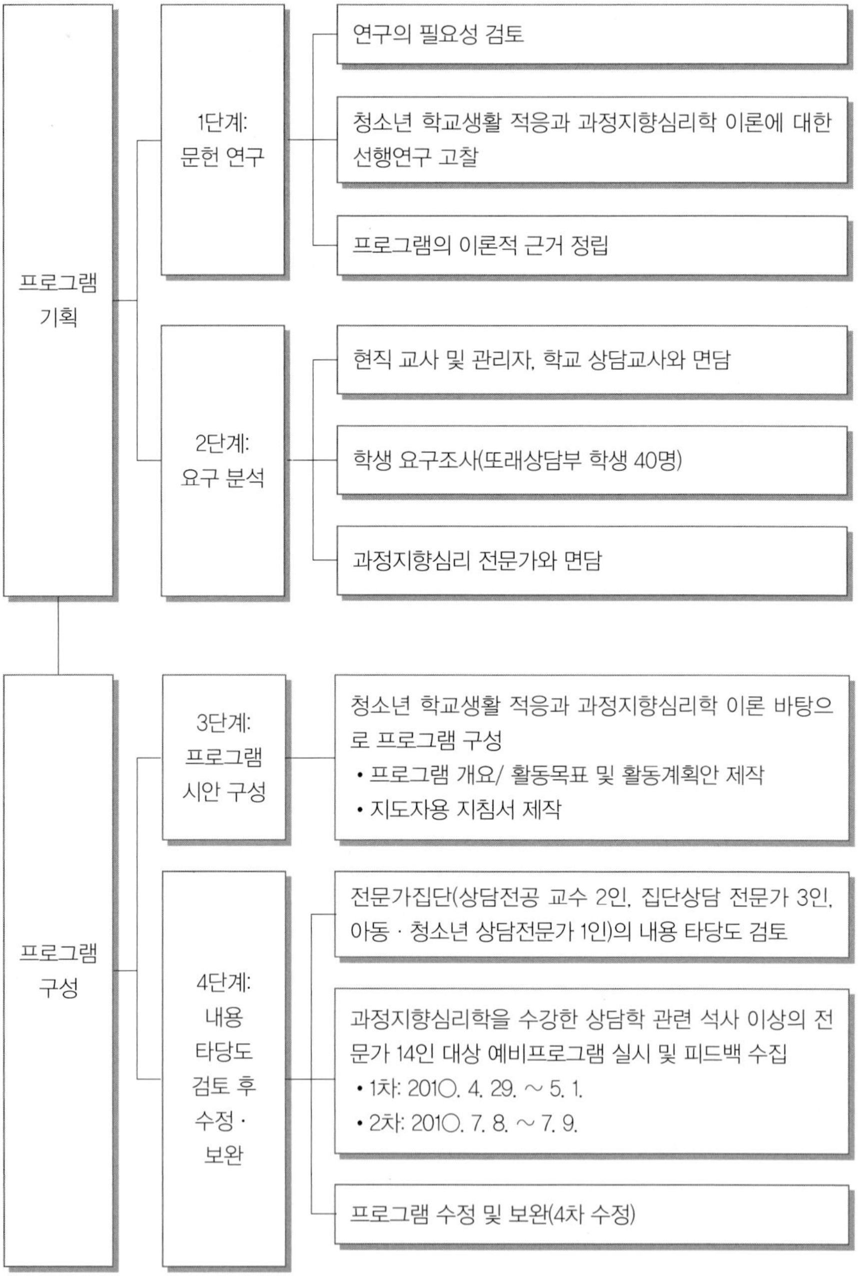

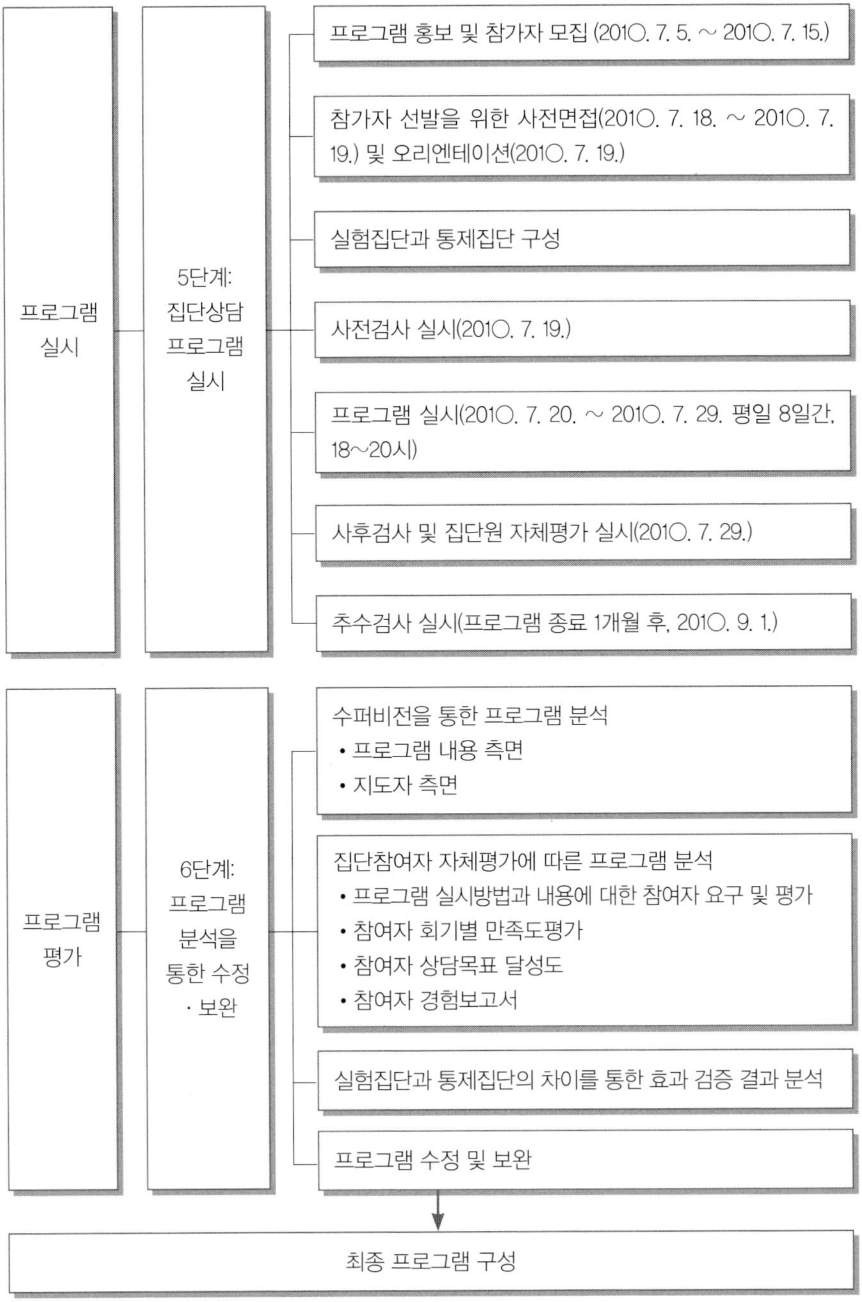

[그림 2-3] 집단상담 프로그램 개발과정 3

출처: 천세영(2017).

로그램을 개발하고자 할 경우에, 개발자는 사전에 가능한 한 많은 자료와 연구가 필요하다. 무엇보다 선행 연구들을 통하여 각 연구의 장점과 한계점을 파악하고, 연구 설계를 해야 한다. 각 연구의 특성이나 주제에 따라서, 상담 연구방법 관련 전문서적을 통하여 보다 구체적인 연구 설계와 프로그램 평가 방법에 대하여 자세하게 연구할 필요가 있다.

다음 절에서는 양명숙, 전지경(2016)의 연구를 통하여 집단상담 프로그램 개발과정의 실제에 대하여 자세하게 소개하겠다.

제2절 집단상담 프로그램 개발과정 실제[1)]

1. 대학생 빅뱅 집단상담 프로그램 개발

대학교 신입생의 빅뱅 집단상담 프로그램 개발 및 효과 검증을 위한 연구 절차는 [그림 2-4]와 같이 프로그램 개발 절차와 프로그램 평가 절차의 두 단계이며, 세부적으로는 총 6단계로 이루어져 있다.

1) 1단계: 문헌 연구를 통한 연구의 필요성 및 프로그램의 이론적 토대 마련

삶의 전환기를 경험하는 대학교 신입생들의 심리적 안녕감과 정신건강을 위한 집단상담 프로그램의 필요성을 확인하였고, 이를 위하여 기존의 선행연구를 고찰하여 과정지향심리학의 관점을 바탕으로 이론적 토대를 마련하였다.

1) 양명숙, 전지경(2016). 빅뱅 집단상담 프로그램 개발과 효과 검증-과정지향 심리학 이론을 중심으로. 디지털융복합연구, 14(12), pp. 43-54를 요약함

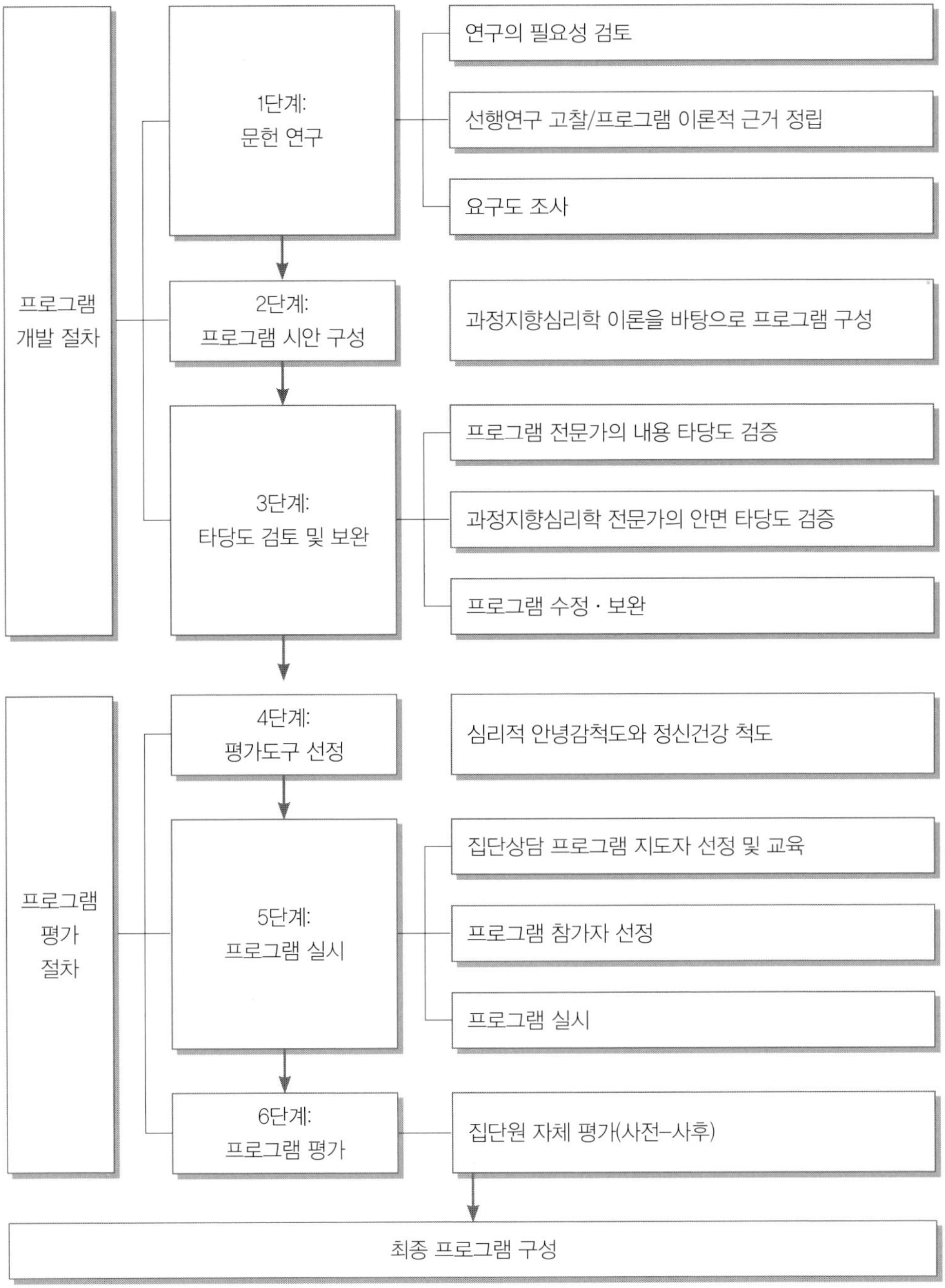

[그림 2-4] 프로그램 개발 및 평가 절차

(1) 연구의 필요성

대학교 신입생은 발달학적으로 청소년기에서 성인 초기로 전환되는 중요한 시기에 있다. 이들은 대학교라는 새로운 환경을 경험하게 되면서 동시에 성인사회 구성원으로서 새로운 장(場)을 경험하고 폭넓은 대인관계를 경험한다. 이 과정에서 사회 구성원으로서의 다양한 역할과 책임을 요구받고, 새로운 삶에 적응하는 과정에서 다양한 정신건강의 어려움을 경험하기도 한다.

많은 선행연구에서 대학교 신입생은 고등학교 시절과는 다른 교육환경, 독립적이며 능동적인 생활방식과 학업생활에 대한 요구, 새롭고 폭넓은 대인관계 등으로 적응상의 어려움을 겪고 있는 것으로 나타난다(Betterncourt et al., 1999; Goldman & Wong, 1997). 오영재(2006)의 연구에서도 대학교 신입생 70%가 대학 입학을 후회하거나 대학을 떠날 생각을 해본 적이 있다는 결과를 제시하면서 대학교 신입생의 정신건강상의 어려움을 주장하였고, 다양한 연구들(금명자, 남향자, 2010; Jean, Delia, & Chami, 2011)에서 대학생의 정신건강의 어려움을 제시하기도 하였다. 한편, 대학교 신입생 초기의 경험은 대학생활 전반에 걸쳐 지속적인 영향을 준다는 연구결과(Richard, 2004; Wilcox, Winn, & Fyvie-Gauld, 2005)를 토대로 그들을 위한 연속적인 프로그램이나 집단상담의 필요성이 지속적으로 제기되어 왔다. 대학교 신입생을 대상으로 프로그램을 운영하였던 사우스캐롤라이나 대학교의 연구결과를 보면, 프로그램을 통해 신입생 간의 유대감이 높아지고 학업에 대한 기대와 학술적 활동 참여가 증대되는 등 대학 생활 동안 성적이나 대인관계 등에서 적응상 높은 점수가 나타났다는 것을 볼 수 있다(Barefoot, 1993). 이는 신입생들이 변화된 현실을 능동적으로 이해하고 건강한 대학생활을 영위하도록 돕기 위하여 정신건강상의 복잡 · 다양한 이슈를 다루어 줄 다양한 프로그램이 요구된다는 것을 의미한다. 그러나 신입생을 대상으로 한 국내 연구를 보면 주로 대학교 내 상담센터를 중심으로 한 신입생 실태조사(김광수, 김현령, 2013; 임명진 외, 2014)나 신입생을 대상으로 한 학과 혹은 학교 오리엔테이션 및 세미나 형식(이지영, 2005) 등 일회성 교육에 그치는 경우가 많다. 이에 따라 대학교 신입생을 대상으로 심리적 안녕감과 정신건강 증진을 위한 집단상담 프로그램의 개발이 필요한 것으로 나타났다.

(2) 프로그램의 이론적 토대 마련

과정지향심리학을 창시한 민델(Mindell, 2013)은 인간의 의식 수준을 [그림 2-5]와 같이 크게 세 가지로 구분하여 설명하고 있다. 일상적 실재 CR(Consensus Reality)과 비일상적 실재 NCR(Non-Consensus Reality)의 영역인 꿈 영역 DL(Dream Land), 그리고 자의식의 본질 SE(Sentient Essence) 영역이다. 일상적 실재 CR은 모든 구성원이 공유하고 합의되어 교류할 수 있는 의식 상태이다. 우리가 일반적으로 실재라고 정의하는 것으로 측정가능하고 공유하는 의식 상태를 말한다. 대학교 신입생이 경험하는 일상적 실재 CR 영역에서의 변화는 새로운 학교, 나이, 전공, 친구관계, 생활환경, 거주 지역 등의 변화를 들 수 있다. 비일상적 실재 NCR의 영역인 꿈 영역 DL은 일상적 실재 CR의 이면에 있는 모든 느낌, 모든 경험, 이면의 역할 등 주관적인 특성을 포함한 의식 상태이다. 꿈 영역 DL에서는 개인의 신체 경험(드림 바디), 느낌, 말하지 않은 진실, 관계적 측면에서는 의도치 않는 이중신호나 집단의 과정에서는 유령의 역할 등을 포함한다. 이러한 과정에서는 시대정신, 역사, 비젼(vision), 초 세대적인 사건 등이 중요하게 다루어진다. 마지막으로 자의식의 본질 영역은 잠재의식(subliminal) 같거나 섬광처럼 나타나는 의식의 영역을 말한다. 이는 매우 미묘한 인식 경향성을 경험하게 함으로써 일상적 실재 CR이나 꿈 영역 DL이 숙고하거나 반영 없이도 알아차릴 수 있도록 도와준다. 민델(Mindell, 2014)은 자의식의 본질 SE 영역에서의 프로세스 마인드를 설명하면서 인간은 삶의 방향성과 에너지를 알아차릴 수 있고, 이를 알아차리는 것은 삶을 더 풍요롭고 건강하게 할 수 있다고 주장하였다.

민델(Mindell, 2013)은 일반적으로 사람들이 꿈 영역 DL이나 자의식의 본질

SE를 무시하거나 과소평가하는 경향이 있지만, 이를 알아차리는 것이 자신에 대한 심오한 이해를 하는 데 매우 중요한 역할을 한다고 강조하였다. 즉, 다양한 의식의 차원에서 자신이 가진 어려움과 장점을 알아차림으로써 건강한 미래의 삶을 준비할 수 있다는 것이다.

신입생들은 중요한 삶의 전환과정에서 자신의 의식 수준을 이해하고 통합함으로써 정신건강과 심리적 안녕감을 도모할 수 있다. 이 구체적 과정은 자기이해, 역경과 도전의 상대성, 자기반영의 우주라는 세 가지 단계로 설명할 수 있다.

첫째, 자기이해는 자기 내면, 관계 그리고 우주 공동체에서의 자신의 과정(Process)을 이해하는 것이다. 이때의 과정이란 과정의 흐름을 따라가는 것, 과정의 흐름에서 차별화하는 것, 과정을 인지하고 펼치는 것으로 이해할 수 있다(Diamond & Jones, 2004). 민델과 민델(Mindell & Mindell, 1992)은 하나의 현상에는 개인이 스스로 이해하고 표현되는 1차 과정과 숨겨져 있으면서 드러나지는 않지만 그 현상에 매우 중요한 역할을 하는 2차 과정이 함께 나타나고 있다고 설명하였다. 또한 일반적으로 2차 과정은 무시되기도 하는데, 두 개의 과정 모두를 이해하는 것은 중요하다고 하였다. 이러한 2차 과정의 이해를 위해서는 드러나는 현상에 대한 숨겨진 다양한 역할(role)을 이해하고 알아차리지

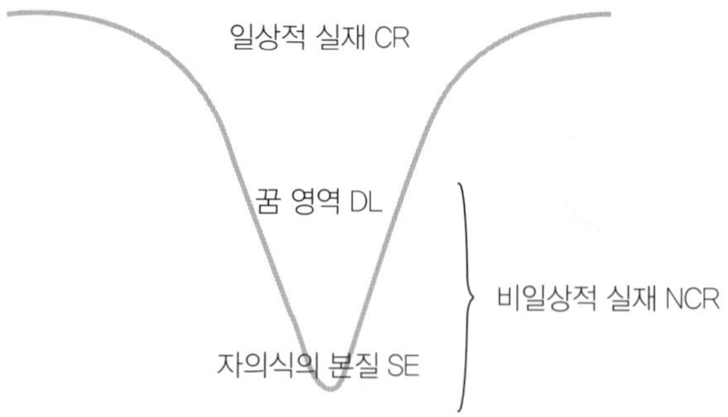

[그림 2-5] 의식의 세 가지 수준

출처: Mindell (2013).

못하였던 자신의 랭크(rank)를 알아차리는 것이 중요하다. 이 과정에서 현재 자신의 삶에 영향을 미치는 어린 시절의 다양한 사건들과 가족 내에서의 과정 그리고 다양한 트라우마를 이해할 수 있다. 민델(Mindell, 1982)은 어린 시절에 대한 기억은 오래된 자신의 패턴을 이해할 수 있는 좋은 도구로 활용할 수 있다고 주장하였다. 또한 이러한 패턴에는 개인의 삶에 있는 오래된 경계(Edge)에 대한 이해, 관계에서의 패턴 그리고 갈등을 해결해 나가는 과정에 대한 이해 등이 포함된다고 하였다. 자기이해 단계에서는 자신의 과정 내에서 일상적 실재 CR과 비일상적 실재 NCR에서 자신이 헤아리는 1차 과정과 헤아리지 않았던 2차 과정에 대한 탐색과 우주 공동체 속에서 자신의 일상적 실재 CR에서의 과업과 꿈영역 DL에서의 과업을 이해해야 한다. 이를 위하여 자신의 삶의 과정과 개인사를 탐색하고, 삶의 과정에서 나타나는 다양한 역경과 삶의 굴곡을 새로운 다세계(Many World)의 관점에서 알아차릴 수 있다.

둘째, 역경과 도전의 상대성 단계에서는 자신의 블랙홀을 확인하고, 탐험함으로써 블랙홀이 주는 메시지를 확인하여 빅뱅을 통해 삶의 메시지를 찾는 것을 포함하고 있다. 민델(Mindell, 2011)은 대표적인 블랙홀로 콤플렉스를 들었다. 콤플렉스는 우리를 혼란시키고, 콤플렉스의 관점에서 세상을 바라보도록 왜곡시킨다. 우주에서의 블랙홀이 주변의 행성들을 끌어당기는 것이라면, 심리적인 블랙홀은 끊임없이 정보를 왜곡시키며, 벗어나지 못하게 억압한다. 이는 단순한 과정에서 끝나는 것이 아니라 끝없이 반복되는 과정으로 나타난다. 특히, 민델과 민델(Mindell & Mindell, 1992)은 이러한 블랙홀이 2차 과정을 이해하는 드림 도어(Dream Door)의 역할을 한다고 설명하였는데, 자신의 숨겨진 2차 과정과 1차 과정의 이해를 통해서 자신을 깊이 알아차림으로 들어갈 수 있게 한다. 민델(Mindell, 2011)은 에브렛(Everett)과 드윗(Dewitt)의 평행한 세계이론(Parallel World Theory)을 심리적 과정에 적용시켜 우리가 무엇을 인식하고 바라보는 순간, 그 모습은 무한한 다른 가능성으로 펼쳐지고 분산되며, 모든 가능성은 동시에 평행한 세계에 존재한다고 주장하였다.

이는 우리가 경험한 다양한 삶의 역경을 다양한 가능성으로 인지하고 바라보는 순간 역경은 더 이상 역경이 아닐 수 있음을 설명하고 있다. 또한 이러한 블랙홀은 단지 개인, 가족에서만 영향을 미치는 것이 아니라 자신이 속한 그룹, 문화, 민족, 국가 그리고 그 시대상과도 연결되어 있다. 이에 역경과 도전의 상대성에서는 블랙홀을 이해하는 데 일상적 실재 CR의 차원에서만 이해하는 것이 아니라 꿈 영역 DL로 확장하여 역할에서의 이슈, 랭크에서의 이슈, 그리고 가족 내에서의 역할, 가족과 국가, 문화와 사회 등 다양한 유령의 역할(Ghost Role) 측면을 이해함으로써 자신의 갈등에 대한 이해를 도울 수 있다. 특히, 집단에서 펼쳐지는 다양한 의견과 경험 그리고 집단과정에 숨겨진 유령의 역할 등을 취하고 명료화하는 과정 속에서 자신의 블랙홀을 상대적 원리에서 받아들이고 이해할 수 있다.

마지막으로, 자기반영의 우주 단계에서는 자의식의 본질 SE 영역의 알아차림과 통합을 포함한다. 블랙홀과 빅뱅의 과정을 통하여 새로운 세계로의 확장이 이루어지는 단계이며, 프로세스 마인드로서의 하이 드림(High Dream)을 이해하고 찾아가는 과정을 포함한다. 이는 일상적 실재 CR의 영역, 꿈 영역 DL 또한 포함하는데, 개인이 가진 에너지와 자원을 사회와 공유하고 상호작용하면서 더불어 펼칠 수 있는 힘을 확인하는 것을 포함한다.

한편, 과정지향심리학 관점에서는 집단 또한 수준을 지니고 있다(Reiss, 2004). 이는 개인 수준(Individual Level), 관계 수준(Relationship Level), 집단 수준(Group Level), 시스템 수준(System Level), 자의식 수준(Sentient Level)이다. 집단에서의 개인 수준은 집단 내에서 개인의 내면에서 무엇이 일어나고 있는가에 관심을 갖는 것이다. 개인 수준에서의 집단은 집단 전체와 관련된 개인의 신체 경험과 증상에 초점을 맞추어 관심을 갖는 것이다. 각 개인의 경험을 통해 집단 전체와 작업하는 수준이라고 볼 수 있다. 관계 수준은 두 개인이 경험하는 관계적 측면에 초점을 맞추고 이를 다루는 것이며, 이러한 작업은 단지 그들 관계뿐만 아니라 집단 전체의 성장과도 관련된다. 집단 수준은 전체 집단 안에서 무엇이 일어나는지에 초점을 맞추어 집단 전체 과정에 존재하고 나타나는 현상에 관심을 갖고 작업하는 수준이다. 시스템 수준은 현재 집단이 관심을 갖고 작업하는 것이 집단 밖의 더 큰 세계에 어떻게 영향을 주고받을 수 있는지 알아차리고 작업하는 수준이다. 자의식 수준은 과정이 펼쳐지기 전에 나타나는 모든 실재 영역의 작업을 말한다. 신호가 나타나기 전이나 꿈꾸기 전에 펼쳐질 것을 말한다. 이는 무엇이 일어나려고 하고 있는지, 자연의 눈으로 어떤 의미를 지니고 있는지 등을 알아차리는 것을 말하며 자의식 수준에서는 모든 수준의 실재를 포함하고 있음으로써 집단원이 더 큰 알아차림을 할 수 있도록 영감을 주고 다른 세계를 경험하게 도와준다. 또한 민델(Mindell, 2002)은 집단의 전(全) 과정에서 진정한 민주주의(Deep Democracy)의 개념을 활용하여 모든 사람, 모든 경험, 모든 꿈, 모든 정신은 전체에 꼭 필요하고 중요한 부분이므로 존중되어야 하고 들어주어야 하며 알려져야 한다고 하는, 열린 마음의 태도이자 근본 원칙을 적용하여 모든 현상에 열린 마음의 자세로 갈등을 회피하지 않고, 그 갈등 속에 들어가 새로운 우리의 다양한 모습을 발견하고자 하였다. 최종적으로 본 프로그램은 3단계(자기이해 → 역경과 도전의 상대성 → 자기반영의 우주: 기도에 대한 응답)의 이론적 모델을 바탕으로 대학 신입생의 심리적 안녕감과 정신건강을 증진할 수 있다.

(3) 요구도 조사

프로그램 개발에 대한 요구도 조사는 프로그램 수혜자인 대학교 신입생을 대상으로 실시한 H 대학 신입생 실태조사(201○, 201○년) 내용과 H 대학 학생상담센터 집단상담 프로그램 이수자들을 대상으로 한 설문조사 결과, 그리고 프로그램 개발 전문가의 인터뷰를 중심으로 이루어졌다. 대학교 신입생을 위한 실태조사에서는 신입생의 학교생활 적응과 정신건강상의 다양한 어려움의 실태와 학교 측에 바라는 요구사항을 확인하였고, 이에 대학생활에 대한 충분한 상담, 조력 등과 같은 전문적 측면의 요구도 확인하였다. 또한 기존 학생상담센터 집단상담 수혜자에게 사후검사를 실시하면서 참여한 집단상담 프로그램에 대한 평가와 향후 집단상담 프로그램에서 요구되는 내용 등을 조사하여 프로그램 개발에 대한 요구도를 확인하였다. 이와 더불어 집단상담 프로그램 개발 전문가에게는 기존에 개발된 집단상담 프로그램의 내용에서 더 요구되는 프로그램 내용과 활동, 그리고 새롭게 요구되는 패러다임 등을 확인하는 요구도 조사를 실시하였다.

2) 2단계: 프로그램 시안 구성

과정지향심리학 이론을 토대로 회기별 프로그램 내용을 검토하고 선정하였다. 프로그램은 ① 자신에 대한 이해, ② 역경과 도전의 상대성의 알아차림, ③ 자기반영의 우주 확장이라는 세 가지 하위목표로 구성하였고, 이를 통해 심리적 안녕감과 정신건강을 증진함을 목표로 하였다. 또한 프로그램은 7회기 15시간으로 구성하였고, 프로그램의 세 가지 목표를 7회기에 걸쳐 단계별 순서를 거치면서 궁극적인 목적인 정신건강과 심리적 안녕감 증진이 이루어질 것을 기대하였다. 프로그램의 각 회기는 ① 회기 목표, ② 회기 활동계획안, ③ 강의안, ④ 실습안, ⑤ 준비물 순으로 정리하였다.

(1) 프로그램 시안

〈표 2-1〉 프로그램 시안 구성 내용

단계	프로그램 이론 발달	회기	시간	제목	목표 및 주요 활동
접수 및 사전 설문지	–	0		인테이크	프로그램을 위한 사전설문지를 작성한다.

도입 단계	도입	1	2	오리엔테이션	▶주제: 집단 구조화 • 집단상담 프로그램에 대하여 구조화한다. • 집단원 간의 친밀도와 응집성을 높인다.
준비 단계	자기 이해	2	2	자기 자신 이해하기	▶주제: 내면작업(Innerwork) • 일상적 실재 및 비일상적 실재에서 자신의 모습을 이해한다. • 삶의 과정에서 헤아리는 것과 헤아리지 않는 것이 무엇인지 알아차린다. –셀프케어카드를 활용하여 카드에 담긴 메시지를 확인하고 카드가 현재 자신에게 주는 의미와 내면의 메시지를 확인한다.
		3	3	우주 공동체 속에서의 과업	▶주제: 개인사 탐색 / 평행한 세계 경험 • 자신을 둘러싼 환경에서 나의 모습을 이해한다. • 환경과 자신의 삶의 과정 속에서 자신의 과업이 무엇인지 확인한다. –생애발달단계별 긍정적 기억과 부정적 기억을 찾고 자신의 삶의 과정을 확인한다.
작업 단계	상대성에서의 역경	4	2	상대성에서의 블랙홀 I	▶주제: 블랙홀 확인 • 삶에서 자신의 블랙홀을 확인한다. • 블랙홀이 삶의 과정에 어떠한 영향을 미치는지 확인한다.
		5	2	상대성에서의 빅뱅	▶주제: 블랙홀을 통한 삶의 메시지 찾기 • 블랙홀이 자신의 삶에 주는 메시지를 확인한다. • 블랙홀에 대한 새로운 시작을 확인하고 경험한다.
	자기반영의 우주	6	2	삶의 확장	▶주제: 삶의 위치점을 찾고 확장 • 자신의 위치점을 확인하고 확장한다.
마무리	마무리	7	2	꿈은 이루어진다	▶주제: 마무리와 피드백 • 성장과정을 확인하고, 서로 피드백한다. • 프로그램을 정리하고 평가한다.
–	사후 설문지	0		사후설문지	프로그램을 위한 사후설문지를 작성한다.

(2) 회기별 목표 및 활동 내용

예시: 4회기, 상대성에서의 블랙홀

① 회기 목표

- 삶의 다양한 굴곡에서 자신의 블랙홀(Black Hole)이 무엇인지 확인한다.
- 블랙홀이 주는 메시지를 통해 현재의 삶을 어떻게 변화시킬 수 있는지 찾아낸다.

② 활동계획안(120분)

차례	활동 요소	활동 내용	시간
1	삶의 굴곡 알아차리기	개인사 탐색을 통한 알아차림을 나눈다.	30분
2	활동 설명	• 활동에 대하여 설명을 해 준다. –블랙홀(Black Hole) 작업(파트너와 2인 작업) ① 블랙홀 확인하기 ② 블랙홀 탐구하기 ③ 블랙홀 중심에 들어가기 ④ 당신의 현재의 삶을 어떻게 변화시킬 수 있는지 찾아내기 –워크시트지(Worksheet)를 준비한다.	5분
3	파트너 정하기	• 지도자는 집단원의 셀프케어카드(Self Care Card)를 꺼내어 집단원들 가운데 뒤집어 놓는다. • 우선 1명을 선정하여(원하는 사람이 있으면 우선권을 부여함), 1장을 선택하도록 한다. 선택된 카드의 주인과 파트너가 된다. 파트너가 선정되지 않는 사람 중에 다시 희망자가 나와 카드를 선택하고 위와 같은 방법으로 파트너를 선택한다.(자신의 셀프케어카드가 나올 경우에는 다시 다른 카드를 선택한다.) –한번 정한 파트너는 프로그램 작업이 종료될 때까지 함께 한다.	5분

4	2인 작업	• 첫 번째 사람이 자신의 내용을 작업하고, 두 번째 사람은 도와준다. (15분) • 역할을 바꾸어서, 두 번째 사람이 이야기하고, 첫 번째 사람은 도와준다. (15분)	30분
5	나누기	• 집단원들이 작업한 내용을 함께 나눈다. –자신의 블랙홀이 무엇인지, 현재의 삶을 어떻게 변화시킬 수 있는지를 중심으로 내용 나누기(개인당 3~5분씩) –지도자는 집단원이 블랙홀에 대하여 새로운 관점으로 해석하고 긍정적인 메시지를 찾을 수 있도록 도와준다.	40분
6	휴식		10분

3) 3단계: 내용 타당도 및 안면 타당도 검증

구성된 프로그램의 내용은 과정지향심리학 전문가 및 프로그램 개발 전문가 5인으로부터 내용 타당도를 검증받았고, 내용 타당도 검증의 과정에서는 프로그램의 목표 및 회기별 하위목표의 적절성, 각 회기의 구성내용의 적절성 여부 등을 검토받았다. 이때 프로그램 내용 선정의 원리에 따라 상담 전략 및 상담 기법을 선정하였고, 회기별 활용 기법과 구체적인 내용을 구성하였다. 또한 실제 프로그램을 실시할 집단지도자 및 보조지도자인 상담관련학과 석사과정 이상의 20명에게서 안면 타당도를 검토받았다. 이 과정에서는 구조화된 프로그램의 운영에서 구체적인 회기별 진행 내용에 대한 수정과 회기별 프로그램 시간을 검토받았다. 이 과정에서 총 4차례의 프로그램 수정이 이루어졌는데, 7회기 15시간에서 10회기 20시간으로 프로그램이 최종 수정되었다.

(1) 프로그램 1차 수정: 내용 타당도 1차

프로그램 1차 수정에서는 프로그램 개발 전문가 5인에 따라 내용 타당도 검증이 이루어졌다. 시안 프로그램은 7회기 15시간으로 구성되어 도입단계 1회기(2시간), 준비단계 2회기(5시간), 작업단계 3회기(6시간), 종결단계 1회기(2시간)로 구성되어 있었다. 1차 수정과정에서 집단상담의 목표를 효율적으로 수행하기 위해서는 작업단계의 회기를 늘리는 것이 요구된다고 판단하고, 총 10회기 20시간의 프로그램으로 수정하였다. 이에 도입단계 1회기(2시간), 준비단계 3회기(6시간), 작업단계 5회기(10시간), 종결단계 1회기(2시간)으로 구성하였다. 구체적인 내용으로는 준비단계에서 자기이해를 위한 작업인 '우주공동체 속에서의 과업'과 '평행한 세계 경험하기'는 회기를 분리하였으며, 작업단계에서는 '상대성에서의 역경과 자기반영의 우주의 단계'에서 각각 1회기씩 회기를 추가하였다. 또한 프로그램의 목표와 회기별 목표의 적절성을 검토하고 과정지향심리학 이론적 틀과 회기별 목표들이 타당한지를 확인하였다. 이를 1차 수정한 프로그램안은 〈표 2-2〉와 같다.

〈표 2-2〉 1차 수정한 프로그램 구성 내용

단계	프로그램 이론 발달	회기	시간	제목	목표 및 주요 활동
접수 및 사전 설문지	–	0		인테이크	프로그램을 위한 사전설문지를 작성한다.
도입 단계	도입	1	2	오리엔테이션	▶주제: 집단 구조화 • 집단상담 프로그램에 대하여 구조화한다. • 집단원 간의 친밀도와 응집성을 높인다.
준비 단계	자기이해	2	2	자기 자신 이해하기	▶주제: 내면작업(Innerwork) • 일상적 실재 및 비일상적 실재에서 자신의 모습을 이해한다. • 삶의 과정에서 헤아리는 것과 헤아리지 않는 것이 무엇인지 알아차린다. –셀프케어카드를 활용하여 카드에 담긴 메시지를 확인하고 카드가 현재 자신에게 주는 의미와 내면의 메시지를 확인한다.

		3	2	우주 공동체 속에서의 과업	▶주제: 개인사 탐색 • 자신을 둘러싼 환경에서 나의 모습을 이해한다. • 환경과 자신의 삶의 과정 속에서 자신의 과업이 무엇인지 확인한다. –생애발달단계별 긍정적 기억과 부정적 기억을 찾고 자신의 삶의 과정을 확인한다.
		4	2	평행한 세계 경험하기	▶주제: 평행한 다른 세계에 대한 탐색 • 다른 다양한 세계를 경험한다. • 환경 내에서 다양한 역할과 세계가 공존하고 있음을 이해하고 경험한다. –집단 내에서 서로가 어떠한 역할을 주고받는지, 서로의 세계를 확인하고 경험한다.
작업 단계	상대성에서의 역경	5	2	상대성에서의 블랙홀 I	▶주제: 블랙홀 확인 • 삶에서 자신의 블랙홀을 확인한다. • 블랙홀이 삶의 과정에 어떠한 영향을 미치는지 확인한다.
		6	2	상대성에서의 블랙홀 II	▶주제: 블랙홀 작업 • 삶에서 자신의 블랙홀을 확인하고 이를 작업한다. • 블랙홀의 과정에 들어가서 탐험하고 경험한다.
		7	2	상대성에서의 빅뱅	▶주제: 블랙홀을 통한 삶의 메시지 찾기 • 블랙홀이 자신의 삶에 주는 메시지를 확인한다. • 블랙홀에 대한 새로운 시작을 확인하고 경험한다.
	자기 반영의 우주	8	2	삶의 확장 I	▶주제: 하이드림(High Dream) 찾기 • 현재 자신의 삶과 꿈꾸는 미래의 자신의 모습을 확인한다.
		9	2	삶의 확장 II	▶주제: 삶의 위치점을 찾고 확장하기 • 자신의 위치점을 확인하고 확장한다.
마무리	마무리	10	2	꿈은 이루어진다	▶주제: 마무리와 피드백 • 성장과정을 확인하고, 서로 피드백한다. • 프로그램을 정리하고 평가한다.
–	사후 설문지	0		사후설문지	프로그램을 위한 사후설문지를 작성한다.

(2) 프로그램 2차 수정: 내용 타당도 2차

프로그램에 대한 2차 수정과정에서는 회기별 목표와 활동 내용 등에서 명료하지 못한 내용들을 구체적으로 수정하고 과정지향심리학적 이론 접근에서의 활동을 구체적으로 활용할 수 있도록 초점을 두고 수정하였다.

이에 2회기 제목을 '마음열기'에서 '내면작업: 헤아리는 것과 헤아리지 않는 것'으로 과정지향심리학 접근에 맞는 용어로 수정하였으며, 활동 내용에서 셀프케어카드(Self Care Card)를 통한 일상적 실재 CR과 비일상적 실재 NCR의 알아차림으로 명료화하였고, 카드에 담긴 메시지를 확인하여 집단원들이 작업할 때에는, "나는 누구일까?"를 ① 나는 누구인가?, ② 어디서 와서, ③ 어디로 가는 것일까? 세 가지 내용을 포함하여 알아차릴 수 있도록 구체화 작업을 하였다.

3회기 우주공동체 속에서의 과업에서는 집단원이 자신의 내면작업 시간을 60분에서 90분으로 확장하여 충분한 내면작업을 할 수 있도록 수정하였다. 5회기 블랙홀 확인과 6회기 블랙홀 작업 단계의 내용이 중복되거나 명료하지 않다는 평가에 따라 6회기를 블랙홀 탐험으로 수정하면서 5회기에 확인한 블랙홀 내용을 활용하여 삶에서 어떠한 영향을 미치는지 블랙홀의 과정에 들어가서 탐험하고 경험하는 것으로 내용을 수정하였다.

(3) 프로그램 3차 수정: 내용 타당도 3차

프로그램의 3차 수정에서는 2차 수정 내용을 확인하고, 전반적인 측면에서 내용 타당도 검증이 이루어졌다. 이 과정에서 7회기 '상대성에서의 빅뱅'에서 집단원들이 자신의 블랙홀을 확인하고 이를 드림바디워크(Dreambody Work)로 하는 과정에서 음악을 활용하는데, 이 음악을 새로 선정하였다. 또한 프로그램의 작업단계인 블랙홀과 빅뱅으로 이어지는 과정에서 집단원이 충분히 자신의 블랙홀을 느끼고 경험할 수 있도록 명상 음악의 시간을 20분에서 30분으로 시간을 변경하였다. 고통과의 상호작용 과정에서 음악 명상을 통하여 몸에서 일어나는 변화 과정을 알아차릴 수 있도록 지도자의 명료한 활동 설명을 제시하였다. 8회기 '삶의 확장 I'은 '나의 비전 찾기'로 명칭을 수정하였고, 9회기의 '삶의 확장 II'는 '삶의 확장'으로 명칭을 수정하였다. 또한 9회기의 작업 내용에서 위치점 찾기의 바디워크 작업 시간을 90분에서 60분으로 수정하였고, 바디워크 작업에 앞서 집단원의 빅뱅 작업 내용을 확인하고 명료화하는 데 30분 배정하였다.

(4) 프로그램 4차 수정: 안면 타당도 1차

프로그램에서의 4차 수정은 프로그램을 직접 운영할 집단지도자와 보조지도자 20명의 안면 타당도 검증을 통해 이루어졌다. 안면 타당도 검증에서는 프로그램의 전체 흐름, 회기별 프로그램 구성 내용과 활동 내용의 이해도, 그리고 구조화된 프로그램을 운영함에 있어서 구체적인 회기별 진행 내용과 회기별 프로그램 진행 시간 등을 검토받았다. 또한 프로그램이 마라톤으로 진행될 시, 쉬는 시간을 확보하고 이를 위한 프로그램 운영 시간 계획 등을 확인하였다.

4) 4단계: 평가도구 선정

프로그램 평가를 위한 평가도구는 정신건강 척도와 심리적 안녕감 척도, 두 가지로 선정하였다. 또한 수집한 자료는 부호화 과정과 오류 검토 작업 진행 후 SPSS 18.0 package를 이용하여 분석하였다. 설문지의 내적 일치도를 확인하기 위하여 신뢰도 계수(Cronbach's α값)를 산출하였다. 또한 주요 변인들의 평균과 표준편차를 확인하였고, 사전-사후 차이 검증을 위하여 95% 유의도 수준에서 *t*-test를 실시하였다.

(1) 정신건강 척도

정신건강 척도는 존스홉킨스대학 학생상담서비스센터에서 대학생 자살 예방을 위한 측정도구로 사용하는 Behavioral Health Questionnaire-14(BHQ-14)를 박명실(2005)이 번안한 것을 사용하였다. 이는 5개 영역, 주관적 웰빙, 증상, 생활기능, 우울, 불안으로 구성되어 있다. 모두 14개 문항으로 구성되어 있는 BHQ-14는 5점 리커트 척도로 구성되며 점수가 높을수록 정신건강 수준도 높은 것으로 해석된다. 본 프로그램에서의 정신건강 척도 전체 Cronbach α는 .87로 나타났고 하위요인은 .62~.94(주관적 웰빙 .62, 증상 .94, 생활기능 .75, 우울 .75, 불안 .89)로 나타났다.

(2) 심리적 안녕감 척도

심리적 안녕감은 하태민(2009)이 개발한 척도로서 68문항이며, 낙관적 사고, 삶의 목적, 긍정적 친구관계, 긍정적 자아인식, 자기주장성, 환경조절력, 개인적 성장, 내적 귀인의 8개 하위변인으로 구성되어 있다. 본 프로그램에서의 심리적 안녕감 척도 전체 Cronbach α는 .94로 나타났고 하위요인은 .58~.88(낙관적 사고 .88, 삶의 목적 .84, 긍정적 친구관계 .73, 긍정적 자아인식 .88, 자기 주장성 .77, 환경 조절력 .87, 개인적 성장 .83, 내적 귀인 .58)로 나타났다.

5) 5단계: 프로그램 실시

프로그램의 실시는 2014년 2학기[2014년 11월 22일(토)~23일(일)]와 2015년 2학기[2015년 10월 24일(토)~25일(일)]에 각각 10개 집단, 5개 집단으로 2번에 걸쳐 마라톤 형식으로 1박 2일 동안 이루어졌다. 집단원의 서면 동의에 따라 비디오 촬영이 이루어졌으며, 집단운영을 위한 집단지도자 구성은 상담학 관련학과 박사학위 재학 이상의 전문성과 상담학회 2급 자격증 이상을 보유하고 과정지향심리학적 접근 방법에 대하여 연구하거나 교육받은 경험이 있는

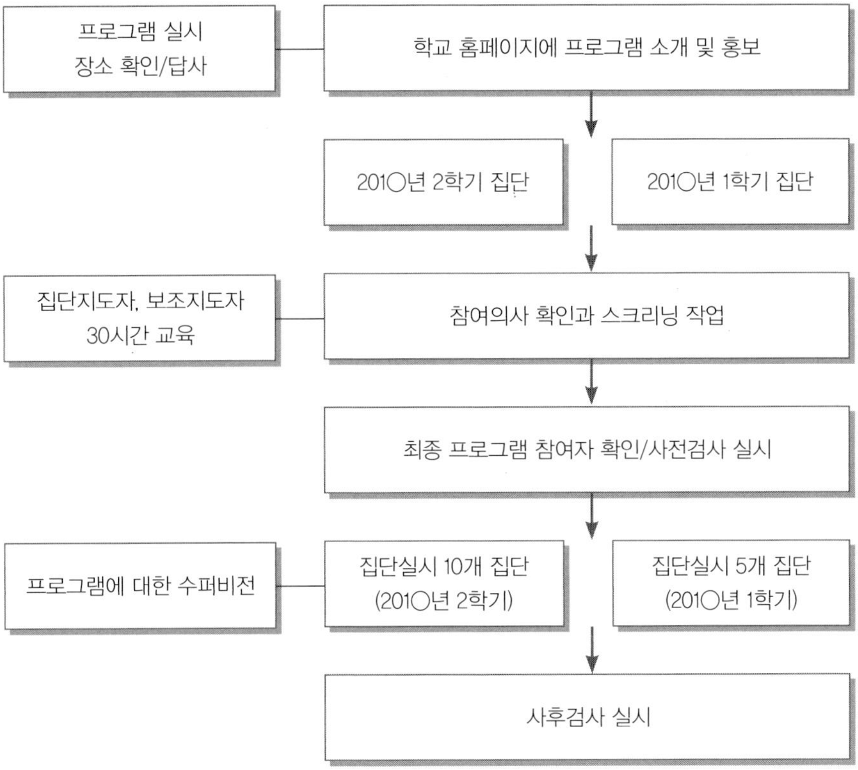

[그림 2-6] 프로그램 실시과정

사람으로 구성하였다. 보조지도자의 경우 상담학 관련학과 석사학위 재학 이상이며 전문상담사 자격과정에서 임상훈련을 받고 있는 사람들로 구성하였다. 이들에게는 30시간 이상 지도자 훈련 프로그램을 실시하였다. 구체적인 프로그램 실시과정은 [그림 2-6]과 같다.

(1) 참가자 모집

프로그램의 참가자 모집은 대학교 신입생으로, H 대학교 홈페이지, 학과 게시판, SNS 등을 통한 홍보로 실시하였다. 신청자들은 H 대학교 홈페이지 인터넷 접수나 학생상담센터에 방문 신청하여 1차 접수를 하였고, 학생상담센터에서 사전 스크리닝을 통해 최종 집단원을 구성하였다.

(2) 집단원 구성

프로그램의 집단원 구성은 한 개 집단당 집단원 10명, 집단지도자 1명, 보조지도자 1명으로 구성하여 총 15개 집단, 150명의 집단원을 선정하였다. 이들 중 프로그램 실시 전날 혹은 당일에 개인적인 사유로 참석하지 않은 34명을 제외하고 총 116명이 프로그램에 참여하였다. 참여한 집단원은 여자 67명(57.7%), 남자 49명(44.5%)이었으며 모두 대학교 신입생이었다.

(3) 집단지도자, 보조지도자 선정과 교육

프로그램의 지도자는 집단지도자와 보조지도자로 구성하였다. 집단상담 지도자는 집단프로그램의 리더로서 전체적인 운영을 담당하고 있으며, 보조지도자는 집단지도자를 도와주는 역할을 수행한다.

본 프로그램에서의 집단상담 지도자의 경우 상담학 관련 학과 박사학위 재학 이상의 전문성과 상담학회 2급 자격증 이상을 보유하였으며, 임상과 집단상담 실제에서 전문성을 인정받은 사람이고, 과정지향심리학적 접근 방법에 대하여 연구하거나 교육받은 경험이 있는 사람으로 구성하였다. 또한 보조지도자의 경우 상담 관련 학과에서 석사학위에 재학 중이거나 전문상담사 자격과정에서 임상 훈련을 받은 사람들로 구성하였다. 지도자와 보조지도자는 프로그램 진행을 위하여 30시간의 연수를 받았다.

(4) 집단 진행과 수퍼비전

집단상담은 ○○리조트에서 1박 2일 마라톤 형식으로 진행하였으며, 5개 집단이었다. 첫날 프로그램이 종결된 이후에는 보조지도자가 집단원과 함께 물리적으로 방을 나누어 쓰면서 집단원을 보호하였고, 프로그램 실시 과정은 집단원의 서면동의에 따라 비디오 촬영을 하였다.

프로그램 진행은 지도자-보조지도자 간에 지속적인 협의를 통해 효율적으로 집단을 운영할 수 있도록 하였고 회기별 진행과정에 대한 수퍼비전과 프로그램 본부에서 실시간 진행 상황을 확인하면서 적절한 수퍼비전이 실시되었다. 실시간 수퍼비전은 SNS를 활용하여 진행하였고, 주로 비디오 촬영자나 보조지도자가 내용을 확인하고 지도자에게 전달해 주었다. 또한 각 프로그램이 진행되는 과정과 회기별 프로그램이 진행된 이후 지도자와 보조지도자들은 함께 모여 프로그램 진행과 집단원에 대한 수퍼비전을 받았다. 수퍼비전 내용에서는 지도자 변인으로서 집단에 영향을 미칠 수 있는 변인들을 알아차릴 수 있도록 하였고, 집단의 숨겨진 다양한 유령의 역할들을 인지할 수 있도록 하였다. 또한 집단원의 각 사례에서 심각한 증상이나 갈등을 효율적으로 다룰 수 있는 방식 등을 수퍼비전 받았다.

6) 6단계: 프로그램 평가

프로그램의 평가에서는 활용된 심리적 안녕감과 정신건강을 활용하여 변인들의 평균과 표준편차를 확인하였고, 사전-사후 차이 검증을 위하여 t검증을 실시하였다. 또한 집단원의 경험보고서 분석을 통하여 프로그램 하위목표 달성에 대한 분석을 함께 실시하였다.

(1) 사전-사후 효과성 검증 결과

프로그램에 대한 평가는 심리적 안녕감과 정신건강 척도를 통한 사전, 사후검사의 차이 검증과 집단과정에 대한 녹취록 분석을 통한 집단원들의 성장에 대한 질적 분석으로 이루어졌다. 먼저, 심리적 안녕감의 사전-사후 검사 결과에 대한 평균과 표준편차 및 차이 검증 결과는 〈표 2-3〉과 같다. 사전검사(236.36)와 사후검사(245.58) 결과 사후검사의 평균 점수가 높게 나타났으며, 통계적으로 유의미한 차이를 보였다(t=2.42, p<.05). 프로그램 참여 결과

심리적 안녕감이 높아졌다고 볼 수 있다. 또한 심리적 안녕감 8개의 하위변인의 사전-사후검사 결과 모든 하위요인에서 사후검사 결과 평균점수가 높아졌으며, 특히 낙관적 사고(t=3.14, p<.01), 긍정적 친구관계(t=2.76, p<.01), 긍정적 자아인식(t=3.31, p<.01)에서는 통계적으로 유의미한 차이를 보였다.

〈표 2-3〉 심리적 안녕감 사전-사후 검증 결과

하위영역	N	사전 M(SD)	사후 M(SD)	t	p
낙관적 사고	116	47.72 (6.11)	50.19 (5.74)	3.14**	.002
삶의 목적	116	33.28 (7.48)	34.39 (7.18)	1.14	.253
긍정적 친구관계	116	36.39 (4.67)	38.09 (4.65)	2.76**	.006
긍정적 자아인식	116	38.68 (6.75)	41.67 (6.90)	3.31**	.001
자기 주장성	116	30.92 (5.27)	31.87 (5.41)	1.35	.177
환경 조절력	116	23.03 (4.74)	23.97 (4.91)	1.47	.142
개인적 성장	116	13.06 (2.11)	13.12 (2.26)	.21	.829
내적 귀인	116	12.33 (2.43)	12.65 (2.44)	.98	.326
심리적 안녕감 전체	116	236.36 (28.16)	245.58 (28.18)	2.42*	.016

**p<0.1, *p<0.5

정신건강의 사전, 사후 검사 결과에 대한 평균과 표준편차 및 차이 검증 결과는 〈표 2-4〉와 같다. 사전검사(42.24)의 평균점수에 비하여 사후검사(43.30) 평균 점수가 높게 나타났으며, 유의미한 차이는 없었다. 정신건강 하위 변인 중 주관적 웰빙(t=2.82, p<.01), 생활기능화(t=2.25, p<.05)에서는 통계적으로 유의미한 차이를 보였다.

또한 〈표 2-5〉는 프로그램 실시 후 경험보고서에 나타난 주요 반응이며, 프로그램의 목표 달성에 대한 중점 내용을 보면 다음과 같다.

자기이해에서는 '나 자신에 대해서 더 알게 되는 시간을 가지게 되어 좋았다. 내가 싫어했던 일이 왜 일어나게 되는지 알게 되었다.' '나에게도 숨겨진 감정이 있고 나도 모르게 그것을 숨겨두고 있다는 생각을 하게 되었다.' 등을

〈표 2-4〉 정신건강의 하위 영역별 기술통계 결과

하위요인	N	사전	사후	t	p
		M(SD)	M(SD)		
주관적 웰빙	116	6.93 (1.23)	7.40 (1.24)	2.82**	.005
증상	116	21.29 (9.66)	21.29 (21.15)	.10	.914
생활 기능	116	14.00 (2.37)	14.73 (2.52)	2.25*	.025
우울	116	11.74 (3.81)	11.66 (3.92)	.15	.874
불안	116	7.77 (4.16)	8.00 (4.05)	-.43	.667
정신건강 전체	116	42.24 (10.13)	43.30 (10.25)	.79	.429

**$p<.01$, *$p<.05$

보고하였고, 상대성에서의 역경에서는 '내 안의 블랙홀이 무엇인지 잘 알 수 있었고 나의 삶의 방향이나 행동의 목표는 명료화되지 않았지만 이 정도의 발전이라면 충분히 할 수 있을 것이라는 믿음이 생겼다.' 등 자신의 블랙홀에서의 확장된 빅뱅을 확인하였다. 자기반영의 우주단계에서는 '바쁘고 힘들고 지쳐만 가는 일상 속에서 벗어나 자아를 성찰하고 미래뿐만 아니라 과거나 현재를 심오하게 생각할 수 있게 되었다.' 등 자신을 확장하고 삶에서 변화할 자신을 기대하는 것 등을 확인하였다. 이러한 주요 반응을 통해 개인적 지각 수준에서도 프로그램의 효과를 확인할 수 있었다.

〈표 2-5〉 회기별 경험보고서의 주요 반응

프로그램 하위목표	경험보고서 내용
자기이해	• 나 자신에 대해서 더 알게 되는 시간을 가지게 되어 좋았다. 내가 싫어했던 일이 왜 일어나게 되었는지 알게 되어 고칠 수 있게 해결 방안을 알게 되고 친구들의 이야기를 듣고 나서 모든 사람이 즐거운 일만 있었던 것이 아니라 위기 상황도 있었다는 것을 알게 되었다. • 나에게도 숨겨진 감정이 있고 나도 모르게 그것을 숨겨두고 있다는 생각을 하게 되었고 살면서 제대로 된 상담을 못 하고 형식적으로 또는 의무적으로 해서 나의 마음을 숨겨

	두었던 것 같은데, 이런 활동을 하면서 자신의 진솔한 마음을 드러내면서 마음속이 후련해지는 느낌을 받았다. • 평소에 생각하지 못하였던 예전의 생각 나의 내면을 알아차릴 수 있는 좋은 시간이었던 것 같다. • 나의 장점, 단점, 기쁜 일, 슬픈 일 등을 알아보고 나 자신에 대해 다시 생각해 보는 시간이 되어 뜻 깊은 시간이 되었다. • 평소에는 나에 대한 깊은 생각을 하지 않았는데 이 계기로 인해 나를 좀 더 알았고 내가 무엇을 두려워하고 무엇을 필요로 하는지를 알게 되었다. 여기 올 때랑은 생각이 많이 달라진 것 같다.
상대성에서의 역경	• 막연히 콤플렉스나 블랙홀이라고는 생각하고 있었는데 그것이 지금까지도 영향을 주어서 이런 행동들을 했고 힘들어했구나를 알게 되었고 앞으로 어떻게 할지 해결책을 스스로 찾는 방법들을 느끼게 된 거 같아서 더 좋았다. • 내 안의 블랙홀이 무엇인지 잘 알 수 있었고 나의 삶의 방향이나 행동의 목표는 명료화되지 않았지만 이 정도의 발전이라면 충분히 할 수 있을 것이라는 믿음이 생겼다. • 내가 나의 블랙홀로 인해 영향받고 또 좋게 영향을 준 것을 찾아 다행이었다. • 내 안에 꾹꾹 눌러 담아져 있던 내 마음속 고민이나 블랙홀을 끄집어내고 그걸 없앤다는 과정이 정말 좋았고 조금 마음이 편해지는 것이 좋았다. • 내가 가지고 있는 콤플렉스, 즉 블랙홀이 무기력하다는 것인데 상/중/하로 나누어 내가 이것을 빠져나갈 수 있을지 없을지 생각하다 자신이 없어 하로 가서 서 있었다. 그런데 막상 상으로 가보니 내가 블랙홀을 빠져 나오고 싶은 갈망이 강했던 것이다. 맨날 막연히 생각만 해 와서 나는 할 수 없다고 단정지었는데 이렇게 눈으로 보이게 하니까 나의 마음을 알게 되었다. • 다른 문제점이 나와서 찾는다면 그에 대한 해결방안을 찾기 쉬울 것 같고 그런 고민들과 블랙홀이 생겨도 두려워하지 않고 좌절하지 않고 이겨 낼 수 있는 방법을 배운 것 같다. • 나의 콤플렉스를 누군가에게 말한다는 것이 어색하고 용기가 필요했다. 콤플렉스를 말할 때 상대방 친구가 잘 들어주고 이해를 해 주어서 어색하지 않았고 그동안 마음에 담아두었던 말을 하고 나니 후련했다.
자기 반영의 우주	• 우주에도 하나의 블랙홀만 있는 것이 아니라 다양한 크기와 힘을 가진 많은 블랙홀이 있는 것으로 안다. 우주를 여행하면 블랙홀에 빠지기도 하고 다른 차원의 행성과 우주로 가는 것처럼 우리도 다른 차원의 행성과 우주, 다른 환경, 다른 사람, 시기마다 다른 고난과 역경을 겪는다. 친구들이 주변 사람들이 말해 주지 않았던 혹은 말해 줄 수 없었던 나의 모습을 들어서 너무나도 기억에 남는다. 친구들이 오늘을 잘 기억해 줬으면 좋겠다. 평소에는 해 줄 수 없는 말을 할 수 있어서 좋았다. • 사람은 누구나 아픔이 있듯이 나 또한 그러하다. 이런 아팠던 감정을 이야기하고 들어보고 하면서 다른 아이들도 나와 같은 사람들이구나라는 것을 느꼈고 앞으로는 더 친근감이 생긴 거 같아서 편했다.

- 바쁘고 힘들고 지쳐만 가는 일상 속에서 벗어나 자아를 성찰하고 미래뿐만 아니라 과거나 현재를 심오하게 생각할 수 있게 되었다.
- 이 프로그램에 참여한 건 정말 우연이 아닌 필연이 아니었을까 한다. 이번 활동을 통해 블랙홀과 빅뱅을 찾아 터뜨리며 나 자신을 발전시킬 수 있는 좋은 프로그램이었다. 이 프로그램에서 얻은 것들을 잘 가지고 가서 실행할 수 있도록 노력하겠다.
- 빅뱅이라는 해결방안을 서로 제시해 주면서 서로를 이해하게 되고 내 문제만 해결하는 것이 아니라 남에게 사랑을 줄 수 있었던 게 좋다고 느껴졌다.
- 같은 학교 친구들이긴 하지만 수업 듣고 밥 먹는 것 외엔 마주칠 일이 없어서 깊은 얘기를 해 볼 수 없었는데, 이번 기회에 깊은 얘기를 나눠 보며 친구들의 장단점, 콤플렉스 등을 교류하고 공감·조언해 볼 수 있는 뜻 깊은 시간이 되었던 것 같다.

2. 프로그램 개발과 효과 검증에 대한 논의

본 프로그램의 개발과정과 실제에서는 프로그램 개발 절차와 효과 검증 절차로 구성된 6단계의 프로그램 개발과정을 구성하여 실시하였으며, 총 116명의 대학교 신입생을 대상으로 15개의 집단상담 프로그램을 실시하였고 그 결과를 제시하였다. 프로그램의 개발과정과 효과성에 대한 논의를 하면 다음과 같다.

먼저, 프로그램 개발과정에 대한 논의는 첫째, 본 프로그램은 대학교 신입생을 대상으로 이들의 정신건강과 심리적 안녕감 증진을 목표로 구성하였다. 신입생 때는 정체성을 형성하고 확립하는 시기로 다양한 연구(금명자, 남향자, 2010; Jean, Delia, & Chami, 2011)에서 이들 시기의 정신건강과 심리적 안녕감은 중요한 변인으로 인식해 왔다. 따라서 여기서는 신입생 시기의 정신건강과 심리적 안녕감을 주요 변인으로 설정하고, 이것의 향상을 위하여 과정지향심리학 이론을 바탕으로 자기이해, 상대성에서의 역경, 자기반영의 우주 확장을 하위 목표로 구성하였다. 집단상담 전문가들은 집단상담 프로그램이 목적이나 대상의 특성 등에 따라 내용이나 활동이 달라질 수 있기 때문에 구체적인 목표나 대상을 고려하도록 제안하고 있으며, 개발된 프로그램은 이러한 제안을 수용한 예로 볼 수 있다.

둘째, 본 프로그램은 개인이 경험하는 다양한 역경과 스트레스, 트라우마 등을 부정적으로 바라보기보다는 긍정적으로 받아들이고 수용하여 성장할 수 있게 도와주는 관점에서 접근하기 때문에 타 상담 이론의 접근 방식에 비해 정신건강의 긍정적인 측면을 강조하고 성장할 수 있도록 돕는다고 할 수 있다. 이는 긍정심리학적 접근 연구들에서 역경과 스트레스를 긍정적으로 인식하고 재해석함으로써 심리적 안녕감을 향상시킬 수 있다고 주장한 연구 결과와도 유사한 것으로 볼 수 있다.

셋째, 본 프로그램은 개발과정에서 전문가의 의견을 많이 반영하였으며 개발된 프로그램의 내용이나 구성이 전문적이고 체계적이라고 할 수 있다. 프로그램 개발전문가와 과정지향심리학 이론 전문가에게서 타당도 검증을 받았고, 상담학 관련 석사 재학 이상의 다양한 전문가에게서 안면 타당도를 검증받으면서 프로그램의 목표, 실제 내용 등의 적합도와 전문성을 검증받았다. 또한 집단운영 지도자들과 함께 프로그램 실시 이전에 예비 프로그램을 진행하면서 수정 · 보완하는 과정을 거쳤다. 이러한 개발과정을 통해 연구자의 주관으로만 프로그램을 개발한 것이 아니라 다양한 전문가의 의견이 반영되고 전문성과 타당도가 확보된 집단상담 프로그램을 개발하였다는 것을 확인할 수 있다.

다음으로 프로그램의 효과성에 관하여 논의하면 다음과 같다.

첫째, 프로그램에 참여한 집단원의 정신건강과 심리적 안녕감 척도의 사전-사후 검사 결과 모든 척도에서 향상을 확인하였고, 심리적 안녕감의 하위 변인 중 낙관적 사고, 긍정적 친구관계, 긍정적 자아인식이 사전-사후 검사 결과 유의미한 차이가 나타나는 것을 확인하였다. 셀리그먼(Seligman, 2002)은 낙관성을 지닌 사람은 미래에 긍정적 결과가 있게 될 것이라고 기대하기 때문에 현재 실패 경험을 일시적인 후퇴로 여기며 좌절하거나 낙담

하지 않고 도전으로 받아들인다고 주장하였다. 본 프로그램에서는 블랙홀과 빅뱅의 개념을 활용하여 자신이 경험한 부정적인 역경 경험인 블랙홀을 성장의 기회로 이해하고 해석하여 빅뱅에 이르게 하였는데, 이를 통해 낙관적 사고나 긍정적 자아인식을 향상시키는 결과가 있었다고 볼 수 있다. 민델(Mindell, 1995)은 자신이 경험하는 다양한 현상은 긍정 또는 부정이라는 이분법적인 틀에 있기보다는 다양한 차원에서 이해하고 받아들여야 한다고 하였는데, 프로그램의 결과와 유사한 측면을 설명한다고 할 수 있다. 또한 하위 변인 중 긍정적 친구관계 변인에서 유의미한 차이가 나타난 결과는 민델(Mindell, 2011)이 비국소성 원리를 설명하면서 '인간은 서로 연결되어 서로 영향을 주고받을 수 있다.'고 주장한 바와 연관된 결과이다. 이는 전지경과 양명숙(2014) 연구에서 과정지향심리학 접근을 활용한 집단상담 프로그램에서 관계의 수준을 '초월적 수준'으로 확장하는 것이 관계에 대한 깊은 알아차림과 성장에 도움이 된다는 연구 결과와도 일치한다.

둘째, 정신건강의 하위 변인 중 주관적 웰빙과 생활기능화에서 유의미한 차이를 나타냈다. 프로그램의 하위 목표인 자기이해, 역경과 도전의 상대성 그리고 자기반영의 우주 확장을 통해 정신건강을 향상할 수 있었는데, 이는 대학생의 자기이해를 위한 명상 집단상담 프로그램이 정신건강 향상에 도움이 된 박상규(2008)의 연구와 유사하나 본 프로그램에서는 정신건강 전체보다는 하위 요인에서 유의미하게 나타났다.

셋째, 평가과정에서 실시한 집단참여자의 경험보고서를 분석한 결과, 자신이 알아차리지 못한 다양한 모습을 알아차리게 되었으며, 자신이 경험하는 다양한 블랙홀을 새롭게 해석하고 이해하는 계기가 된 것으로 나타났다. 또한 다양한 정신건강의 문제에서도 긍정적으로 대처하는 방법들을 알아차릴 수 있었으며, 정신건강의 긍정적인 측면인 심리적 안녕감과 관련된 부분에서도 향상을 가져온 것으로 평가되었다.

마지막으로 본 프로그램의 개발과정과 실제 제한점과 더불어 후속 프로그램을 위한 제언을 하면 다음과 같다.

첫째, 본 프로그램은 15개의 집단 116명을 대상으로 한 연구로서, 연구 결과의 일반화에 한계를 지니고 있다. 추후에는 다양한 집단원을 대상으로 연구를 실시할 수 있을 것이다. 정신건강의 특정 이슈나 주제를 지닌 그룹원이나 성별, 나이, 전공, 지역 등 다양한 집단의 비교 연구도 가능할 것이다. 또한 집단을 운영하는 지도자의 변인도 중요한 부분을 차지할 수 있으므로 지도자 변인과 함께 연구해 보는 것도 필요하다고 보인다.

둘째, 집단운영 방식에서 1박 2일의 마라톤 방식 이외에도 매주 1회기씩 10주, 2회기씩 5주 등 다양한 일정으로 실시할 수 있다. 또한 시간의 제약이 있는 상황에는 주요 활동을 중심으로 15시간에서 20시간으로 프로그램을 구성하여 탄력적으로 운영할 수 있을 것이다. 이를 통해 다양한 집단을 운영하여 그 효과성을 비교 연구해 보는 것도 필요할 것으로 보인다.

셋째, 대학교 신입생 이외에 삶의 다양한 시기까지 확장하여 적용할 수 있는 프로그램이 요구된다. 본 프로그램은 대학교 신입생을 대상으로 실시하였지만, 중요한 전환기를 두고 있는 초·중·고등학교 학생들이나 중년기 등 다양한 연령대나 집단원으로 확장하여 발달과정에서 나타나는 다양한 블랙홀을 분석하고 긍정적으로 성장하는 기회로 전환할 수 있는 프로그램을 개발하는 것이 필요하다. 이에 상담 현장이나 교육정책 과정에서 자신이 경험한 블랙홀을 긍정적으로 이해하고 성장시키는 데 도움이 되는 프로그램이나 교육방법을 제안할 수 있기를 기대한다.

마지막으로, 대학교 신입생에 대한 다양한 프로그램의 개발과 연구가 요구된다. 대학교 신입생은 삶의 전환기이며 중요한 시기임에도 이에 대한 다양한 연구가 부족하다. 후속연구에서는 더 다양한 요인들을 활용하여 대학교 신입생을 연구할 필요가 있다. 더불어 대학 내의 다양한 학점 교육이나 교육정책에서 신입생을 위한 다양한 프로그램이 확장·운영되어 활용되기를 기대한다.

3. 최종 프로그램 제시

앞의 단계를 거쳐 최종 프로그램을 구성하였고, 이를 제시하면 〈표 2-6〉과 같다.

〈표 2-6〉 프로그램 구성 내용

단계	프로그램 이론 발달	회기	제목	목표 및 주요 활동
접수 및 사전 설문지	–	0	인테이크	프로그램을 위한 사전설문지를 작성한다.
도입 단계	도입	1	오리엔테이션	▶주제: 집단 구조화 • 집단상담 프로그램에 대하여 구조화한다. • 집단원 간의 친밀도와 응집성을 높인다.
준비 단계	자기이해	2	자기 자신 이해하기	▶주제: 내면작업(Innerwork) • 일상적 실재 및 비일상적 실재에서 자신의 모습을 이해한다. • 삶의 과정에서 헤아리는 것과 헤아리지 않는 것이 무엇인지 알아차린다. –셀프케어카드를 활용하여 카드에 담긴 메시지를 확인하고 카드가 현재 자신에게 주는 의미와 내면의 메시지를 확인한다.
		3	우주 공동체 속에서의 과업	▶주제: 개인사 탐색 • 자신을 둘러싼 환경에서 나의 모습을 이해한다. • 환경과 자신의 삶의 과정 속에서 자신의 과업이 무엇인지 확인한다. –생애발달단계별 긍정적 기억과 부정적 기억을 찾고 자신의 삶의 과정을 확인한다.

		4	평행한 세계 경험하기	▶주제: 평행한 다른 세계에 대한 탐색 • 다른 다양한 세계를 경험한다. • 환경 내에서 다양한 역할과 세계가 공존하고 있음을 이해하고 경험한다. –집단 내에서 서로가 어떠한 역할을 주고받는지, 서로의 세계를 확인하고 경험한다.
작업 단계	상대성에서의 역경	5	상대성에서의 블랙홀 I	▶주제: 블랙홀 찾기 • 삶에서 자신의 블랙홀을 확인한다. • 블랙홀이 삶의 과정에 어떠한 영향을 미치는지 확인한다.
		6	상대성에서의 블랙홀 II	▶주제: 블랙홀 탐험 II • 삶에서 자신의 블랙홀이 삶의 과정에 어떠한 영향을 미치는지 탐험한다. • 블랙홀의 과정에 들어가서 탐험하고 경험한다.
		7	상대성에서의 빅뱅	▶주제: 블랙홀을 통한 삶의 메시지 찾기 • 블랙홀이 자신의 삶에 주는 메시지를 확인한다. • 블랙홀에 대한 새로운 시작을 확인하고 경험한다.
	자기반영의 우주	8	나의 비전 찾기	▶주제: 하이 드림(High Dream) 찾기 • 현재 자신의 삶과 꿈꾸는 미래의 자신의 모습을 확인한다.
		9	삶의 확장	▶주제: 삶의 위치점을 찾고 확장하기 • 자신의 위치점을 확인하고 확장한다.
마무리	마무리	10	꿈은 이루어진다	▶주제: 마무리와 피드백 • 성장과정을 확인하고, 서로 피드백한다. • 프로그램을 정리하고 평가한다.
–	사후설문지	0	사후설문지	프로그램을 위한 사후설문지를 작성한다.

참고문헌

금명자, 남향자(2010). 전국 대학신입생의 대학생활 기대 및 정신건강. **인간이해, 31**(1), 105-127.

김광수, 김현령(2013). 교육대학 신입생의 특성 변화에 관한 연구: 2013학년도 서울교육대학교 신입생 실태조사를 중심으로. **한국초등교육, 24**(3), 35-55.

김창대, 김형수, 신을진, 이상희, 최한나(2011). **상담 및 심리교육 프로그램 개발과 평가.** 서울: 학지사.

남정아(2011). 다문화 가정 모-자 상호작용 향상을 위한 집단미술활동 프로그램 개발. 한남대학교 대학원 석사학위논문.

박명실(2005). 대학생 자살위험 집단유형의 분류, 평가 및 집단 상담치료 적용. 중앙대학교 대학원 박사학위논문.

박상규(2008). 감정표현에 기반을 둔 명상 프로그램이 대학생의 정신건강에 미치는 효과. **한국심리학회: 건강, 13**(4), 995-1007.

오영재(2006). 대학 신입생들의 대학생활경험에 대한 분석연구. **교육문제연구, 25,** 141-164.

이지영(2005). 대학 신입생세미나 운영 사례 및 효과성 연구. 연세대학교 대학원 석사학위논문.

임명진, 한영숙, 권민혁, 손혜민(2014). 2014학년도 신입생 실태조사. 대구대학교 대학원 학생생활상담센터: **학생생활연구, 22,** 1-59.

양명숙, 전지경(2016). 빅뱅 집단상담 프로그램 개발 및 효과 검증-과정지향심리학 이론을 중심으로. **디지털융복합연구, 14**(12), 43-54.

전지경(2004). 대학생 커플의 관계증진을 위한 통합적 프로그램 개발 연구. 한남대학교 대학원 석사학위논문.

전지경, 양명숙(2014). 미혼 커플관계 탄력성 증진 과정지향 집단상담 프로그램 개발. **상담학 연구, 15**(2), 637-654.

천세영(2017). 청소년의 학교생활 적응 향상을 위한 과정지향 집단상담 프로그램 개발. 한남대학교 대학원 석사학위논문.

하태민(2009). 심리적 안녕감 향상을 위한 뇌 교육 프로그램 개발 : 청소년을 중심으로. 국제뇌교육종합대학원대학교 박사학위논문.

Barefoot, B. O. (1993). *Exploring the evidence I : reporting outcomes of freshman seminars* (Monograph No 11). Columbia, SC : University of South Carolina, National Resource Center for Freshman Year Experience.

Betterncourt, B. A., Chrlton, K., Eubanks, J., & Kernahan, C. (1999). Development of collective self-esteem among students : predicting adjustment to college. *Basic and Applied Social Psychology*, *2*(13), 213-222.

Diamond., J., & Jones, L. S. (2004). *A Path Made by Walking : Process Work in Practice*. Lao Tse Press.

Goldman, C. S., & Wong, E. H. (1997). Stress and the college student. *Education, 117*(4), 578-604.

Jean S. P., Delia M. P. K., & Chami. K. (2011). Processes and Outcomes of a mentoring program for Latino college freshmen, *Journal of Social Issues, 67*(3), 599-621.

Mindell, A. (1982). *Dreambody: The Body's Role in revealing the Self.* Santa Monica, California: Sigo Press.

Mindell, A. (1995). *Sitting in the fire.* OR, Portland: Lao Tse Press.

Mindell, A. (2002). *The Deep Democracy of Open Forums.* Charlottesville, Virginia : Hampton Roads.

Mindell, A. (2011). **양자심리학: 심리학과 물리학의 경계**(양명숙, 이규환 역). 서울: 학지사. (원전은 2000년에 출판)

Mindell, A. (2013). *Dance of the ancient one- How the universe solves personal and world problems.* OR, Portland: Deep Democracy Exchange.

Mindell, A. (2014). **프로세스마인드: 신의 마음에 연결하기 위한 심리치료 안내서**(양명숙, 이규환 역). 서울: 학지사. (원전은 2010년에 출판)

Mindell, A., & Mindell, A. (1992). *Riding the horse backwards : Process Work in Theory and Practice.* New York: Penguin.

Reiss, G. (2004). *Beyond war and peace in the Arab Israeli conflict.* Changing Worlds Publications: Oregon.

Richard, J. R. (2004). *Making the most of college students speak their minds.* Boston: Haverd.

Seligman, M. E. (2002). Positive psychology, positive prevention, and positive therapy. In C. R. Snyder & S. J. Lopez (Eds.), *Handbook of positive psychology*. New York: Oxford University Press, 3-9.

Wilcox. P., Winn, S., & Fyvie-Gauld, M. (2005). It was nothing to do with the university, it was just the people the role of social support in the first-year experience of higher education. *Studies in Higher Education, 30*(6), 707-722.

제3장

대학생의 대인관계 향상을 위한 집단상담 프로그램

제1절 집단상담 사전 계획

1. 집단상담 프로그램 목적

집단상담 프로그램은 다양한 관계 안에서 자신과 타인을 객관적으로 이해하고 관계 증진을 위한 중요한 관련 기법을 익히게 함으로써 대인관계 향상에 도움을 주고자 하는 프로그램이다. 이를 통하여 자신과 타인에 대한 이해뿐만 아니라 다양한 대인관계 관련 의사소통 기법을 바탕으로 일상생활에서 어려웠던 관계의 경험을 집단상담에서 연습해 봄으로써 집단원의 성장과 성숙한 대인관계를 경험할 수 있도록 한다.

2. 이론적 배경

인간의 상호작용과 집단 과정의 특성을 관찰하는 인간관계 기법에 관한 훈련으로 집단원들이 자기발견을 통해 대인관계 기술을 습득할 수 있도록 하는 T-group의 집단상담 형태를 바탕으로 프로그램을 구성하였다. 대인관계에 대한 정의를 살펴보면, 이형득(1982, 1997)은 대인관계를 두 사람 혹은 그 이상의 사람들 간의 역동적이고 계속적인 상호작용의 복합적인 패턴으로 간주된다고 정의하였으며, 타인과의 친밀하고 효율적인 관계는 인간의 행복과 불행, 만족과 불만족을 결정하는 핵심적인 요소가 된다고 하였다. 권석만(2012)은 인간과 인간 사이에 존재하는 것으로서 그것은 적극적인 의미로 다른 사람과의 화합을 추구하면서 더욱 좋은 형태를 유지하기 위한 모든 내용을 말하며, 여러 영역의 사람과 불필요한 갈등 없이 친밀하고 협동적인 대인관계를 형성해 나가는 것이라고 정의하였다. 따라서 대인관계는 두 사람 이상의 관계 속에서 이루어지는 심리적이고, 친밀하며, 협동적인 상호관계를 말하고 있음을 알 수 있다.

대인관계는 인간의 삶의 질을 결정하는 중요한 요소이며, 원만한 대인관계를 형성할 때 정체감 확립, 건전한 성격발달, 성취감, 행복감, 대인관계에서의 욕구 만족을 이룰 수 있다고 보았다(이재창, 1992). 아울러 원만한 대인관계를 형성하지 못할 경우에는 심리적 병리로까지 이어질 수 있음을 알 수 있다. 대인관계는 인간과 인간의 관계뿐만 아니라 개인의 신체적 · 정신적 · 심리적으로도 영향을 미친다는 점에서 중요성을 띠고 있다.

기존의 대인관계 관련 집단상담 프로그램의 구성 내용을 살펴보면, 자기이해, 의사소통과 관련된 내용을 가장 많이 다루었으며, 다음으로 타인이해, 자기개방, 자기주장의 내용이 많이 다루어졌다. 이 외에도 감정표현, 공감, 갈등해소의 영역도 다루어졌음을 알 수 있다. 자기수용, 자기개방, 자기주장은 실제로 자기이해가 기본이 되면 자연스럽게 가능해지는 영역이다. 또한 타인수용의 경우에도 타인이해와 더불어 향상되는 부분이며, 감정표현 및 공감은 의사소통 기술을 익힘으로써 함께 발달될 수 있는 부분이다. 즉, 대인관계 향상을 위해서는 크게 자기이해와 타인이해 그리고 의사소통 기술을 주요 내용으로 삼을 수 있다. 이는 이재창(1992)이 제시한 바람직한 대인관계 형성의 기본 요소와 유사하며 그 내용은 [그림 3-1]과 같다.

[그림 3-1] 바람직한 대인관계 형성의 기본 요소

출처: 이재창(1992).

따라서 이 장의 집단상담 프로그램에서는 자기이해와 타인이해 그리고 의사소통 기술 향상의 내용을 프로그램 주요 활동 주제로 선정하여 총 10회기의 프로그램을 구성하였다.

3. 집단상담 프로그램 내용

- 집단의 구조적 형태
  - 구조화된 집단상담 프로그램

- 집단 운영 기간
  - 201○년 ○월 ○○일~○월 ○○일 매주 화요일 19~21시
  - 총 운영 시간: 24시간(매주 2시간씩 총 9회기, 마지막 회기는 6시간 운영)

- 집단 장소
  - ○○대학교 학생상담센터 내 집단상담실

- 대상

번호	성명(별칭)	성별	나이	특성 및 태도
1	박○○ (둥이)	여	20	짧은 커트머리와 남성적 옷차림으로 중성적 이미지의 모습이었다. 정확하고 논리정연하게 말하려고 하는 모습을 보이며, 회기 초반에는 자기개방을 어려워했지만 후반기로 갈수록 자신의 이야기를 편하게 하였다.
2	김○○ (개나리)	여	21	개인상담의 경험과 수업에서의 간략한 집단상담 경험으로 회기 초반부터 집단원에게 많은 지지와 감정 표현을 스스럼없이 하는 모습을 보였다.

3	천○○ (마음)	여	21	집단 회기 진행 동안 밝은 모습으로 집단 내에서의 자기개방을 꺼려하지 않았으며, 다른 집단원들에게 개방성을 촉진하는 집단원이다.
4	정○○ (날개)	남	22	집단상담의 경험이 있었지만, 혼자 남자 집단원으로 참여하게 되는 경우는 처음이라서 매우 낯설고 경직되어 있었다. 회기가 지나면서 감정표현의 적극성을 보이며, 자신이 생각하고 있는 것에서 되는 것과 되지 않는 것의 구분을 명확히 표현하는 모습을 자주 보였다.
5	김○○ (비타민)	여	21	집단참여에 있어 자신을 이야기하는 것에 어려움을 느끼고는 있었으나, 집단에서 얻고자 하는 부분에서 의욕적인 모습으로 참여하였다.
6	김○○ (소라)	여	21	첫 회기부터 적극적인 모습으로 상대방에게 다가가는 모습을 보였으며, 타인에 대한 친근한 감정을 잘 표현하였다.
7	심○○ (포비)	여	21	집단 참여에 대한 우려를 이야기하였던 것과는 달리 집단에 적극적인 참여의 모습을 보였다. 그러나 첫 회기 참여 후, 야간 수업 일정이 생겨서 집단참여를 포기하였다.

- 지도자

  –김윤희(한국상담학회 1급 전문상담사 일반수련감독자)

- 목표

  –자신의 대인관계에서 강점과 약점을 이해한다.

  –자신과 타인의 대인관계 방식을 이해한다.

  –일치형 의사소통 기술을 익혀 대인관계를 증진한다.

• 회기별 집단상담 프로그램 내용

단계	회기	회기 제목 (활동 주제)	회기 내용 및 순서
도입 단계	1회기	여는 마당 (오리엔테이션)	• 집단의 구조화 및 프로그램 소개하기 • 집단의 규칙 정하기 • 자기소개 및 별칭 짓기 • 신뢰감 형성 게임하기 • 대인관계 변화척도 검사(사전검사)하기 • 소감 나누기
준비 단계	2회기	이게 나야?! (자기이해)	• 지난 한 주 동안의 경험 나누기 • 집단상담 목표 설정하기 • 걸림돌 체험하기 • 소감 나누기
	3회기		• 지난 한 주 동안의 경험 나누기 • 나의 모습 알기 – 나의 일상용어 발견하기/나의 표정은? • 소감 나누기
	4회기	넌 누구니? (타인이해)	• 지난 한 주 동안의 경험 나누기 • 대인관계 지도 그리기(대인관계 특징 분석) • 소감 나누기
작업 단계	5회기 6회기	나의 의사소통 유형은? (의사소통 유형)	• 지난 한 주 동안의 경험 나누기 • 자신의 의사소통 유형 알아보기 • 역기능적 의사소통 유형 체험하기 • 일치형 의사소통 기술 익히기 • 소감 나누기
	7회기	내 맘 알아줘! (나–전달법)	• 지난 한 주 동안의 경험 나누기 • 감정 알아보기 • 나–전달법 익히기 • 요청하기와 거절하기 익히기 • 소감 나누기
	8회기	그래, 네 맘 알아! (공감하기)	• 지난 한 주 동안의 경험 나누기 • 공감 이해하기 • 공감반응 연습하기 • 소감 나누기

마무리 단계	9회기	마지막 걸림돌 미해결과제도 해결! (미해결과제)	• 지난 한 주 동안의 경험 나누기 • 미해결과제 알기 • 미해결과제 해결하기 • 소감 나누기
	10회기	마무리	• 지난 한 주 동안의 경험 나누기 • 나의 인생 영화 만들기 • 집단 참여 경험에 대한 소감 나누기 • 프로그램 평가하기 • 대인관계 변화척도 검사(사후검사)하기

제2절 집단상담 실제 진행

1. 사전 과정

1) 홍보

본 프로그램은 ○○대학교에 재학 중인 대학생(성별 및 학년 제한을 두지 않음)을 대상으로 계획된 집단상담 프로그램으로써, 학교 및 부서 홈페이지를 통한 참여 신청 안내와 학생들이 자주 확인하는 게시판에 인쇄물을 부착하여 집단 신청에 대한 홍보를 하였다. 홍보 기간은 개강 일주일 전부터 게시하여 총 4주 정도의 기간을 두고 신청할 수 있도록 하였다.

2) 신청 접수

집단 참여를 원하는 학생들은 직접 상담실에 방문하여 신청을 하도록 안내하였으며, 이 과정에서 집단상담에 대해 궁금한 것을 문의할 수 있도록 하였다. 집단 인원은 총 12명을 최대로 하였으며, 추가 신청 인원에 대해서는 다른 집단 안내 및 예비 접수를 받을 수 있도록 하였다.

3) 접수면접

집단 참여 신청을 통하여 총 9명의 신청자를 접수한 후, 집단상담 프로그램 시작 전에 접수면접을 실시하였다. 이 과정을 통해 집단 참여로 도움을 받고자 하는 주제가 다른 2명의 신청자에게 개인상담과 다른 주제의 집단(진로탐색집단)에 참여할 수 있도록 안내하였다.

• 접수면접 내용

번호	대상	형식	접수면접 내용
1	• 박○○(둥이) • 여, 20세	• 장소: 개인상담실 • 면접방법: 개별면접	• 집단상담 경험: 없음 • 선배의 소개로 집단을 신청하게 되었으며, 사람들에게 다가가는 것이 항상 어렵게 느껴짐. 사람들과의 관계에서 편안하게 다가가고 싶은데 항상 머뭇거리는 자신 모습이 싫다고 표현함.
2	• 김○○(개나리) • 여, 21세	• 장소: 개인상담실 • 면접방법: 개별면접	• 집단상담 경험: 없음(개인상담 경험 있음) • 지난 학기 교과목 과제로 상담센터에서 개인상담을 5회기 받은 적이 있음. 개인상담의 주제 또한 관계에서 경험되는 어려움이었음.

3	• 천○○(마음) • 여, 21세	• 장소: 개인상담실 • 면접방법: 개별면접	• 집단상담 경험: 없음(개인상담 경험 있음) • 1학년 때 개인상담을 받은 경험이 있음. 개인상담의 주 호소 문제는 표현의 어려움으로 타인으로부터 종종 오해를 받고 친구들 관계의 불편함이었음.
4	• 정○○(날개) • 남, 22세	• 장소: 개인상담실 • 면접방법: 개별면접	• 집단상담 경험: 있음(집단상담에 참여했던 경험이 있으나 끝까지 참여하지는 못하였음) • 집단상담에 참여를 해 본 경험이 있어서 집단의 성격 및 특성을 잘 이해하고 있었음. 지난 집단에서는 자신의 일정 때문에 집단을 끝까지 수료하지 못했다고 설명함. • 다시 신청하게 된 이유: 집단에서 다른 사람들의 이야기를 듣는 것이 자신에게 도움이 되는 것 같아서 신청하게 되었음.
5	• 김○○(비타민) • 여, 21세	• 장소: 개인상담실 • 면접방법: 전화면접	• 집단상담 경험: 없음 • 접수면접에서 집단지도자의 질문에 단답형 또는 짧은 문장으로 이야기를 함. 집단 참여 동기에 대해 자신이 생각하고 있는 것보다는 친구가 좋다고 하여 신청하게 되었다고 이야기함. 자신의 대인관계에 대해 별로 생각해 본 적이 없다는 표현을 함.
6	• 김○○(소라) • 여, 21세	• 장소: 개인상담실 • 면접방법: 개별면접	• 집단상담 경험: 없음 • 학내에서 다양한 활동(학생회, 학교 언론사)을 하고 있으며, 친구가 집단상담에 참여했던 경험을 듣고 신청하게 되었음. 자신의 전공과 관련하여서도 의사소통이라는 부분이 중요하게 여겨져 꼭 참여해 보고 싶었다고 표현함.

7	• 심○○(포비) • 여, 21세	• 장소: 개인상담실 • 면접방법: 개별면접	• 집단상담 경험: 없음 • 집단상담에 대해 수업 시간에 들어본 적이 있으며, 자신이 왠지 대인관계를 잘 못하고 있다는 생각이 들어서 여러 집단상담 프로그램 중 대인관계 향상 집단을 선택하였다고 함.
8	• 박○○ • 여, 22세	• 장소: 개인상담실 • 면접방법: 개별면접	• 중·고등학교 시절에 반복된 왕따 경험이 자신의 대인관계를 어렵게 만들었다는 생각이 강하며, 접수면접 시간에 눈물을 계속 보임. • 개인상담으로 연계
9	• 김○○ • 여, 21세	• 장소: 개인상담실 • 면접방법: 개별면접	• 대인관계 집단과 진로탐색 집단 2개를 신청하였음. 접수면접 결과 현재의 주된 호소 문제는 진로탐색이 더 효과적이라 판단되어 진로탐색 집단으로 연계하였음.

4) 집단원의 개인목표

다음은 집단상담에 참여한 집단원의 개인목표에 대한 내용이다.

번호	성명(성별)	별칭	목표
1	박○○(여)	둥이	• 그림으로 표현하기 –사람들과 있을 때 마음과 달리 항상 쭈뼛거리고 다가가지 못하는데, 집단을 통해서 자신 안에 있는 따뜻한 온기를 뿜어낼 수 있도록 하고 싶다.
2	김○○(여)	개나리	• 부탁을 잘 거절하지 못하는 나, 분명한 의사표현을 했을 때 나를 어떻게 생각할지 몰라서 지나치게 남을 의식한다. 과도한 타인의식 고치고 싶다. • 상처를 너무 쉽게 그리고 크게 받는다. 마음을 쉽게 열고 먼저 다가가지 못해서 서운해하는 사람들도 여럿이다. 마음을 열고, 상처를 잘 받지 않는 강한 사람이 되고 싶다.

3	천○○(여)	마음	• 나의 감정과 모습을 속이지 않고 사람들과의 관계에서 그대로 표현하기
4	정○○(남)	날개	• 다른 사람을 판단하지 않기 • 타인의 이야기를 끝까지 듣고 내 이야기하기
5	김○○(여)	비타민	• 솔직하게 감정 표현하기
6	김○○(여)	소라	• 타인의 이야기에 진심으로 귀 기울이기(지금까지의 모습을 생각해 보면 겉으로만 그랬던 것 같다)
7	심○○(여)	포비	• 1회기 참석 후, 수업 일정으로 인하여 집단 참여 포기

2. 본 집단상담 과정

1) 1회기: 오리엔테이션

(1) 일시

201○년 ○월 ○일(화) 19~21시(120분)

(2) 장소

○○대학교 학생상담센터 내 집단상담실

(3) 출석

포비, 둥이, 개나리, 마음, 날개, 비타민, 소라, 북극성(집단지도자) 총 8명

(4) 회기 목표

첫 회기의 어색함을 극복하고 집단에서 일어나는 것에 대해 자신의 느낌을 정확히 느끼고, 있는 그대로 자신의 것으로 받아들이며 솔직하게 행동할 수 있도록 신뢰감을 형성하는 것에 중점을 둔다.

(5) 진행

① 집단 진행

집단 활동 내용
1. 집단상담 오리엔테이션 • 집단상담 및 참여에 대한 안내, 대인관계 향상 집단 설명, 집단 내에서 말하는 법을 설명한다(오리엔테이션 자료, 도움말 자료 활용). 2. 서약서 작성 • 집단 참여에 대한 기본 규칙을 정한다. • 집단 시간, 비밀 준수, 적극적 참여 외에 집단원들과 우리 집단만의 규칙을 정한다. –서로의 별칭이나 이름을 한번씩은 불러 주기 –핸드폰은 무음으로 하기 –서로의 눈을 보면서 솔직히 얘기하기 3. 별칭 짓기 • 집단 내에서 자신이 불리고 싶은 별칭을 짓도록 한다. • 그동안 자신 이름 안에서의 역할보다는 불리고 싶은 방향으로 짓도록 한다. 4. 집단 별칭 짓기: 보물찾기(자신이 가지고 있는 소중한 것을 찾아가는 의미) • 집단에 대한 응집력을 위하여 집단의 별칭을 집단원들이 짓도록 한다. 5. 신뢰감 형성 활동(텔레게임) • 제시문: 은행을 턴다면 같이 가고 싶은 사람은? 기차여행을 가게 된다면 같이 가고 싶은 사람은? 엄마의 이미지를 갖고 있는 사람은? 아버지의 이미지를 갖고 있는 사람은? 내 옆에 지금 있었으면 하는 사람의 이미지를 가지고 있는 사람은? 6. 집단참여 소감 나누기 7. 경험보고서 작성 • 오늘 작성하는 것과 다음 회기까지 작성해 오는 것의 장단점을 설명해 주고 개인이 선택할 수 있도록 한다.

② 회기 내용 및 집단지도자의 개입

• 집단원 총 7명 중에 3명(포비, 개나리, 비타민)이 같은 과로 처음에 집단실로 들어오면서 서로 놀라는 모습을 보였다. 그러나 집단지도자의 초반 우려와 달리 1회기 진행 과정과 텔레게임에서 보았을 때, 이 3명의 관계가 집단에서 도드라지지 않았다.

- 개인 별칭을 지으면서 자신이 좋아하는 것, 되고 싶은 것, 집단 내에서 하고 싶은 것들을 나누면서 자신을 개방하였다.
- 별칭 소개 시에 집단지도자는 집단원별칭 소개에 따라 서로에게 피드백 할 수 있도록 도와줌으로써, 집단원 모두에게 다시 한 번 별칭의 의미를 되새기게 하고 집단원들 사이의 이해를 돕는 개입을 하였다.
- 다섯 가지 제시문에 대한 텔레게임에서 좋아하고 자신이 편하게 여기는 사람들의 특징을 파악하고 이야기하는 시간을 통하여, 집단원들 사이에 표현의 신뢰감을 느끼는 모습이 보였다. 텔레게임을 통해서 서로에 대한 마음을 표현할 수 있도록 하며, 집단원들의 가족관계 및 원하는 상을 파악할 수 있었다.
- 각 집단원들이 집단 참여를 통해 자신들이 가지고 있는 대인관계의 방식들을 살펴보고 변화를 하고자 하는 욕구가 크다는 것을 이야기하였다.

(6) 평가

① 집단원별 평가

- 날개: 혼자 남성 집단원으로 참여하게 되는 경우는 처음이라서 매우 낯설고 경직되어 있는 것이 보였다.
- 둥이: 중성적 이미지로 집단 참여에 대한 낯섦을 표현하였다.
- 마음: 밝은 모습으로 집단 내에서의 자기 개방을 꺼려하지 않았다.
- 비타민: 집단 참여에 있어 자신을 이야기하는 것에 어려움을 느끼는 것을 표현하였다.
- 소라: 텔레게임에서 적극적인 모습으로 상대방에게 다가가는 모습을 보였다.
- 개나리: 집단에 대한 기대감을 구체적으로 표현하였다.
- 포비: 무심한 표정으로 회기 초기에는 방관자적인 모습을 보였다.

② 집단지도자 평가

- 집단에 대한 설명을 할 때, 설명 위주가 아니었는지 검토가 필요하다.
- 별칭에 대한 자기소개 시 개인별 설명보다는 짝을 지어 설명을 하도록 하는 것이 더 효과적이었을 것으로 생각되었다.
- 집단원들이 대체적으로 듣는 것에 익숙해 보였으므로 참여를 독려할 수 있는 방법들을 생각해 봐야 할 것이다.

2) 2회기: 이게 나야?!

(1) 일시

201○년 ○월 ○○일(화) 19~21시(120분)

(2) 장소

○○대학교 학생상담센터 내 집단상담실

(3) 출석

둥이, 개나리, 날개, 비타민, 소라, 북극성(집단지도자) 총 6명/불참자: 마음

(4) 회기 목표

대인관계 집단에 참여하는 의미와 앞으로 10주 동안 진행되는 집단 내에서 자신의 목표를 설정하고 이야기를 나눔으로써, 서로를 알아가는 시간을 갖도록 한다. 그리고 대화에서 걸림돌 활동을 하여 그때의 감정들을 느껴보도록 한다.

(5) 진행

① 집단 진행

집단 활동 내용
1. 지난주 경험 나누기 및 참석하지 못하는 집단원에 대해 안내 • 지난주의 일상에서의 모습을 나누고, 참여하지 못하는 집단원에 대해서 안내를 해 줌으로써 참석하지 못했을 때의 연락 사항에 대해 다시 이야기한다. 2. 집단 참여목표 작성 및 나누기 • 집단에 참여하는 10주 동안 자신의 목표를 정하고 나눈다. 참여목표를 이야기함으로써, 대인관계 내에서의 자신의 모습을 생각하는 기회를 갖는다. • 집단원들의 이야기를 들으면서 자신과 같은 공통점을 발견하고, 공통점에 대해서 서로 이해하고 앞으로 목표를 달성할 수 있도록 도와주고자 하는 마음을 나눈다. 3. 걸림돌 체험 • 집단원의 도움을 통해 걸림돌 활동지에 적힌 반응을 하도록 한다. • 활동을 도와준 집단원의 반응을 들었을 때의 느낌을 나눈다. 4. 집단참여 소감 나누기 5. 경험보고서 작성

② 회기 내용 및 집단지도자의 개입

- 지난 첫 회기보다는 같이 앉아 있는 시간에 대한 어색함은 많이 줄었으며, 지난주에 있었던 일들을 이야기하면서 친밀감이 조성된 모습이 보였다.
- 집단원 개인 목표를 작성하고 발표함으로써 집단원 개개인의 특성들이 나타났으며, 집단 참여를 통해 얻고자 하는 것에 대한 명확함이 표현되었다.
- 자신의 이야기를 하는 것에 어려움을 느끼는 둥이에게 집단지도자를 포함한 다른 집단원들도 신경이 쓰이는 듯이 보였다.
- 졸업시험으로 오지 못한다던 날개가 시험이 끝난 후에 참여하였는데, 이를 통해 집단에 대한 마음이 느껴졌으며, 집단원의 참여 동기에 영향을 미쳤다.

(6) 평가

① 집단원별 평가

- 날개: 중요한 시험 후에 늦었어도 집단에 참여하는 모습으로 다른 집단원에게 참여 동기를 높였으며, 늦게 들어왔지만 걸림돌 체험 활동에 대해 자신의 경험과 생각을 적극적으로 이야기함으로써 집단원과 쉽게 동화되었다.
- 둥이: 말로 자신을 표현하는 것에 어려움을 나타내었다. 그러나 목표를 정하는 활동에서 다른 집단원이 모두 공감하고 이해될 수 있는 그림으로 표현하여 많은 지지를 얻었다.
- 마음: 감기로 결석하였다.
- 비타민: 차분하면서 자신의 이야기를 조심히 하는 모습을 보이며, 시선을 마주치는 것의 어려움과 이야기를 할 때 불안정한 모습을 보인다.
- 소라: 집단에 대한 편안함과 믿음을 가장 잘 표현하는 집단원으로 자신이 지금 하고 싶은 이야기, 생각나는 것들을 잘 이야기하는 편이다. 그러나 자기만 이야기하는 것 같은 느낌으로 이야기를 줄여야 하지 않을까 하는 생각이 든다는 자기개방을 하였다. 집단의 침묵을 힘들어하는 모습을 보인다.
- 개나리: 자신의 이야기를 잘하고 있는 집단원이며, 집단지도자가 활동을 도와줄 사람을 찾자 적극적인 행동을 보였다.
- 포비: 야간수업 일정으로 집단을 포기하였다.

② 집단지도자 평가

- 집단원에게 서로 피드백하는 방법, 자신의 감정을 이야기하는 방법에 대한 오리엔테이션이 부족했던 관계로 자신의 생각과 감정을 표현함에 어색함을 보여 이에 대한 개입과 모델링이 필요했다.
- 걸림돌 체험 활동에서 집단원 간에 이어지는 피드백을 활발하게 연결시

키지 못했다는 아쉬움이 있다.

- 집단지도자가 집단원의 침묵을 깨고 있는 것은 아닌지, 그리고 그 침묵 안에서 집단원에게 자신의 생각을 정리할 시간을 주어야 하는데 질문을 통하여 집단원에게 이야기를 해야 하는 부담감을 주고 있는 것은 아닌지 검토해 보아야 한다.

3) 3회기: 이게 나야?!

(1) 일시

201○년 ○월 ○○일(화) 19~21시(120분)

(2) 장소

○○대학교 학생상담센터 내 집단상담실

(3) 출석

둥이, 개나리, 비타민, 마음, 날개, 북극성(집단지도자) 총 6명/불참자: 소라

(4) 회기 목표

일상생활에서 많이 사용하고 있는 습관적인 용어 발견하기를 통해 자신이 무의식적으로 사용하고 있는 용어 및 행동 등을 찾아보도록 한다. 그리고 일상생활에서 자신의 습관적인 용어를 사용할 때의 상황 및 느낌을 알도록 한다.

(5) 진행

① 집단 진행

집단 활동 내용
1. 지난주 경험 나누기 • 지난주 일상에서의 모습을 이야기한다. 2. 지난주 미참석자 집단 참여목표 작성 및 나누기 3. 감정(느낌)을 표현하는 언어 작성해 보기 • 총 7개 영역(기쁨, 슬픔, 분노, 무서움, 미움, 욕심, 외로움)에 대해 자신이 알고 있는 표현 언어들을 써 보도록 한다(10분). • 감정 언어들을 작성하면서 생각하고 느껴진 것들을 나누도록 한다. • 자신이 주로 쓰는 표현의 언어들과 주된 감정의 표현들을 느껴보도록 한다. 4. 나의 일상용어 발견하기 • 활동지를 통하여 나의 일상용어를 작성해 본다. • 그 말을 들었을 때의 상대방의 느낌을 작성해 본다. • 가장 많이 쓰는 일상용어 세 가지를 중심으로 작성한다. • 그 말을 들었을 때 상대방의 감정 및 나의 감정을 살펴본다. 5. 집단참여 소감 나누기 6. 경험보고서 작성

② 회기 내용 및 집단지도자의 개입

- 감정을 표현하는 언어를 작성하면서 자신들이 생각보다 알고 있는 감정의 단어들이 적다는 것과 주로 사용하는 영역들이 있다는 것을 이야기 나누었다.
- 감정의 언어를 작성하며 그때그때의 상황과 감정들을 느끼면서, 언어를 선택하는 것의 중요성을 집단원이 확인할 수 있었다.
- 나의 일상용어 발견하기를 통해 집단원은 서로가 사용하는 용어들에 대해 자신의 감정을 이야기하고 피드백을 함으로써, 부정적인 습관적 용어들을 찾아내고, 그 용어를 사용했을 때와 사용하지 않음으로써 얻을 수 있는 것들을 생각하게 되었다.

• 대인관계에서 자신이 선택하고 사용하는 언어에 대해 의미 깊은 이야기를 나누었다.

(6) 평가

① 집단원별 평가

• 날개: 이전의 집단상담 경험으로 집단에 어떻게 참여해야 하는지는 알고 있으나, 고학년이면서 다른 성별 때문인지 '그럴 것이다' '그때는 그렇다'라는 표현으로 다른 집단원이 이야기를 정리하려는 모습을 보였다.
• 둥이: 이야기를 하는 것에 대한 어려움을 나타내고는 있으나 집단에 대한 적극적인 참여의 마음을 전달하고 있다.
• 마음: 집단 참여의 목표를 이야기하면서 밝은 모습 안에 있는 소극적인 모습을 솔직하게 표현함으로써, 집단에 대한 안정감을 느끼는 것을 표현하였다.
• 비타민: 부정적인 경향성을 많이 갖고 있으나, 숨기지 않고 이야기를 하는 편으로 집단 참여에 대한 적극성을 가지고 있다.
• 개나리: 부정적인 것이든 긍정적인 것이든 자기개방을 잘하며 변화하고 싶다는(타인의 이야기에 상처받지 않기) 의지에 대해 이야기하였다.

② 집단지도자 평가

• 집단원의 피드백이 잘 이루어지지 않는 부분에 대해 지도자가 부담감을 갖고 집단에 참여하고 있음이 느껴진다.
• 집단활동 및 집단원의 피드백에 지도자가 설명을 하려는 경향이 있다.

4) 4회기: 넌 누구니?

(1) 일시

201○년 ○월 ○○일(화) 19~21시(120분)

(2) 장소

○○대학교 학생상담센터 내 집단상담실

(3) 출석

둥이, 마음, 날개, 비타민, 소라, 개나리, 북극성(집단지도자) 총 7명

(4) 회기 목표

대인관계 지도 그리기 활동을 통해 나의 대인관계 안에서의 공통점 또는 갈등의 부분을 알아본다. 그리고 자신의 대인관계 방식을 이해하고 강점과 약점을 알아가도록 한다.

(5) 진행

① 집단 진행

집단 활동 내용
1. 지난주 경험 나누기 • 지난 회기에 실시하였던 일상용어 발견을 통해 지난주 동안의 생활에서 어떠했는지에 대한 경험 나누기를 한다. 2. 대인관계 지도 그리기 • 활동지 2가지(지도 그리기, 특징 분석) 활동(20분)을 한다. • 각 영역에 포함되는 사람들의 관계를 생각하면서, 편한 점, 불편한 점, 갈등되는 사항 등을 찾아보도록 한다. • 자신의 대인관계 방식을 알아봄으로써 변화하고자 하는 부분들을 인식하도록 한다. 3. 집단참여 소감 나누기 4. 경험보고서 작성

② 회기 내용 및 집단지도자의 개입

- 활동지를 작성하면서 보였던 날개의 비언어적 반응(한숨, 활동지 뒤적이기 등)들에 대해 피드백을 해 줌으로써, 이 활동에 대한 날개의 감정을 이야기하는 기회가 주어졌다.
- 다른 집단원도 날개의 이야기(사람을 좋다, 싫다로 나누는 것이 어렵고, 좋고 싫음이 기준이 아니라 관계가 가깝다 또는 멀다, 소통을 한다 또는 안 한다)에 많은 공감을 함으로써, 날개가 이후 자신의 대인관계 방식을 이야기하는 데 편안함을 경험하였다.
- 날개와 더불어 비타민도 자신의 대인관계 방식에 대해 이야기를 함으로써 날개에게 지지를 보내는 모습이 보였다.
- 집단원에게 날개의 이야기 중 '좋다, 친하게 지내고 싶다'는 말을 들었을 때의 감정들을 이야기할 수 있도록 함으로써, 날개로 하여금 상대방의 생각을 들을 수 있도록 하였다.
- 이번 회기에서는 날개가 관계에서의 자신의 생각(대인관계는 게임이다, 내가 더 많이 보이면 지는 것이다, 관계에서의 친밀함을 느껴보지 못했다, 그래서 미지의 영역으로 느껴진다-가까워지는 것에 대한 두려움, 관계를 잘 하지 못하는 자신의 미숙함)을 노출함으로써 집단원과의 공감대 형성에 많은 힘을 주었다.
- 대인관계에서 느껴지는 자신의 어려움, 불편함을 나눔으로써 집단원들이 '같은 고민을 갖고 있구나!'라는 공감대가 형성되었다. 대인관계에서의 자신의 모습이 특별하거나 문제가 아니라 '많은 사람이 가지고 있는 부분이구나!'라고 생각하며 보편성을 경험할 수 있는 회기였다.
- 활동지(대인관계 지도 그리기)의 용어에 대해 다수의 집단원이 불편함을 느꼈다.
  - 상대방을 좋고, 싫음으로 구분 짓는 것에 대한 불편함을 이야기하였다.
  - 상대방이 나를 어떻게 생각하는지에 대한 확신이 어렵고, 나도 상대방

을 싫어하는 것이 아니라, 어떠한 특성들을 좋아하지 않고 나와 맞지 않을 뿐 그것으로 그 상대방을 싫어하는 것은 아니라는 것이 집단원 대부분의 이야기였다.

–관계가 멀고 가까움이지, 좋고 싫음이 아니다라고 집단원들이 표현하였다.

(6) 평가

① 집단원별 평가

- 날개: 처음에는 활동지 작성 시 불편한 모습이었으나, 활동지에 대한 생각 나누기를 통해 자신을 개방함으로써 이전 회기보다 적극적으로 참여하고 있음이 느껴졌다.
- 둥이: 목감기가 있고 많은 이야기를 내놓지는 않았지만, 집단원의 이야기에 귀를 기울이고 있는 비언어적인 모습이 보였으며, 자발적으로 참여하려는 모습이 조금씩 나타나고 있다.
- 마음: 자신의 모습을 잘 표현하고는 있으나, 경험을 나누는 것에는 적극성이 부족해 보인다.
- 비타민: 고등학교 때의 자신의 모습을 이야기하면서, 날개의 관계 패턴에 대한 공감과 지지를 통해 이해하는 모습을 보였다. 고등학교 때의 경험으로 현재의 타인과 관계하는 모습이 나왔다는 생각을 지금까지 해본 적이 없었는데, 집단에서 하게 되었다는 이야기를 하였다. 이를 통해 다른 집단원이 집단의 의미를 생각해 보게 되는 계기가 되었다.
- 소라: 이전에는 그랬는데 지금은 이렇게 하고 있다는 말을 함으로써, 다른 집단원에게 조언을 하게 되는 상황이 종종 이루어진다. 그리고 '나도 예전에는 그랬는데, 지금은 그렇지 않다'는 의미로 전달될 수 있는 모습이 있어서, 지금-여기에서의 자신의 감정과 모습을 이야기할 수 있도록 지도자의 개입이 필요하다.

- 개나리: 항상 관계에 초점이 있다는 표현을 하면서, 관계 내에서 초조해하는 자신을 개방하였다. 같은 과 친구인 비타민의 피드백에 가장 많은 반응을 보인다. 아무래도 같은 과에서 봐 오던 친구이기에 비타민의 피드백을 신경 쓰는 것 같다. 긍정적 피드백에 기분 좋은 반응을 보이면서도 어색해하는 모습이 있다.

② 집단지도자 평가
- 집단원의 피드백을 자연스럽게 이끌어내는 것에 대한 부담감을 가지고 있다.
- 침묵에 대한 어려움으로 시선이 자꾸 집단원들에게 머물면서, 이야기를 하라는 강요의 느낌을 주고 있다.

5) 5회기: 나의 의사소통 유형은?

(1) 일시
201○년 ○월 ○○일(화) 19~21시(120분)

(2) 장소
○○대학교 학생상담센터 내 집단상담실

(3) 출석
둥이, 마음, 날개, 비타민, 소라, 개나리, 북극성(집단지도자) 총 7명

(4) 회기 목표
나의 의사소통 유형을 알아봄으로써, 평상시 내 모습에서 나타나는 의사소통의 행동과 표현을 탐색한다. 그리고 효과적인 의사소통 방식인 일치형의 모습을 익힐 수 있도록 한다.

(5) 진행

① 집단 진행

집단 활동 내용
1. 지난 회기까지의 경험 나누기 • 1~4회기까지 오면서 자신에게 느껴지는 경험들에 대해 나누어 본다. • 대인관계에서의 내 모습을 살펴본 것에 대한 소감을 나누어 본다. 2. 의사소통유형검사 실시 3. 역기능적 의사소통 유형 체험하기 • 둘씩 짝을 지어 역기능적 의사소통에 대한 활동지를 가지고 15분 동안 활동하게 한다. • 회유형, 비난형, 초이성형, 산만형의 역기능적 의사소통 유형을 번갈아가면서 취해봄으로써 해당 유형이 되었을 때의 감정을 느끼고, 내가 바라볼 때의 느낌을 나누도록 한다. • 역기능적 의사소통의 경험에 대해서도 나누도록 한다. 4. 15분 후에 전체적으로 모여 활동에 대한 소감 나누기 5. 경험보고서 작성하기

② 회기 내용 및 집단지도자의 개입

• 역기능적 의사소통 유형 체험하기 활동에서 날개와 소라가 갈등의 모습을 보였다. 날개가 체험 활동에 대해 불편함을 호소하면서 활동에 적극적으로 참여하지 않는 모습을 보였다.

• 날개가 대인관계에서 불편할 때 보였던 회피하는 모습을 보이면서, 자신의 이야기를 하는 것이 힘들다고 호소하였다. 오늘 활동이 더욱 힘들게 느껴지며, 자신에게 초점이 맞춰지는 것이 불편하다고 강하게 말하였다.

• 비타민이 날개에게 공감과 지지의 표현을 하였다(원래 자신의 이야기를 하는 것을 불편해하는 사람에게 이야기를 하도록 하는 것이 힘들겠다, 날개에게 초점이 맞춰져서 날개가 불편하겠다, 특히 오늘은 더욱 힘들어 보인다, 성별이 다른 사람들 사이에 혼자 있는 것만으로도 이야기를 못 할 것 같다 등).

- 마음과 개나리가 갈등 내용에 대한 적절한 피드백으로 집단의 긴장감은 완화되었으나, 날개와 소라 사이에 불편감과 긴장감이 느껴졌다.
- 둥이의 경우 갈등 관계를 보는 것에서 '함께 한다'라는 마음을 표현하면서 눈물을 보였다.
- 이 모습을 보고 소라도 눈물을 흘렸고, 자신 때문에 그런 것 같다는 불편한 마음을 솔직히 개방하였다.

(6) 평가

① 집단원별 평가

- 날개: 활동에 대해 거부를 함으로써, 집단에 역동을 일으켰다.
- 둥이: 집단에 대한 강한 소속감과 모두 함께했으면 하는 의지를 나타내며, 적극적인 모습으로 집단에 참여함이 보였다.
- 마음: 역기능적 의사소통 표현에 대한 활동을 한 후, 자신이 느낀 것을 잘 이야기하였다. 그리고 날개와 소라의 마음을 읽어 주고자 노력하는 모습이 보였다.
- 비타민: 갈등 관계 내에 놓인 불편함을 직접적으로 개방함으로써, 날개에 대해 강한 동일시의 감정을 표현하였다.
- 소라: 목표지향적인 성향이 이번 회기에 나타났다. 관계 내에서도 어색함을 줄이기 위해 끊임없이 무언가를 하려고 했던 자신의 모습을 보였다. 그러면서 날개와 갈등을 일으켰으며, 날개의 이야기(힘들다, 그냥 놔둬달라)에 민감하게 반응하며 다양한 감정(분노, 화, 미안함 등)을 느끼는 것 같았다. 그러나 자신의 감정을 감추지 않고 솔직히 표현함으로써 집단의 과정에 큰 역할을 하였다.
- 개나리: 둥이와의 활동을 통해 많이 가까워짐을 표현하였다. 집단원들의 갈등적인 상황일 때, 방관자적인 모습을 보였으나 날개의 행동에 즉각적인 반응을 보이며, 함께 적극적으로 갈등을 해결했으면 좋겠다는

표현으로 참여를 유도하는 모습을 보였다.

② 집단지도자 평가

- 날개와 소라의 갈등에서 그들의 대인관계 방식이 나타나서 나눠 보고자 했으나, 아직 집단원들이 준비가 되어 있지 않음을 파악하지 못하였다.
- 날개와 소라에게 충분한 지지를 하지 못했다.

6) 6회기: 나의 의사소통 유형은?

(1) 일시

201○년 ○월 ○○일(화) 19~21시(120분)

(2) 장소

○○대학교 학생상담센터 내 집단상담실

(3) 출석

둥이, 마음, 비타민, 소라, 개나리, 날개, 북극성(집단지도자) 총 7명

(4) 회기 목표

지난 회기에 이어 나의 의사소통의 행동과 표현을 탐색하고, 효과적인 의사소통 방식인 일치형의 모습을 익힐 수 있도록 한다.

(5) 진행

① 집단 진행

집단 활동 내용
1. 지난주 경험 나누기 2. 지난 회기에 있었던 집단 내의 어려움에 대한 소감 나누기 3. 나의 의사소통 유형에 대하여 일상적인 모습을 통한 탐색하기 • 일상생활에서 나의 유형이 어떤 상황에서 많이 나오고, 그 모습은 어떠한지 살펴 본다. • 나는 왜 그러한 행동을 하는지, 나의 이야기를 듣는 상대방은 어떠한지에 대한 감정을 느껴 보도록 한다. 4. 갈등 상황에 대한 나의 표현방식은 어떠한지에 대해 이야기 나누기 5. 일치형 의사소통의 방법을 연습해 보기 • 상황, 사고, 감정, 기대를 나누어서 이해해 본다. • 그때 나의 상황은 어떠했고, 나의 감정은 어떠했는지에 대해 효과적으로 소통하는 방법을 연습해 본다. 6. 경험보고서 작성하기

② 회기 내용 및 집단지도자의 개입

- 지난주 갈등이 있었던 날개와 소라가 모두 참석하여 집단원 사이에 더욱 반가움으로 인사를 나누는 모습이었다.
- 전체적으로 집단원이 지난주의 상황을 편하게 받아들이고, 지난주와는 달리 집단에 참여하는 것에 대해 편하게 생각하는 모습을 보였다. 그런 갈등이 집단 내에서 일어날 수도 있고, 갈등의 이야기를 서로 나눌 수 있다는 경험이 새롭게 느껴졌다는 마음을 나누었다. 그리고 지난 회기에 불편한 마음을 가지고 그냥 갔더라면 이번 주에 참석하기가 어려웠을 것이라는 표현을 날개와 소라가 함께해 줌으로써, 집단에 대해 더 책임감이 생겼다는 이야기를 집단원들이 나누었다.
- 특히 비타민은 전반적으로 자신의 이야기를 하는 과정에서 목소리의 편

안함이 느껴졌다. 자신의 일상, 상황, 경험들을 쉽게 이야기하면서 자기개방을 많이 하였다. 비타민 스스로 집단에 대한 확신이 생겼다는 말을 하는 것과 동시에, 자신에 대한 개방이 편해졌다고 표현을 함으로써 집단원과 신뢰감을 더욱 형성하는 계기가 되었다.

- 서로의 이야기에 공감이 가는 부분, 이해가 되는 부분, 다른 부분에 대해서 피드백하는 것이 훨씬 쉬워 보이고 다양해졌음을 확인할 수 있었다.
- 그동안 집단원들이 날개의 반응에 많이 신경을 쓰고 있었음을 표현하였다. 날개의 적극적이지 않은 모습을 보면서 느껴졌던 마음을 이야기하였으며, 날개 또한 과거 집단상담에서도 느꼈던 자신의 모습을 개방하였다. 그때도 자신의 이야기를 하는 것에 대한 불편함으로 집단을 수료하지 못했다는 이야기를 나누었다.
- 개나리의 '미안해.'라는 말에 대한 의미를 비타민이 다시 이해해 주고, 받는 이의 느낌을 이야기해 줌으로써 개나리에게 새로운 느낌을 주게 하는 계기가 되었다.

(6) 평가

① 집단원별 평가

- 날개: 자신이 겪고 있는 대인관계의 어려움을 처음으로 솔직하게 이야기하였다. 대인관계에서 불편해지면 '안 보면 된다.'라는 생각을 가지고 사람들을 대해 왔다는 표현을 하면서, 자기개방의 모습을 보였다.
- 둥이: 자신의 모습을 잘 탐색하지만, 표현하는 것에서는 아직 쉽지 않음이 느껴진다. 그래도 점차 집단에서 자신의 목소리를 내는 것에 대한 두려움은 없어지는 모습을 보이고 있다.
- 마음: 자신의 경험을 잘 표현하고, 상대방이 이야기를 할 때 잘 듣고자 하는 모습을 보인다. 그러나 좋은 모습, 밝은 모습이어야 한다는 가치관이 커서인지 좋게 말하려는 경향이 강하다.

• 비타민: 지난주까지와는 다르게 적극적이고 편안하게 이야기하는 모습을 보인다. 자신의 감정을 잘 표현하지 못한다고는 하였으나, 지난주 집단 내에서 자신의 모습을 통해 집단에 새로운 감정을 느꼈다고 표현하였다.
• 소라: 경험에 대한 이야기를 할 때, 자신의 모습에서 느껴지는 것보다는 사실에 대해 말하는 것이 익숙해 보인다. 밝고 적극적인 면에 대해서 우선적인 가치를 두고 있음이 많이 느껴지며, 그렇게 생각하고 행동하는 것이 좋은 것이라 생각하고 있다.
• 개나리: 솔직한 자신의 경험과 이야기를 함으로써, 다른 집단원에게 많은 생각을 할 수 있는 주제를 제공한다. 그리고 상대의 이야기에 즉각적인 반응과 피드백으로 집단에 집중하고 있음이 느껴진다.

② 집단지도자 평가
• 날개에 대한 감정을 표현하고 집단원과 나눔으로써, 다른 집단원이 진솔하게 이야기할 수 있도록 하였다.
• 집단원의 이야기를 요약·재진술함으로써 반영을 위주로 집단을 진행하였다.

7) 7회기: 내 맘 알아줘!

(1) 일시
201○년 ○월 ○○일(화) 19~21시(120분)

(2) 장소
○○대학교 학생상담센터 내 집단상담실

(3) 출석

둥이, 마음, 소라, 날개, 북극성(집단지도자) 총 5명/불참자: 개나리, 비타민

(4) 회기 목표

의사소통에서 자신의 감정을 파악하고 표현하는 것의 중요성을 인식하도록 한다. 그리고 나-전달법을 익혀 부정적인 감정을 부드럽게 표현하고 어색한 상황에서도 자신의 의사를 분명하게 표현할 수 있도록 한다.

(5) 진행

① 집단 진행

집단 활동 내용
1. 지난주 경험 나누기 2. 감정 알아보기 • 3회기에서 활동했던 나의 일상용어 파악하기를 통해 다루었던 감정에 대한 단어를 다시 한 번 생각해 보고, 감정을 나타내는 단어를 생각나는 대로 자유롭게 말해 본다. • 감정의 언어 목록을 본 후, 감정단어 끄리잇기 활동을 실시한다. • 자신의 감정단어 끄리잇기를 통하여 느껴지는 자신의 모습에 대해 이야기한다. 3. 나-전달법 익히기와 연습하기 4. 나-전달법을 통하여 요청하고 거절하기 • 요청과 거절에 대한 개인적 경험에 대해 이야기한다. • 각자의 어려웠던 상황을 이야기한 후, 마음의 경험을 바탕으로 상황극을 하고 느낌을 이야기해 본다. 5. 경험보고서 작성하기

② 회기 내용 및 집단지도자의 개입

• 학과 행사로 2명의 집단원(개나리, 비타민)이 불참하였으며, 다른 집단원들이 아쉬운 마음을 이야기하였다. 한 명 한 명 함께하는 시간이 많았으

면 좋겠다는 감정을 나눔으로써 집단 참여에 대한 애정을 이야기하였다.

- 자신의 관계 내에서 상처받았던 모습과 애써 외면하고자 했던 대상들과의 관계에서 느꼈던 감정들을 이야기하였다.
- 날개의 경우 현재 실습 중인데, 그곳에서 경험하고 있는 관계에서의 불편한 감정들을 표현하였다. 날개의 감정 이야기에 다른 집단원이 지지와 공감을 표현하였다.
- 요청과 거절에 대한 경험을 나누면서, 둥이의 거절당하기 싫어서 요청을 하지 않는다는 말에 모두 "나도 그렇다!"라는 반응을 함으로써, 집단의 치료 효과인 보편성이 두드러지게 나타났다. 둥이는 자신에 대한 자신감은 있지만, 거절에 대한 두려움이 큰 것에 대한 감정을 이야기하였다. 그래서 자신이 하고 있는 것이 많음에도 거절을 못해 계속 일이 늘어나게 된다는 이야기에 모두 동의를 표현하였다.

(6) 평가

① 집단원별 평가

- 날개: 지난 시간에 이어서 대인관계의 어려움을 이야기하였다. 외현적 평가는 관계를 잘하는 사람처럼 보이지만, 자신은 그렇지 않다고 이야기하였다. '사람을 믿기가 어려워서 표면적으로 대하고 있다.'라고 표현함으로써, 자신의 서투른 관계성을 표현하였다.
- 둥이: 표현의 다양성이 보인다. 처음에는 생각 위주의 이야기가 진행되었으나, 집단이 진행될수록 점차 감정을 이야기하고자 노력하고 있다.
- 마음: 항상 거절하지 못하는 자신을 상황극의 주제로 내어 놓으며, 상황마다 자신을 솔직하게 표현하면서 집단 활동에 활기를 불어 넣었다. '거절해 보니 편하다, 거절해도 상대가 크게 힘들어하지 않는구나.'라는 상황극마다의 감정을 즉각적으로 표현하면서 다른 집단원과 적극적으로 피드백을 주고받는 모습을 보였다.

• 소라: 7회기의 활동에서 활발하고 적극적인 모습을 보였다. 특히 요청과 거절에 대한 자신의 경험을 나누며, 스스로를 적극적으로 나타내 보였다.

② 집단지도자 평가

• 둥이와 소라가 표현한 생각과 감정들을 집단의 치료 요인인 보편성이 나타날 수 있도록 피드백 활동을 중심으로 운영하였다.
• 준비되어 있던 활동지의 활동을 줄이고, 상황극을 통해 직접 말로 표현하고 행동하는 것으로 운영방식을 변경한 점이 집단원의 적극성을 끌어낼 수 있었다.

8) 8회기: 그래, 네 맘 알아!

(1) 일시

201○년 ○월 ○○일(화) 19~21시(120분)

(2) 장소

○○대학교 학생상담센터 내 집단상담실

(3) 출석

둥이, 마음, 비타민, 소라, 날개, 개나리, 북극성(집단지도자) 총 7명

(4) 회기 목표

공감이 무엇인지 이해하고, 공감의 반응 표현법을 통하여 타인의 입장에서 듣고 이해해 볼 수 있도록 한다.

(5) 진행

① 집단 진행

집단 활동 내용
1. 지난주 경험 나누기
2. 공감 이해하기
• 공감이 무엇인지, 왜 중요한지 등에 자유롭게 이야기를 나누어 본다.
• 각자 공감을 받았거나, 공감을 했던 경험들에 대한 경험을 이야기해 본다.
3. 공감 반응의 표현 방법 익히기
• 짝과 공감 반응 활동지를 바탕으로 표현해 본다.
4. 공감적 표현 대화가 필요했던 경험 나누기
• 공감적 표현의 대화가 필요했던 상황에서 실제로 나는 어떻게 했는가를 생각해 본다.
• 공감적 반응을 한다면 어떻게 할 것인가를 표현해 본다.
• 공감적 반응을 하려고 할 때 잘 되지 않았다면, 그 이유에 대해 이야기해 본다.
5. 경험보고서 작성하기

② 회기 내용 및 집단지도자의 개입

- 공감이라는 주제 때문인지 집단원 간의 활동이 가장 활발히 일어났다.
- 집단원은 공감의 중요성을 인식하긴 했지만 공감되지 않는 것을 공감하는 척하는 거짓 공감을 한 적이 있다고 나누면서, 그러한 거짓 공감에 상처받았던 관계 내에서의 모습을 이야기하였다.
- 비타민은 거짓 공감을 하는 자신의 모습을 노출하며, 그게 그나마 자신이 관계를 맺는 방법이었다는 이야기를 하면서 눈물을 보였다. 개나리와 마음 또한 비타민과 비슷한 자신의 모습을 개방하며 비타민에게 지지와 격려를 표현하였다.
- 집단원 전체가 참여하고, 공감이라는 주제를 통한 집단의 보편성과 응집력이 많이 나타난 회기였다.

(6) 평가

① 집단원별 평가

• 날개: 남들이 말하는 '나'에 대하여 어떤 식으로 공감을 하면 좋을지 몰랐다. 특히 나와 생각하는 것이 다른데 남이 나와의 공감을 기대하고 말할 때의 대처는 너무 어렵다. 주로 겉으로 "맞아 맞아." 하는 편으로 얼렁뚱땅 넘어갔다라고 이야기하며 공감이라는 것에 대해 생각해 보게 되었음을 이야기하였다.
• 둥이: 공감에 대한 인식을 높이며, 자신의 표현력에 대한 다양성을 높이고 싶다는 변화에 대한 의지를 표현하였다.
• 마음: 집단에서 감정적 표현을 개나리와 함께 가장 잘하는 집단원이나, 부정적 감정 표현은 어려워하는 모습을 보인다. 지난 7회기에서 부정적 감정을 표현하기는 했었으나, 여전히 밝은 모습으로 부정적 감정을 감추려고 하는 모습을 보였다.
• 비타민: 자신의 모습을 있는 그대로 표현하고자 한다. 초기에 주로 보였던 침묵으로 자신을 방어하는 모습보다는 5회기 이후로 표현의 중요성을 인식한 모습을 보였다.
• 소라: 자신의 내면적 모습에 귀를 기울이고자 노력하는 것이 느껴진다. 보이는 것에 많은 신경을 써 왔던 모습에서 내적 변화에 초점을 맞추고자 하는 모습이 나타나고 있다.
• 개나리: 집단원 중 관계를 가장 중시하고 신경을 쓰는 집단원으로 이번 회기에서 자신의 감정표현을 가장 많이 하였다. 관계에 대한 자신의 개인 내적 역동에 대해서 알고는 있지만, 자신을 개방하는 것에서는 멈칫거림이 보인다(눈치를 보는 듯한 모습 등).

② 집단지도자 평가

• 공감이라는 주제에 대해서 집단원의 경험을 중심으로 활동이 이루어지

도록 진행함으로써, 피드백과 지지를 중심으로 운영하였다.

• 집단원들의 개인적 경험을 피드백을 통하여 서로 연결할 수 있도록 하였다.

9) 9회기: 마지막 걸림돌 미해결과제도 해결!

(1) 일시

201○년 ○월 ○○일(화) 19~21시(120분)

(2) 장소

○○대학교 학생상담센터 내 집단상담실

(3) 출석

둥이, 마음, 비타민, 소라, 날개, 개나리, 북극성(집단지도자) 총 7명

(4) 회기 목표

자신의 관계 내에서 어느 대상과의 미해결된 감정을 탐색해 본다. 그리고 미해결된 감정의 원인을 찾고 해결하도록 한다.

(5) 진행

① 집단 진행

집단 활동 내용
1. 지난주 경험 나누기 2. 자신의 관계 내에서 미해결된 감정의 대상 및 사건 탐색하기 • 미해결과제라 할 수 있는 대인관계에서 경험하는 두려움으로 회피하고자 했던 대상, 사건을 탐색해 본다.

- 나는 어떠한 미해결된 과제가 있는가?
- 그 대상 또는 사건은 무엇인가, 왜 회피하고 싶은가?
- 그 대상 또는 사건이 지금–여기에 떠 오른 이유는?

3. 집단원들이 탐색한 자신의 경험 나누기
4. 표출하고 싶은 감정이 일어나는 사람부터 자발적으로 나와 표출하기
   - 빈 의자 기법을 활용하여 갈등 대상에 대한 감정을 표현해 본다.
5. 주인공의 소감 나누기와 다른 집단원들의 관찰 소감을 나누며 주인공 격려하기
   - 주인공의 소감 발표와 집단원들의 소감을 나눈다.
6. 경험보고서 작성하기

---

② 회기 내용 및 집단지도자의 개입

- 자신의 대인관계 경험에서 미해결된 과제에 대한 탐색 활동이 주가 되는 회기로서, 집단원의 갈등 대상에 대한 감정을 직접적으로 볼 수 있는 회기였다.
- 집단원은 그동안의 자기이해와 타인이해를 바탕으로 관계에 대하여 탐색하고 의사소통 관련 기술들을 연습하고 익히는 과정을 통하여, 자신의 갈등 대상과 관련한 미해결과제를 표현하는 회기가 되었다.
- 빈 의자 기법을 활용하여 갈등의 대상과 직접 대화를 나누는 형식을 취하여 자신과 그 대상과의 관계를 직접 탐색해 보도록 하였다.
- 개나리와 소라의 적극적 참여와 자기개방으로 빈 의자 기법의 활용이 극대화되었다.
- 집단원은 개나리의 아버지와의 대화, 소라의 친구와의 대화를 관찰함으로써 주인공인 집단원의 감정에 공감하고 지지하며, 갈등의 대상인 아버지와 친구의 입장에서 시각과 감정을 나누었다.
- 소라는 대학생들이 가장 많이 겪고 있는 과 동기와의 갈등을 표현하면서, 현재 과 친구와 어려움을 겪고 있는 날개의 피드백을 활성화하였다.
- 집단원들이 초반에는 선뜻 나서지 못했으나, 두 명의 작업을 보면서 자

신들도 하고 싶다는 표현을 하였다. 다음 마지막 회기에 시간적 여유가 있으므로 이를 다루기로 하였다.

(6) 평가

① 집단원별 평가

- 날개: 대인관계에서 잘하고 있는 듯이 보이고자 했던 자신의 모습을 마주하기가 힘들어 회피하고 있는 자신을 구체적으로 표현하였다. 소라의 빈 의자 작업을 보면서 자신의 모습을 보고, 상대편 친구의 시각도 생각해 보게 되었다는 표현을 하였다.
- 둥이: 관계에서 자신의 모습을 탐색하는 사고가 매우 넓음이 보이며, 사고적 특성에서 뛰어난 관찰력을 바탕으로 자기탐색을 촉진하고 있다.
- 마음: 개나리의 작업에 많은 지지와 응원을 보내면서, 자신과 닮은 개나리의 모습에서 자신의 대인관계를 탐색하는 모습을 보였다.
- 비타민: 개나리와 같은 과로서 개나리의 이야기에 지지와 응원의 감정을 표현하였다. 처음 알게 된 개나리의 가족 이야기와 모습에 상대를 이해하고자 하는 따뜻함의 비언어적 표현(개나리가 소감을 나눌 때, 다가가서 안아주고 손을 잡아 주는 행동)을 보였다.
- 소라: 관계 내에서 잘하고 있는 듯이 보였던 자신의 모습을 감추지 않고 관계의 어려움, 불편함 등을 사고적 언어보다는 감정적 언어를 사용함으로써 자신을 개방하였다. 감정적으로 흔들리는 것은 안 좋은 것이라는 생각을 줄이려고 노력하는 모습이 관찰되었다.
- 개나리: 그동안 집단 내에서 꺼내지 않던 가족과의 갈등(아버지)을 개방함으로써, 자신이 겪고 있는 관계 어려움의 근원(신뢰)을 찾고자 하는 모습을 보였다. 아버지에 대한 원망과 그 관계로 인해 사람들과의 관계에서 눈치를 살피고, 항상 긴장하는 자신의 모습을 탐색하고자 하였다.

② 집단지도자로서의 평가

집단원이 겪은 갈등의 대상에 대한 작업을 빈 의자 기법을 통하여 활동하게 함으로써, 자신의 모습과 상대편의 시각 및 감정을 이해할 수 있도록 대화를 촉진했던 것이 주인공인 집단원과 관찰하는 집단원 모두에게 탐색의 기회를 제공한 것으로 보였다.

10) 10회기: 마무리

(1) 일시

201○년 ○월 ○○일(화) 18~24시(6시간)

(2) 장소

○○대학교 학생상담센터 내 집단상담실

(3) 출석

둥이, 마음, 비타민, 소라, 날개, 개나리, 북극성(집단지도자) 총 7명

(4) 회기 목표

지난 회기에 이어 미해결과제에 대한 탐색 작업과 표현 작업을 한 후, 집단을 통한 개인적 목표 달성 및 정리하는 시간을 갖도록 한다.

(5) 진행

① 집단 진행

집단 활동 내용
1. 지난 회기 후의 자신의 경험 나누기

2. 지난 회기에 이어 집단원들의 미해결과제 다루기
   • 날개, 둥이, 마음, 비타민의 미해결과제에 대해 탐색해 본다.
3. 나의 인생 영화 만들기
   • 마지막 작업으로 '나의 인생을 영화로 만든다면' 활동을 한다.
   • 내가 주인공인 영화 제작을 통하여 자신의 모습을 정리하도록 한다.
4. 롤링페이퍼를 통한 선물주기
   • 집단원 서로에게 격려와 지지의 피드백 작업을 한다.
5. 집단상담 참가 경험 나누기
6. 대인관계 변화척도 사후검사 실시
7. 경험보고서 작성하기

---

② 회기 내용 및 집단지도자의 개입

- 지난주에 이어 미해결과제에 대한 작업을 함으로써, 집단원 모두 빈 의자 기법을 통한 작업을 하였다.
- 지난주의 경험으로 집단원의 몰입도가 훨씬 높았으며, 감정 표현도 더 적극적으로 나타났다.
- 나의 인생을 영화로 제작하면서 내가 어떤 것을 가치 있게 생각하고, 누구와 더 관계를 맺고 싶어 하는지, 그리고 본인이 전달하고 싶은 말, 자신이 되고 싶은 모습 등을 전체적으로 표현해 보도록 하였다.
- 마지막 회기로 자신의 목표 달성에 대한 평가를 해 봄으로써 집단에 참여하는 동안의 변화에 대하여 만족과 아쉬움 등을 이야기하였다.
- 날개, 비타민, 소라는 특히 5회기에 나타났던 집단 내의 갈등이 더욱 적극적으로 집단에 참여하는 동기가 되었다고 이야기하였다. 갈등이 일어나도 솔직하게 이야기를 하는 경험을 통해 집단에 신뢰감을 가질 수 있는 좋은 시간이었다는 표현을 하였다. 집단 밖이라면 그런 갈등이 아예 일어나지 않도록 자신이 먼저 피했을 거고, 일어났더라도 회피하고 넘어가는 방법을 택했을 것이다. 하지만 그 이야기를 나누는 것을 보고 '이 집단에서 이야기를 할 수 있겠구나!'라는 생각이 들었다는 마음을 나누

며, 집단 종결의 아쉬움을 나누었다.

(6) 평가

① 집단원별 평가

- 날개: 집단에 대한 신뢰감을 표현하며 사람들과의 관계 또한 신뢰감이 먼저라는 것을 느끼게 되었다고 표현하였다. 인간관계에서 겉돌던 자신의 모습을 인식하고 변화하고자 하는 모습이 보였다.
- 둥이: 가장 많은 변화를 보인 집단원 중 한 명으로 표현의 어색함을 없애고자 노력하였다. 한 학기 동안 많은 감정의 표현을 해 봄으로써 자신의 감정에 솔직해짐이 느껴진다는 표현을 하였다.
- 마음: 자기 내면에 있는 모습 또한 자기의 모습으로 표현할 수 있게 되었다는 소감으로 자신을 이야기하였다. '항상 밝아야 한다, 긍정적이어야 한다, 관계 내에서는 문제를 일으키면 안 된다'라는 생각에서 조금은 자유로워진 자신의 모습을 이야기하였다.
- 비타민: 소극적이고 냉소적인 행동과 모습으로 임했던 집단 초기와 다르게 자신의 감정을 부정적인 것이든, 긍정적인 것이든 명확하게만 전달하면 문제가 되지 않는다는 것을 확인하였다. 그리고 자신에 대해 적극적인 표현을 하게 되면서 심리 내적으로 편해짐을 이야기하였다.
- 소라: 여전히 관계에서 사고적인 것이 많지만, 자신의 감정을 감추려고 하지 않는 모습에서 자신의 내면세계에 대해 탐색해 보려는 노력을 하고 있음이 보였다.
- 개나리: 관계에서 항상 자신의 모습을 좋게 보이려고 애써 왔던 것과는 달리 자신을 개방하는 것에서 편해짐을 표현하였다. 항상 감추기 위해 적극적이고 밝은 모습을 했던 자신을 인식하고 자신을 탐색해 보기를 원하였다.

② 집단지도자 평가

- 마지막 회기로 종결에 대한 아쉬움을 나누는 것에 있어, 집단원들이 충분히 감정을 표현할 수 있도록 시간을 조정하였다.
- 한 학기 동안 함께해 준 집단원에게 대한 감사와 그들의 노력에 대한 지지와 격려, 그리고 앞으로의 변화에 대한 가능성에 대해 피드백하였다.

11) 축어록 회기: 5회기

(1) 일시

201○년 ○월 ○일(화) 19~21시(120분간)

(2) 장소

○○대학교 학생상담센터 내 집단상담실

(3) 출석

둥이, 마음, 날개, 비타민, 소라, 개나리, 북극성(집단지도자) 총 7명

(4) 회기 목표

나의 의사소통 유형을 알아봄으로써, 평상시의 내 모습에서 나타나는 의사소통의 행동과 표현을 탐색한다. 그리고 효과적인 의사소통 방식인 일치형의 모습을 익힐 수 있도록 한다.

(5) 축어록

- 의사소통 유형 검사 실시 및 채점: 총 10분 정도 소요
- 역기능적 의사소통 형태의 특징 및 활동 설명: 5분 정도 소요
- 역기능적 의사소통 유형 체험하기 활동: 15분 후 다시 모임

- 날개–소라, 둥이–개나리, 마음–비타민 상담실 내에서 짝끼리 활동하였다.
- 집단지도자가 각 소집단 활동을 살폈다. 날개와 소라는 활동을 힘들어 하여 활동을 진행하지 못하였다. 다른 집단원이 활동을 하는 동안 날개와 소라는 초반에 활동을 하고자 하는 소라와 활동을 하지 않으려고 하는 날개 사이의 갈등을 겪었다. 집단지도자와 날개, 소라가 7~8분 정도 활동에 대한 불편함에 대해 이야기를 나누었다. 주어진 시간이 다해 집단원이 모두 모였을 때, 더 이야기를 나누기로 하였다.

북극성 1: 짝끼리 역기능적 의사소통 유형의 모습들을 해 보고, 내가 할 때와 바라볼 때의 느낌들을 나누고, 이전의 경험에 대하여 이야기를 나누는 시간을 가졌는데, 활동 후의 느낌들을 같이 이야기해 볼까요. 다른 분들의 경험을 듣기 전에 조금 전 날개님과 소라님의 활동에서 불편함을 이야기했는데요. 먼저 이야기해 줄래요?

날개 1: 전 이 활동을 하면서 너무 불편하고 싫었어요. 좀 전에 북극성님과 소라님이랑 이야기는 했었지만, 이 활동 자체가 싫었어요. 나를 잘 모르는 사람과 단둘이 활동을 하는 것도. 그래서 소라님과 함께 짝이 되어 활동을 시작하면서 너무 하기 싫고, 짜증나고 힘들었어요. 같이 활동을 한다는 것 자체가. 그런데 소라님은 계속 이렇게 할까요, 이런 모습 한번 해 보세요, 이러는데 정말 제가 앞으로 집단을 계속 해야 하나 하는 생각까지 들었어요. 하기 싫은 것을 해야 하는 그런 게 너무 싫었어요. (집단원들의 술렁임과 침묵)

소라 1: 전 너무 당황스러웠어요. 지금도 마찬가지구요. 좀 전에도 그렇고. 날개님의 이야기를 들으면서 왜 그러지, 내가 뭘 잘못했나 그런 생각도 들었다가 내가 뭘 잘못했다고 이러는 거야, 지금은 너무 당황스럽고 떨려요. 날개님의 이야기를 들으면 제가 뭔가를 잘못했다는 느낌이 자꾸 들어서요.

날개 2: 그건 아니에요. 소라님이 잘못했다는 건 아니라, 제가 이 활동이 하기 싫고

둘이서 하는 이 활동이 싫었던 거예요. 그런데 제가 하기 어렵다, 싫다는 표현을 했는데 소라님이 계속하려고 하는 게 힘들었던 거예요.

북극성 2: 소라님이 지금 날개님과 활동을 하고, 이야기를 들으면서 많이 당황스러운 것 같아요. 날개님 또한 이 활동에 대해서 불편함을 느꼈고요. 저도 좀 전에 그룹 활동을 같이하면서 날개님이 느끼는 불편함과 소라님의 마음이 느껴졌어요. 그래서 잠시 이야기를 나누었고요.

소라 2: 날개님이 하기 싫다고 이야기를 할 때, 전 너무… 왜 하기 싫다는 이야기도 없고. 하기 싫다, 힘들다, 안 하면 안 되냐 이렇게 말을 하셨는데, 그 이유도 말하지 않고 무조건 하기 싫다고만 하시니까. 전 어떻게 해야 할지를 모르겠었어요. 이것도 우리 집단의 하나의 활동이고 해 보는 것도 의미가 있을 것 같고, 나는 어떠한 모습일지 알 수도 있고, 얘기도 나눌 수 있고 그럴 것 같은데. 무조건 하기 싫다, 안 하면 안 되냐, 이렇게 얘기하는데 전 이해하기가 어려웠어요. 화도 나고 그래서 자꾸 한번 해 보세요, 이렇게 할까요, 이건 어떨까요 제안했던 건데. 그럴수록 날개님은 하기 싫다는 걸 더 강하게 표현하니까, 제가 하기 싫은 걸 억지로 시키는 것 같아서.

날개 3: 억지로 시킨다는 것보다 제가 하기 싫다고 이야기하는데, 소라님은 계속해야 한다는 쪽으로 이야기하고, 하려고 하니까, 그 순간은 그게 강요로 느껴졌어요. 왜 내 이야기는 안 듣고 하려고만 하는지, 그게 저한테 순간 강요로 느껴졌었어요.

소라 3: 그건 강요가 아니었는데, 그리고 우리가 참여해야 하는 활동이었기에 전 하려고 했던 거고요. 날개님이 그렇게 이야기를 하니, 정말 제가 억지로 하게 한 것 같아서. 그런데 끝까지 날개님은 하지 말자, 안 하면 안 되냐, 이러면서 이야기한 것이 전 너무 화가 났어요. 저를 무시하는 것 같고.

마음 1: 날개님과 소라님의 이야기를 들으면서 전 너무 긴장돼요. 불안하고. (집단원 순간 정적)

북극성 3: 마음님은 무엇이 긴장되고 불안해요?

마음 2: 날개님과 소라님이 서로 이해를 못 하면 어쩌지, 갈등이 심해지면 어쩌지, 서로 이야기가 안 되면 어쩌지, 이런 생각들이 막…

둥이 1: 저도 마음님과 같은 생각들이… (개나리도 함께 고개를 끄덕임. 침묵이 있음)

비타민 1: 전 소라님의 상황도 이해가 되지만 날개님이 느꼈던 마음이 이해가 가요. 날개님이 힘들어하는 것이 느껴져요.

북극성 4: 비타민님은 날개님의 모습에서 어떠한 면이 힘들어 보이나요?

비타민 2: 초반부터 날개님은 자신의 이야기를 하는 게 어렵다라고 계속 이야기를 했었어요. 그런데 집단에 오면 자신의 이야기를 해야 하고, 그게 날개님한테는 부담감이었을 것 같아요. 제가 그렇거든요. 하기 싫을 때도 있고, 하고 싶지 않을 때도 있고, 그런데 해야 될 때는 어쩔 수 없이 할 때도 있어요. 그런데 내 이야기를 하고 싶지 않을 때도 많아요. 특히 내 이야기가 집중이 될 때는 더욱 그렇고요. 생각해 보면 날개님의 경우 혼자 남자로서 자기 이야기를 하는 게 더욱 불편했을 것 같아요. 그래서 집단에서 이야기하는 것이 힘들지 않았을까요. 저처럼.

소라 4: 날개님의 마음은 저도 이해돼요. 혼자 뻘쭘할 때도 있을 거고, 내 이야기를 하기 어려운데 해야 될 때도 그렇고, 그래도 오늘 같은 경우는 함께 참여해야 하는 거 아닌가요? 제가 강요한 것도 아니고 날개님이 온 거잖아요. 그런데 하기 싫다, 하지 말자, 이러니…(눈물)

날개 4: 저의 이야기가 이렇게 주가 되니 너무 불편해요. 그냥 하기 싫은 걸 이야기한 것뿐인데. 비타민님 말처럼, 내 이야기를 하는 게 싫었던 거예요. 그리고 둘이서 그리고 하기 싫은 걸 안 하겠다고 한 것뿐인데. 그냥 놔둬 주면 안 될까요?

소라 5: 지금 날개님을 괴롭히는 게 저인가요? 제가 날개님을 괴롭히고 있는 건가요? 놔둬 달라는 이야기가…

북극성 5: 음, 제가 듣기에 날개님의 이야기는 그 이야기는 아닌 것 같아요. 날개님이 지금 자신의 이야기가 초점이 되는 게 힘든 것이지, 소라님이 괴롭히고 있다고 얘기하는 건 아닌 것 같아요.

날개 5: 네. 그건 아니에요. 지금 이 자리가 불편하고, 제 이야기가 그만 되었으면 하는 거예요. 소라님이 절 괴롭힌다고 얘기하는 건 아니에요. 그건 아니에요. 제가 자꾸 거론되는 게 싫은 거고, 제 이야기를 하는 게 싫은 거예요. 소라님이 그렇게 생각하지 않았으면 좋겠어요. 정말로 그건 아니에요.

개나리 1: 날개님도 소라님도 마음이 많이 상하신 것 같아요. 내 의도와는 다르게 자꾸 이야기되는 것이 더 힘들게 하는 것 같아요. 이 모습을 보면서 저도 마음이 계속 불편해요. 어떻게 이야기를 해야 할지, 무엇을 이야기해야 할지, 이야기를 할수록 내 마음과는 다르게 이야기 되는 것이. 날개님은 본인이 불편하다는 이야기를 하고 있는 것 같고, 소라님은 활동을 하고자 했던 것인데, 날개님한테 강요를 한 것처럼 느껴져서…

마음 3: 네. 저도 개나리님의 이야기처럼 날개님과 소라님이 상대에게 이야기하는 것이 아닌데, 자신의 이야기를 하고 있는 건데, 자꾸 상대에게 이야기하는 것처럼 들릴 수 있을 것 같아요. 그래서 더 마음이 상하는 것 같고요.

둥이 2: 저도 처음에는 이 상황이 너무 긴장되고 떨렸는데, 한참 이야기를 듣다 보니 이 이야기는 우리의 이야기인 것 같아요. 저도 처음에 개나리님이랑 이 활동을 할 때, 어색하고 어떻게 해야 할지 서먹하기도 하고 그랬는데, 활동을 하면서 풀어졌거든요. 그런데 날개님은 성이 다른 상대와 직접 행동을 취해 가면서 하는 활동이 어색하고 낯설어서 하기 싫다고 했을 것 같아요. 소라님은 같이 하기를 원했을 것 같고요. 하기 싫은 사람과 하고자 하는 사람이 이야기를 하다 보니 불편함이 더 커진 게 아닐까요.

비타민 3: 날개님이 지금 많이 힘들 것 같아요. 자신의 이야기를 하는 것이 힘든 사람이 또 이렇게 자신의 이야기가 주가 되고 있어서 날개님이 걱정돼요. 소라님도 오해받는 것 같아서요.

북극성 6: 날개님과 소라님. 지금은 마음이 어떤가요?

날개 6: 이 자리가 불편해요. 제가 분란을 일으킨 것 같아서, 왠지 제가 우리 집단을 불편함에 몰아넣은 것 같아서…

소라 6: 내가 뭘 잘못했나 하는 마음도 들고 날개님을 너무 몰아붙였나 하는 미안함도 들고…

북극성 7: 날개님이 분란을 일으킨 건 아니에요. 소라님도 그렇고요. 날개님이 느끼는 하기 싫은 것에 대한 표현이었고, 소라님은 함께 하고 싶은 표현이었던 것 같아요. 그것이 서로에게 표현될 때 불편함으로 표현되면서 상대에게 자신의 마음과 다르게 표현된 것 같아요.

비타민 4: 저 또한 이 활동이 처음에는 어색했어요. 무엇을 어떻게 해야 하지 하면서, 그리고 마음님과 둘이서 이 활동을 시작하면서도 쭈뼛쭈뼛했고요. 그런데 그런 초반의 모습보다는 나의 역기능적 의사소통에 대한 경험을 이야기하면서 훨씬 편해졌어요. 저도 처음에는 날개님처럼 하기 싫은 마음이 컸지만 저는 표현을 안 했던 거고, 날개님은 표현했던 거, 그 차이일 거예요. 아마 저도 표현을 했다면, 무엇 때문에 불편한지를 얘기하기 보다는 그냥 귀찮다, 하기 싫다, 하기 싫은데 꼭 해야 하냐면서, 이야기했을 거예요. 아직 마음님을 잘 몰라서 이야기를 할 수는 없었지만, 아마도 친한 친구였다면, 아 싫어, 이거 뭐하러 해, 이렇게 얘기했을 것 같아요. 날개님은 그런 면에서 자신의 솔직한 마음을 표현한 게 아닐까요.

북극성 8: 비타민님의 이야기를 들은 날개님은 어떠세요?

날개 7: 비타민님의 이야기를 들으면서, 내가 그랬구나. 나는 혼자 생각하고 결론만 이야기하고, 다 얘기한 것처럼 소라님한테 얘기했을 거예요. 그리고 그냥 무작정 안 한다는 얘기를 했을 때 소라님이 황당했겠구나, 그런 생각. 그러면서 소라님이 활동을 하고자 했던 모습만 보이면서, 하기 싫다고 이야기했는데 들어주지 않는다고만 생각하고 소라님에게 계속 안 한다고, 하기 싫다고 했던 것 같아요. 비타민님의 이야기를 들으면서 제 모습을 이해해 주는 사람이 있다는 마음이 들었어요. 나 같은 마음인 사람도 있구나, 왠지 제가 이 집단에 어울리지 않나 하는 생각이 잠시 들었었거든요. 다른 분들은 너무나도 즐겁게 활동도 하고 이야기를 나누는 것 같아서…

북극성 9: 그동안 날개님의 마음이 그랬군요. 다른 집단원들은 활동도 즐겁게 하고 이야기도 잘 나누는 모습들에서 나만 이야기를 힘들어하고, 나만 이야기를 꺼내

놓는 게 힘들구나라고 느끼고 있었군요. 오늘 이렇게 이야기를 하면서 비타민님 또한 활동이 하기 싫을 때도 있고, 이야기하는 것이 어렵고 불편했던 이야기를 들으면서 나만 그런 것이 아니구나, 그리고 내 모습을 이해해 줄 수 있는 다른 사람이 있다는 느낌을 가진 것 같네요.

둥이 3: 저도 그래요. 전 항상 혼자 생각하고, 혼자 정리하고, 결과만 말하는 습관이 있어요. 집에서도, 학교에서도, 친구들 사이에서도. 그래서 제 이야기를 하는 것 자체가 너무 낯설어요. 저희 과 특성상도 사실과 원인과 결과, 이런 것에 중점을 두고 토론이 이루어지기 때문에 저를 이야기해 본 적이 없어요. 저를 이야기한다는 것 자체가 이곳이 처음이고요. 그래서 이 집단이 저한테는 무척 특별한 집단이고 기다리는 시간이기도 하고요. 오늘 날개님과 소라님의 이야기가 저한테는 매우 긴장되고 떨리고 그래요. 그러나 다 같이 함께하기에 이야기할 수 있는 거라 생각돼요. 그동안 우리가 시간을 함께하면서 나누었던 이야기들이 있기에, 사람들과 힘들었던 내 이야기를 들어 줬던 사람들이기에, 오늘 이야기도 이렇게 할 수 있는 거라 느껴요. (눈물)

개나리 2: 전 이렇게 긴장 상황이 되면 정말 어떻게 해야 할지를 모르겠어서, 제가 그냥 얼어붙는 것 같아요. 그래서 자꾸 양쪽만 바라보고, 누가 빨리 해결해 줬으면 좋겠고, 아니면 빨리 이 상황이 끝나면 좋겠고, 이런 마음으로 바라보고 있게 되요. 아까도 그랬고요. 날개님도 안타깝고 소라님도 안타깝고. 그런데 내가 어떻게 해야 할지는 모르겠고, 그래도 날개님도 소라님도 함께 이 이야기를 해결하면 좋겠어요.

소라 7: (눈물) 괜히 저 때문에… (옆에 앉아 있던 개나리와 마음이 소라를 토닥임)

북극성 10: 소라님. 소라님 때문이 아니에요. 이건 우리가 같이 이야기 나누는 과정이에요. 소라님 때문에 집단이 어떻게 될 거라고 생각하지 마세요. 그리고 둥이님이나 개나리님의 이야기처럼, 함께 우리의 모습들에 대해 이야기 나눌 수 있는 시간이에요.

마음 4: 저도 북극성님 말처럼 누구 때문이 아닌 저의 모습, 우리의 모습인 것 같아요. 소라님의 나 때문이라는 마음은 안 가지면 좋겠어요.

비타민 5: 저도요. 소라님이 그러지 않으면 좋겠어요.

날개 8: 소라님, 소라님 때문이 아니에요. 저도 지금 소라님처럼 나 때문이라는 마음이 들지만, 제가 서투르고 그동안 제가 해 왔던 그대로 했던 것 같아요. 어색한 것 싫어하고 그래서 하지 않고. 그런데 적극적으로 나오는 소라님의 모습이 강하게 다가와서 더 표현을 하기 싫다고 강하게 한 것 같아요. 그게 소라님한테는 강하게 느껴졌을 것 같아요.

소라 8: 저도 많이 어색했거든요. 그런데 날개님이 너무 강하게 하기 싫다 하니 안 할 수도 없고, 하자고 하니 더욱 강하게 하기 싫다고 거부의 표현을 하니, 순간적으로 나를 거부하는 느낌이 들었어요. 내가 싫어서 안 한다고 하나, 이런 생각이 들었어요. 그런 게 아니라는 걸 알면서도 그때는 나는 이렇게 노력하는 데 하는 생각이 들면서, 화도 나고, 다른 집단원들은 활동을 하고 이야기를 나누면서 하는데, 나는 못하는 것 같아서 억울하기도 하고 그랬어요. 그래서 더 하자고 하자고 했던 것 같아요. 지금 다른 분들과 이야기를 나누면서 날개님을 조금은 이해할 수 있을 것 같아요. 그때 당시의 저의 모습이 날개님한테는 무지 강하게 느껴졌을 수 있겠구나라는 생각도 들고. 어려운 걸 자꾸 하라고 하니 더 하기 싫었을 것 같기도 하고, 저라도 그럴 때는 더 하기 싫을 것 같은데. 제가 약간 그런 모습이 있어요. 친구들과의 관계에서도 어색하거나 불편하면 계속 무엇인가를 해서 없애려고, 그러다 보니 상대가 어떠한지를 살피는 것보다 무엇을 할까, 어떤 걸 하면 좋을까, 무슨 이야기를 하면 좋을까, 이런 생각에 바빠요. 그러면 좀 어색하거나 불편한 게 줄어드는 것 같아서, 뭐라도 해야지 나은 것 같아서 계속 그렇게 하려고 해요. 아마 날개님과도 아까 어색하고 불편하니까 무언가를 해야 한다고만 생각하고 날개님이 힘들다고 하지 말자고 해도 꼭 해야 하는 것처럼 생각하고 이거 해 보자, 이렇게 해 보자 했던 것 같아요.

개나리 3: 저도 소라님처럼 그러는데, 어색하면 잠시도 못 참고, 전 혼자 완전 오버해서 이야기하고 행동해요. 그래서 빨리 그 분위기를 바꾸려고. 그래서 조금 전에

는 너무 힘들었어요. (웃음) 오버도 못 하겠고, 하면 안 될 것 같고. (웃음)

날개 9: 저도. 전 어색하거나 힘들거나 불편하면 특히 관계에서 그러면 피하고 봐요. 이번에도 그런 제 모습이었던 거겠죠. 그게 제 스타일대로 너무 강하게 얘기를 했던 것 같아요. 그러다 보니 그냥 막 안 하겠다는 얘기만 하고.

마음 5: 저도 그냥 제 맘대로 생각하고 밀고 나갈 때가 많아요. 그래놓고 왜 안 하지, 도대체 뭐하는 거야 이러면서 상대를 탓하기도 하고, 혼자 화를 내기도 하고.

북극성 11: 소라님과 날개님이 활동할 때의 자신의 모습과 그때 가졌던 생각과 마음을 이야기해 주면서 조금 더 서로를 이해하고, 우리가 서로를 이해할 수가 있었던 것 같아요. 이야기를 한 후 소라님과 날개님은 마음이 어떤가요?

날개 10: 마음이 그래도 가벼워졌어요. 아까는 답답했거든요. 제가 갈등의 중점이 되고 몰아붙여진다는 느낌에 힘들었거든요. 이렇게 이야기를 하지 않았다면 소라님과 계속 불편했을 것 같기도 하고, 오늘 끝나고 돌아가서 다음 주까지 집단을 하지 말까 하는 생각을 했었을 거예요. 그런데 비타민님의 이야기와 둥이님의 이야기를 들으면서 저와 비슷한 모습도 보고 제가 했던 모습도 생각나고. 소라님이 그 상황에서 느꼈을 감정도 좀 생각하게 되면서 답답한 마음은 좀 풀렸어요.

소라 9: 저도 마음이 한결 편안해졌어요. 날개님과 처음에는 너무 화가 나고 억울하고, 왜 이렇게 되었나 하는 생각에, 그리고 나는 하려고 했던 것뿐인데 내가 뭘 잘못했다고 이러지 하는 생각에 억울하고, 이게 해결되지 않으면 어쩌지, 나 때문에 우리 집단이 잘못되면 어쩌지 하는 생각에 두렵기도 했구요. 그런데 다른 분들의 이야기도 듣고, 특히 날개님과 비타민님의 이야기를 들으면서 이해가 됐어요. 날개님이 왜 그렇게 하기 싫다고 했는지, 그럴 수도 있겠다라는 생각이 드니까, 날개님의 아까 표현과 표정들이 이해가 됐어요. 그때는 정말 어떻게 해야 할지 깜깜했거든요. 게다가 이야기를 나누는 초반에는 화가 나고 억울해서 날개님의 이야기가 하나도 안 들어왔거든요. 날개님이 이야기를 해도 이해도 안 되고 들리지도 않고, 왜 이렇게 되었지라는 생각에.

북극성 12: 날개님과 소라님의 마음이 편해졌다고 하니 저도 마음이 좀 놓이네요. 둘이서 활동할 때, 불편해하는 걸 보면서 어떻게 하면 좋을까 저도 고민이 되었어요. 무엇이 불편한지에 대해 이야기를 잠시 우리끼리 이야기를 나누었지만, 더 이야기를 힘들어해서 시간이 다 되어 함께 나누기로 하고 모였는데, 오히려 더 불편해지고 힘들어지면 어쩌지라는 불안감도 있었어요. 그러나 우리가 그동안 자신의 모습을 솔직하게 보여 주고자 노력했던 시간들이 있기에, 그리고 같이 들어주고 이해해 주려고 노력했던 것들이 있기에 같이 이야기를 나누게 되었어요. 날개님은 소라님과의 활동이 불편했던 것보다 이러한 활동 자체가 더 힘겹게 느껴졌던 것 같아요. 친하지 않은 사람과 단둘이 내 이야기를 한다는 것이 불편했던 것 같아요. 그러다 보니 활동을 하기 싫다는 표현을 했던 것 같아요. 그에 반해 소라님은 집단에서 하는 활동을 통해 무엇인가를 얻고자 했고, 활동을 함으로써 어색함을 없애려고 더 하고자 했던 것 같아요. 그런 부분에서 날개님과 소라님의 생각과는 다르게 표현이 서로 다르게 전달이 되어 마음이 상했던 것 같아요. 그래도 이렇게 서로 이해할 수 있는 이야기를 해 줘서 고마워요. 마음 상한 거에 마음을 닫지 않고 열어 줘서 고마워요. 다른 분들도 그렇고요. 다들 고마워요.

비타민 6: 정말 어떻게 표현하느냐 그리고 어떻게 이야기를 전달하느냐에 따라 제 생각과 마음이 달라지는 것 같아요. 전 분명히 아닌데 제가 그런 경험이 많거든요. 제 마음과는 다르게 나타나기도 하고, 그렇다고 난 그런 게 아닌데라고 이야기도 하지 않고, 그냥 넘어가는 게 많았거든요. 그래서 더 사람들과 관계를 맺는다거나 친하게 지내는 것을 힘들어하는 건지도 몰라요. 이번에 마음님과 이 활동을 하고 이야기를 나누면서 느꼈어요. 제 마음은 아닌데 사람들에게 겉모습으로만 다가가고, 제 마음은 숨기고 그랬던 이야기를 했어요.

[중략: 비타민-마음, 둥이-개나리의 활동 소감 내용]

북극성 13: 비타민과 마음, 둥이와 개나리님의 활동에 대한 소감을 짧게 들어 보았어요. 다음 주에는 오늘 했던 의사소통 유형을 통하여 나의 일상에서 많이 사용하는 유형과 일치형 의사소통을 위한 기법들을 나눠 보기로 해요. 오늘 2시간여의 집단상담 동안 어떠했는지 이야기를 나누고 정리할까요.

날개 11: 제가 먼저 이야기할게요. 정말 소라님한테는 너무 미안하고 그래요. 저 때문에 마음 상하고 힘들었던 것 같아서, 제가 하기 싫은 걸 정확하게 소라님한테 이야기하고 무엇이 싫은지 얘기했어야 했는데. 그랬으면 소라님도 저를 이해했을 거라는 게 지금에야 느껴졌어요. 그 이야기를 할 때는 제 생각만 하느라 그래도 제 이야기를 끝까지 들어줘서 고마워요, 소라님.

소라 10: 고맙다는 이야기를 들으니, 제가 너무 부끄럽고 쑥스러워요. 저도 그때는 정말 제 입장과 생각만 하느라 날개님의 이야기가 들어오지 않았어요. 해야 하는 것만 생각하느라. 차라리 그때 날개님 뭘 하고 싶어요라고 물었으면 좋았을 텐데. 이것도 지금 생각나네요. (웃음) 그때는 활동지에 있는 내용을 해야 한다는 생각만 하느라 날개님의 이야기가 들리지 않았네요. 저도 고마워요. 오늘 시간을 통해서 제 행동을 살펴볼 수 있는 기회가 되었어요. 그리고 타인의 감정도 좀 헤아려야겠단 생각도 많이 하게 되었고요. 날개님, 다음 주에 나오실 거죠? (집단원 모두 웃음)

날개 12: 네. 안 나오면 저 이상한 사람 될 것 같아요. (헤헤) 고맙다고 해놓고 안 고마운.

마음 6: 전 아까 너무 긴장되고 떨렸어요. 집단에서 이렇게 얘기해도 되나, 할 수도 있나 하는 생각에. 내 이야기를 하는 것은 그래도 하다 보니 하겠는데, 이런 불편하고 부정적인 것도 이야기해도 되나 하는 것에 놀랐어요. 그래도 이야기를 하다 보니 훨씬 편해진 걸 느껴요. 전 불편하거나 부정적인 이야기를 하면 안 된다고 생각하고 있거든요. 특히 사람들과의 관계에서는 더욱. 그러다 보니 항상 밝은 모습으로 보이려고 하고, 싫어도 좋은 척, 하기 싫어도 괜찮은 것처럼 하는 게 어느새 더 편해진. 그런데 오늘 이야기를 하면서 그리고 날개님과 소라님을 보면서 숨기는 것보다는 표현하는 게 낫다는 생각이 아주 조금은 들어요. 제가 할 수 있을는지는 모르겠지만, 그래도 제 목표처럼 속이지 않고 그대로 표현하는 연습은 해 봐야겠어요.

둥이 4: 오늘 활동을 하면서 전 개나리님과 같은 유형으로 활동을 하면서 정말 너무 나 같은 모습에 많이 놀랐었어요. 겉으로 보기에는 전혀 다른 이미지인데, 말을 하면서 상대방에게 관심을 쓰고 표정이나 말투 하나하나에 반응하느라 내 마음은 신경 쓰지 못하고 상처받고 신경 쓰고 아파하는 그런 우리의 모습들을 이야기하면서 많은 공감을 했어요. 그러면서 다짐했어요. 앞으로 우리의 마음은 우리가 스스로 돌보자, 그래서 오늘 우리 집단에서 나누었던 갈등의 이야기들도 충분히 앞으로 우리가 스스로 돌볼 수 있다는 믿음이 있네요.

비타민 7: 오늘 집단을 하면서 정말 관계가 쉽지 않다는 생각을 했어요. 내 의사소통의 모습들을 생각해 보면 정말 별로 거든요. (웃음) 제가 봐도 어쩔 때는 싸가지 없다는 생각이 들 정도로. 저희 엄마는 저랑 얘기하면 찬기가 쌩쌩 돈다고, 그렇게 해서 사람들하고 어떻게 얘기하냐고 그런 이야기를 많이 듣거든요. 오늘 날개님을 보면서 정말 내 마음은 그게 아닌데, 내가 속상한 것도 있지만 내가 말을 그렇게 차갑게 하고, 표정도 없고 그러면 상대방도 아프고 속상하겠다라는 생각이 들었어요. 그래서 관계가 힘들다는 생각이 더 크게 들기도 했고요. 그래도 오늘 소라님과 날개님 그리고 다른 분들의 이야기를 들으면서 나의 무관심을 돌아보게 된 것 같아요. 사람들과 더 좋은 관계를 맺고 싶다고 하면서도 내 주변의 사람들에게는 여전히 무관심으로 일관하고 있지는 않았는지, 말로만 그들을 생각하고 위하는 척하고 있지는 않았는지, 제 모습을 생각해 보게 되는 시간이었어요.

개나리 4: 대화라는 것의 소중함을 느낀 시간이었어요. 정말 의사소통, 소통이라는 건 상대방이 말하는 게 무엇인지 알아야 하고, 나의 메시지도 잘 전달해야 하고. 전 항상 숨기기 바쁘고 나타내지 않으려고 더 노력했던 것 같아요. 제 마음이 탄로날까 봐. 그래서 더 크게 제가 상처를 받으면서도 괜찮다고 했었어요. 오늘 날개님과 소라님의 이야기를 보면서 부럽기도 했고, 둥이님과 활동을 하면서는 제가 안타깝기도 하고 그랬어요. 자신의 감정을 다 이야기하는 모습에 부럽고 놀

랍기도 했어요. 나라면 못 했을 것 같은. 그래도 두 분의 모습 보면서, 할 수 있는 거구나를 느꼈어요. 그렇게 이야기를 나눌 수 있는 거구나, 전 그런 불편함을 얘기하면 끝이구나 하고 생각하기에 그런 이야기를 해 본 적이 없거든요. 하면 안 된다고 생각하고 있기도 하구요. 그런데 그게 아니라는 걸 오늘 본 것 같아요. 제가 아직 하기는 어렵지만 그래도 끝이 나지는 않는다라는 거, 그게 제일 큰 것 같아요.

북극성 14: 오늘 우리 보물찾기 집단원 모두 고생 많았어요. 힘든 시간이었을 텐데 피하지 않고 끝까지 함께해 주고 노력해 준 거 정말 고마워요. 일주일 동안 잘 지내고 다음 주에 만나요. [집단원들끼리 모두 한 번씩 안아 주고 끝남]

제3절 집단상담 평가

1. 과정 요약

1) 사전 준비과정 요약

대학생의 대인관계 향상을 위한 집단상담 운영을 위해 총 10회기의 프로그램 내용 및 활동지를 구성하였다. 집단상담 대상은 대학에 재학 중인 학생으로서 성별과 학년에 제한을 두지 않았다. 총 4주에 걸쳐 학교 및 부서 홈페이지를 통한 참여 신청 안내와 게시판을 통하여 집단 신청을 할 수 있도록 하였다. 집단 참여를 원하는 학생들은 직접 상담실에 방문하여 신청을 하도록 안내하였으며, 이 과정에서 집단상담에 대한 궁금한 것을 문의할 수 있도록 하였다. 총 9명의 신청자에 대해 집단상담 프로그램 시작 전에 개별면접 및 전화면접을 통하여 신청자들이 집단프로그램 과정에 적합하며, 집단으로부터 혜택을 받을 수 있는지에 관해 스크리닝(screening) 작업을 하였다. 이 과정을 통해 집단 참여로 도움을 받고자 하는 주제가 다른 2명의 신청자에게 개인상담과 다른 종류의 집단(진로탐색집단)에 참여할 수 있도록 안내하였다.

2) 집단상담 진행과정 요약

총 10회기의 집단상담 프로그램으로 매주 2시간씩 9회기의 진행과 마지막 10회기는 6시간 진행으로 총 24시간의 대인관계 향상 집단상담을 진행하였다. 집단상담의 프로그램 내용은 오리엔테이션을 시작으로 자기이해, 타인이해, 의사소통 유형 확인, 의사소통 기술 훈련(나-전달법, 공감하기), 대인관계에서의 미해결과제 찾기, 마무리의 활동 주제를 가지고 진행되었다. 매 회기별 집단원으로부터 경험보고서를 받고 집단지도자가 피드백을 작성하여 다음 회기에 전달해 주는 방식으로 집단원의 참여 동기 및 변화 과정을 확인하였다.

3) 집단상담 결과 요약

집단상담 프로그램 운영 결과를 확인하기 위해 양적 평가와 질적 평가를 혼합하여 살펴본 결과, 대인관계 변화척도의 총점 상승, 집단원들의 개인 목표 달성에 대한 자기평가 및 집단 참여에 대한 경험보고서의 질적 분석을 통하여 집단상담 참여 후의 변화를 확인할 수 있었다.

4) 집단원 출결 사항

전체적으로 집단원의 집단 참석은 성실하게 이루어졌으며, 지각 또는 불참의 경우 전 주에 집단 종결 시 집단원에게 양해를 구하거나 미리 상담실로 연락을 주어 자신의 참석 여부를 집단지도자에게 알려줌으로써 집단 참여의 의지를 보였다.

번호	성명(성별)	별칭	1회	2회	3회	4회	5회	6회	7회	8회	9회	10회
1	박○○(여)	둥이	○	○	○	○	○	○	○	○	○	○
2	김○○(여)	개나리	○	○	○	○	○	○	불참(회의)	○	○	○
3	천○○(여)	마음	○	불참(감기)	○	○	○	○	○	○	○	○
4	정○○(남)	날개	○	지각(시험)	○	○	○	○	○	○	○	○
5	김○○(여)	비타민	○	○	○	○	○	○	불참(회의)	○	○	○
6	김○○(여)	소라	○	○	불참(수업)	○	○	○	○	○	○	○
7	심○○(여)	포비	○	포기(야간수업 참여)								

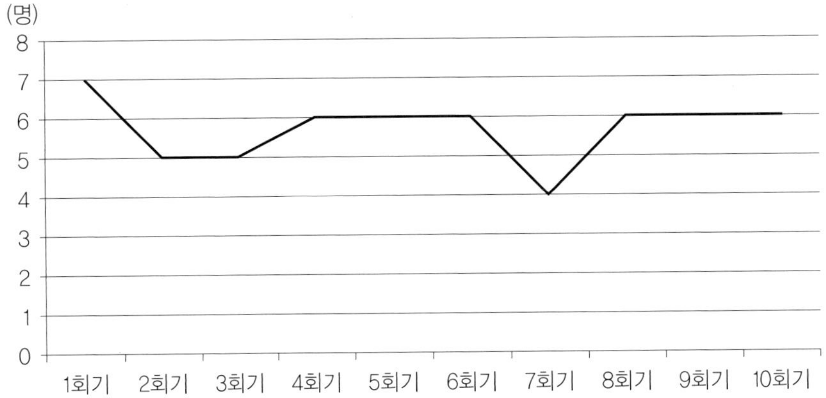

*포비가 야간 수업의 일정 변경으로 집단참여를 포기하였다.

2. 평가방법 및 평가도구

1) 평가방법

집단상담에 참여한 집단원의 변화 정도를 평가하기 위하여 대인관계 변화척도를 활용하여 사전 · 사후의 양적 평가와 집단원의 집단 과정 내에서의 참여 태도 분석과 경험보고서를 통한 질적 분석을 통하여 이루어졌다.

2) 평가도구

본 집단상담 프로그램에서 사용된 대인관계 변화척도는 Schlein과 Guerney(1977)의 'Relationship Change Scale'을 우리 실정에 맞게 이형득과 문선모(1980)가 번안한 대인관계 변화척도이다. 이 대인관계 변화척도는 일곱 가지 하위 영역 총 25개 문항으로 구성되어 있는 5점 평정척도이다. 구체적인 하위 영역으로는 동료들과의 관계가 바라던 대로 이루어져 흐뭇하게 여기는 만족감 4문항, 마음먹은 바의 뜻을 능동적으로 전달하고 수용하는 능력인 의사소통 4문항, 동료를 믿고 있는지 않는지의 심리적 영향을 말하는 신뢰감 3문항, 동료들과 사귀어 지내는 사이가 매우 가까운 느낌을 말하는 친근감 3문항, 느낌이 날카롭고 빠르며 예민한 성질인 민감성 2문항, 자신의 내면 및 행동을 동료에게 솔직하고 정직하게 드러낼 수 있는 개방성 5문항, 이성적으로 사리를 분별하여 해석하며 수용할 수 있는 이해성 4문항으로 구성되어 있다.

3. 평가내용

1) 목표 성취

(1) 대인관계 변화척도 결과(사전–사후검사)

총 25문항으로 구성된 5점 평정척도로서, 만족감, 의사소통, 신뢰감, 친근감, 민감성, 개방성, 이해성이 하위 영역으로 구성되어 있다.

검사 / 집단원	집단(n = 6)	
	사전	사후
둥이	90	107
개나리	81	89
마음	79	85
날개	84	95
비타민	68	83
소라	99	105
평 균	83.5	94.0

(2) 집단원의 경험보고서를 통한 변화 내용

• 둥이: 언제나 느끼는 거지만 상담 시간에 얘기를 하면 자신의 생각과 행동의 의미들이 머릿속에서 정리되는 느낌이 들고, 때로는 내 자신도 몰랐던 나의 마음을 알게 되기도 한다. 내가 다른 사람에 비해 거절을 잘하는 이유는 정말로 자신의 감정을 잘 드러내고 자신의 일을 더 소중히 여겨서라기보다는 남에게 거절당하는 것을 두려워하는 마음을 들키고 싶지 않아서가 아닐까 하는 생각도 불현듯 떠올랐다. 집단상담 시간은 이렇게 평소에는 생각 못 해 볼 것들을 생각하게 하고 혹은 말해 보게 하거

나 고쳐야 하는 필요성도 느끼게 해 준다. 무엇보다 이런 것들을 전에는 아예 몰랐던 사람들과 한다는 것이 의미 있는 게 아닐까 싶다.

- 비타민: 집단상담에 참여해서 사람들이랑 이야기를 하고 나니까 피로가 좀 풀리고, 공부하느라 긴장했던 것도 조금 없어진 것 같다. 이번 주는 인간관계에 대해 생각해 봤는데 일단은 너무 속상하다. 더 좋은 인간관계를 만들고 싶고, 내가 사람들에게 그동안 너무 무관심했던 것 같다. 잘 해야겠다.
- 날개: 좀 더 직접적으로 대인관계에 대해 이야기해 보는 시간이었다. 그동안 맺고 있었던 관계에 대해서 돌아보고, 나 자신을 발견할 수 있었다. 대인관계에 대해서 많이 고민을 했었고, 지금도 하고 있다. 정말 사람들과 관계를 맺고 살아가는 것은 어떤 관점으로 보느냐에 따라 차이가 많이 나는 것 같다. 사람을 대하는 태도가 일단 달라진다. 이야기를 나누면서 느낀 것도 저마다 관계를 맺는 방식이 있다는 것이다. 편하게 나 자신을 개방할 수 있어서 참 좋았다. 모든 것이 새로운 부분이 있어서 조심스럽다. 그래도 확실히 계발되고 있다는 것이 느껴진다.
- 소라: 저 때문에 일이 커진 것 같아서 마음이 많이 불편했어요. 활동을 하면서 어색함을 없애 보려고 이리저리 말하고 노력했는데 상대방이 거부를 하니 난감한 마음이. 같이 이야기를 나누면서 '마음'님께서 저랑 '날개'님의 감정을 이럴 것이다 하고 말씀해 주셨는데. 하나하나 다 고개가 끄덕이게 될 만큼 제 마음을 잘 읽어 주셨어요. 그래서 제 행동 하나하나 다시 살펴볼 수 있는 기회가 되었어요. 그리고 타인의 감정도 좀 헤아려야겠다는 생각도 많이 하게 되었어요.^^
- 개나리: 거절하는 것에 대해 말했는데, 거절을 아예 못 하거나 가끔 하더라도 남에게 상처를 입히거나 거부감을 느끼게 할까 봐 오히려 내가 더 안절부절못하고 괴로웠다. 하지만 어느 정도의 상황에 따른 나의 모습과 관계에서의 신뢰하는 마음이 있다면 거절은 상처가 아니라 나의 의

사표현임을 알게 되었다. 항상 조마조마하게 바라보았던 나의 모습을 다른 집단원을 통해 그렇지 않음을 알게 되었다.

• 마음: 집단원들과 함께 시작했던 때가 엊그제 같은데, 처음 만나 어색하던 그 분위기는 어디로 가고 이렇게 서로를 바라보면 웃음이 나오고. 그동안 나눴던 이야기와 상담 중 활동들이 영화 필름처럼 떠올랐다. 때론 감정에 눈물이 나기도 하고, 서로 웃으면서 떠들기도 하고, 힘들어하는 사람에게 위로를 해 주고, 서로를 잘 알지도 못하는데 힘이 되어 주고 친구가 되어 줄 수 있다는 것이 신기하고 기쁘다. 처음에 이랬었다. 집단상담을 한다고 해서 뭐가 달라질까? 사실 기대하지 않았다. 그런데 요즘은 종종 달라진 모습을 보곤 한다. 1학년 때는 무리 속에 있을 때도 외톨이인 것만 같아서 너무 슬펐었는데 요즘은 어딜 가나 기쁘다. 여러 사람과 함께 대화를 나누고 놀고, 그들을 대면하고 나를 보여 주고! 새로운 사람을 알아간다는 것이 재밌기도 하고~ 친구와 단둘이 있을 때는 신나서 내 얘기를 하고 있는 나를 발견한다. 아… 좀 달라졌구나를 느낀다. 어디를 가든 마음을 닫고, 마음이 들켜 버릴 것 같아 잘 드러내지 않았던 내가, 이렇게 마음을 열었다는 것이 또 새로웠다. 그래서 이젠 상대방을 기다리는 것이 아니라 내가 먼저 다가갈 수 있을 것 같다.^^

2) 집단상담자 평가

본 집단상담 프로그램은 자신의 대인관계를 살펴보고 자신뿐 아니라 타인을 이해하게 하며, 대인관계 향상을 위한 기법을 배워 현실에서 경험하기 어려웠던 관계를 집단 안에서 경험함으로써 집단원 간의 조력관계를 형성하여 상호 성장하고 원만한 대인관계를 맺을 수 있도록 하는 것이 목적이었다. 이를 자신에 대한 이해와 타인이해, 의사소통 기술 향상을 통해 대인관계 기술을 습득할 수 있는 전략을 중심으로 세부적인 목표를 달성하고자 진행하였다.

3) 집단상담 프로그램 평가

전체적으로 집단상담 결과에 대한 평가를 분석해 보면, 회기별 집단 과제는 구조화된 프로그램의 구성과 절차에 맞추어 진행이 되었다. 시간을 좀 더 할애해야 했던 자기이해의 2~3회기 시간에는 충분히 스스로 자신의 모습을 탐색할 수 있는 시간이 될 수 있도록 조정을 하였다. 그리고 집단원 관계에서의 갈등이 있었던 5회기에는 과제 수행의 여부보다는 집단의 역동에 더 초점을 맞추어 집단원 관계 내에서의 갈등을 조정하고 해결해 갈 수 있는 시간을 가짐으로써 대인관계 향상 집단의 목적과 목표에 부합되는 경험을 할 수 있도록 하였다. 이러한 부분에서는 집단상담의 목표를 달성하였다고 볼 수 있으나, 구체적인 기법을 습득하여 집단원 개개인별로 생활화가 될 수 있도록 집단 내에서 충분한 연습의 시간이 주어지는 것에서는 기대하는 결과가 나타나지 않았다. 일상생활에서도 사용할 수 있도록 집단 밖에서 활용하는 면에서는 적극성과 응용성이 부족했던 것으로 분석되었다.

4) 기타 집단상담 환경 조건 평가

집단상담 시간을 학생들의 일과가 끝난 후의 시간으로 운영함으로써 주변으로부터 집단상담실의 소음을 최소화하였다. 집단상담실 내부는 방석을 깔고 앉을 수 있도록 준비하여 집단원들이 활동을 할 때 몸을 자유로이 움직일 수 있도록 하였다. 그리고 회기마다 필요한 기본 물품 및 활동지 등은 미리 준비하여 집단 과정의 흐름에 방해가 되지 않도록 하였다.

제4절 집단상담 사례 토의

1. 수퍼비전 받고 싶은 내용

- 집단을 운영하면서 프로그램 활동에 대해 저항을 일으키는 집단원에 대한 적절한 개입의 방법을 알고 싶다. 구조화 프로그램으로 집단의 발달 과정에 맞추어 활동의 정도를 고려하였으나, 집단원의 저항으로 갈등이 발생했을 때 적절하게 대처하고 반응할 수 있는 집단지도자의 개입 정도와 기술 등에 대하여 도움을 받고 싶다.
- 집단 내에서 갈등의 상황에 직면하게 된 집단원 간의 역동에 대한 대처에 대하여 도움을 받고 싶다. 특히 집단원 사이의 갈등이 발생한 경우, 집단지도자의 대처 기술과 부정적이거나 강렬한 감정의 처리에 대하여 도움을 받고 싶다.

2. 수퍼비전 내용

1) 제1 수퍼바이저 의견

집단지도자가 집단 내에서 발생하는 집단역동을 이해하는 것은 무엇보다도 중요하다. 집단역동은 집단 내에서 이루어지고 집단원 및 집단의 내용과 과정에 영향을 주는 힘이라 할 수 있다. 일반적으로 집단상담에서 발생하는 역동은 크게 세 영역의 수준으로 나눌 수 있다. 이는 집단원 각자의 내면에서 이루어지는 심리 내적 차원, 집단원과 집단원 사이에서 이루어지는 대인관계적 차원, 공동체라는 단위적 측면에서 이루어지는 집단적 차원이다. 집단지도자는 이러한 세 가지 차원에서 이루어지는 역동에 대해 민감하게 이해하고 다룰 수 있어야 한다. 집단지도자가 집단역동을 적절히 이해하고 효율적으로 다룰 때 집단응집력이 형성되고, 집단원이 더 깊이 자신을 개방하고 성장 또는 치유적 결과를 생산할 수 있는 집단 발달이 이루어진다. 집단역동은 집단에서 다루는 내용이 프로그램으로 너무 도식화되거나 집단지도자의 일방적인 규범이 강조·의존되어 있을 때는 이루어지지 않는다. 또한 집단 내에서 상호 간에 부정적인 언급은 피해야 하거나 갈등을 유발할 수 있는 불편한 말은 삼가야 한다는 등의 암묵적인 집단 규범이 자연스럽게 형성되어 있으면 집단역동은 줄어들 수밖에 없다.

따라서 집단이 저항과 불편함이 드러나지 않고 모두가 기분 좋고 편안하게 흘러간다거나, 구조화된 프로그램에 따라서 활발하게 내용들을 표출한다는 것이 곧 생산성이 있는 좋은 집단이라고 할 수 없다. 집단원이 집단 내에서 발생하는 불편함이나 지금-여기에서 느끼고 생각하는 것들을 개방할 수 있을 때, 집단역동이 활발해지고 집단이 응집력을 얻게 된다. 집단원들의 부정적인 내용에 대한 표출이나 저항 등이 일어난 것에 대해 자연스럽게 개방할 수 있도록 집단지도자는 격려할 수 있어야 한다. 집단 초기에 집단원들이 집단지도자에게 또는 집단원 상호 간에 불편함을 느끼는 것은 일반적인 현상이다. 이를 위해 집단지도자가 먼저 개방성과 진솔성을 갖추어야 한다. 저항을 다루기 위한 기법은 집단지도자의 비방어적 수용과 집단 자체에서 이루어지는 현상에 대한 즉시성 반응이라 할 수 있다.

또한 집단지도자는 무엇보다도 집단 내 갈등을 집단원 스스로 해결할 수 있다는 신념으로 집단원을 신뢰하는 것이 중요하다. 집단원 사이에 발생하는 갈등은 집단지도자가 개입을 하여 상황을 정리하는 것이 아니라 가급적 집단원 사이에서 그 갈등을 해결하도록 집단지도자는 안내자의 역할을 하면 된다. 집단지도자가 갈등을 해결하는 방법을 직접적으로 제시하는 것이 아니라 집단원이 그 갈등을 수면 위로 올리고 해결의 과정에서 발생하는 불편함을 표출할 수 있도록 지지해 주는 역할을 해야 한다. 이 과정에서 만일 집단원이 상대에 대한 비판적 평가 혹은 상대방에 대한 비방의 방식을 취해 갈등이 고조된다면 집단지도자가 수용과 반영의 방식을 활용하면서 상대방에 대한 초점이 아닌 말하고 있는 집단원 자신의 속마음을 알아차리고 개방할 수 있도록 안내해야 한다. 이를 통해 집단원은 자신의 내면을 표출하면서도 의사소통의 기술을 경험적으로 배울 수 있게 된다.

본 집단상담 프로그램에서 집단지도자는 프로그램 활동에 대해 저항을 일으키는 집단원에 대해 지속적으로 프로그램 내용이나 회기의 목표에 매달리지 않고 집단원이 집단 내에서 일으키는 집단역동에 대해 다루고 있는 모습을 보인다. 이 부분에서 집단지도자의 유연성을 엿볼 수 있다. 집단지도자는 집단상담 프로그램의 회기 목표도 생각하고 있어야 하지만, 그보다 더 중요한 것은 지금-여기에서 일어나는 집단의 역동이다. 구조화된 프로그램에 너무 매달려서 집단의 역동성을 무시하고 그 안에서 일어나는 갈등과 저항을 처리하지 못한다면 진정한 집단의 효과를 기대할 수 없다.

본 집단상담 프로그램의 진행에서 아쉬운 점은 프로그램을 구조화할 때 집단의 발달과정을 고려하여 내용을 구성하였다면 좋았을 것이라는 점이다. 집단의 초기는 집단 규범이 형성되는 시점이고, 이러한 과정에서 저항이나 갈등이 일어나기도 하며 리더십의 유형이나 집단원의 참여방식 등이 조성된다. 집단지도자가 집단 발달과정에 따른 프로그램의 회기 구성을 좀 더 유념하였더라면 집단원의 다양한 활동을 더 이끌어 낼 수 있었을 것으로 생각된다. 예를 들어, 8회기의 주제인 '공감하기'는 집단의 발달 과정상 초기에 진행될 필요가 있다. 이를 통해 집단원이 상호 간에 더욱 응집력을 향상시키고, 이를 바탕으로 집단 회기 전체에 이르러 집단 내에서 실행 과제를 연습해 보고 수정해 볼 수 있는 T-group의 목적을 달성할 수 있었을 것으로 보여 아쉬움이 있다.

2) 제2 수퍼바이저 의견

집단상담을 진행할 때 집단지도자는 그 자체로 중요한 요소이다. 집단지도자의 인간적 자질과 전문성, 숙련 정도 등은 집단의 성패를 좌우한다. 집단지도자는 지도자인 동시에 또 한 명의 집단원이지만, 집단지도자는 이를 자주 잊는다. 이는 선장처럼 배의 앞머리에서 진두지휘하는 역할의 집단지도자가 아닌 목표 지점을 향해 함께 노를 젓는 역할이다. 집단원을 앞에서 끌고 가는 것이 아닌 함께하면서도 어느 방향으로 가는지, 어떠한 것을 해야 하는지 알아차리고 민감하게 대처할 수 있는 전문성과 숙련도가 집단지도자에게 필요하다. 이러한 부분에서 이 집단의 지도자는 좋은 역할을 해냈다. 집단원의 상호작용에 민감하게 반응하고 그 과정 안에서 대인관계 향상을 위한 자기이해와 타인이해라는 목표를 잃지 않고 함께하는 것에 초점을 두고 집단을 진행하였다.

또한 집단을 구성할 때 체계적으로 접수와 면접 과정을 통하여 집단의 목표에 적합한 집단원을 구성함으로써 더욱 집단의 성장을 야기했다고 본다. 집단을 구성하고 준비하는 작업이 체계적이고 조직적으로 준비되지 않으면 집단은 이질감과 혼란감을 느낄 수 있는데, 이러한 면에서 집단지도자의 경험적 전문성이 보인다.

집단 운영에서 아쉬운 점은 집단원의 목표를 설정할 때 집단지도자의 적절한 개입이 필요했음이 느껴진다. 집단원의 개인별 목표는 집단참여에 매우 중요한 부분이다. 집단을 왜 참여하게 되었는지, 무엇을 얻고 싶은지, 어떻게 변화하고 싶은지 등의 집단원 각각의 참여 동기 및 변화의 원천이 된다. 그러한 면에서 집단원의 목표 설정 시 보다 더 목표를 구체적이고 실행 가능한 것으로 설정할 수 있도록 집단지도자의 개입이 필요했을 것으로 보인다. 집단원은 '타인의 이야기에 진심으로 귀 기울이기'라고 목표를 이야기했지만, 집단지도자의 목표에 대한 구체화 작업을 통해, 어떠한 모습이 귀를 기울인 모습인지, 어떻게 귀를 기울이는 표현을 할 것인지에 대한 작업이 이루어지지 않은 것에 아쉬움이 있다.

3. 수퍼비전을 통하여 성장한 내용

1) 집단상담 진행과 관련된 내용

본 집단상담의 수퍼비전을 통해서 집단지도자의 집단에 대한 신뢰와 지지, 집단원 간의 신뢰감 형성이 다른 어떤 것보다도 집단원의 성장을 좌우한다는 것을 다시금 느꼈다. 집단상담을 진행함에 있어 가장 기본적인 부분이지만, 집단상담이 시작되면 각 회기의 활동 작업에 더 초점이 맞춰져서 기본을 잊는 경우가 많았다. 집단원 각 개개인의 성장 가능성에 대한 믿음, 집단은 지도자에 의해서가 아니라 집단원에 의해서 진행되고 성장한다는 믿음, 그리고 서로에게 힘이 되어 주고 도움을 줄 수 있는 집단원이라는 집단지도자의 믿음이 집단을 진행하는 가장 큰 요인이라는 것을 다시금 깨닫게 했다. 그리고 집단상담을 진행하면서 긍정적인 피드백뿐만 아니라 저항과 갈등에 대한 불편함 또한 상호작용의 하나로 받아들이고 집단원이 집단 내에서 서로에게 솔직하게 표현할 수 있도록 집단지도자가 신뢰의 장을 만들어 줄 수 있는 안정감과 포용력이 있어야 하는 것을 느꼈다. 그리고 수퍼비전 내용 중, 집단상담 프로그램을 구성하면서 집단의 발달과정에 맞는 프로그램 구성으로 집단에 대한 기대감, 저항과 갈등을 통한 응집력 형성, 집단 종결에 따른 아쉬움 등의 발달을 촉진할 수 있도록 구성해야겠다. 구조화된 프로그램이지만 초기단계에서 신뢰감 형성과 자기이해의 시간에 더 초점을 맞추어 상호작용이 일어날 수 있도록 진행을 해야겠다. 대인관계 향상이라는 목적과 세부적인 활동을 통해 의사소통의 기술을 향상시키는 다양한 활동이 있지만,

초기단계의 작업이 집단의 상호작용을 더욱 활발히 일으키는 것을 다시 한 번 경험한 집단이기에 다양한 주제의 활동보다는 집단의 전체 응집력을 높이는 상호작용 촉진에 더 노력을 하고 싶다.

2) 집단지도자로서 개인적 성장

본 집단상담에서 집단의 분위기 및 전체 흐름을 파악하는 부분에서 집단 내 개인의 특성과 집단 역동 안에서의 모습을 파악하는 관찰력과 분석력은 높았지만, 저항과 갈등의 발생 시에 효율적인 직면을 하지 못하고 심리적으로 위축된 집단지도자로서의 모습이 있었다. 저항과 갈등 상황에서 집단원이 서로에게 적대적이 아닌 호의적이고 긍정적으로 작업을 할 수 있을 거라는 집단원들에 대한 신뢰는 있었으나, 정작 집단지도자 본인 스스로는 저항과 갈등 상황에 적절히 대처할 수 있을 거라는 신뢰를 하지 못했었다. 이런 부분이 집단지도자로 하여금 집단원과의 관계에서 심리적으로 위축되는 모습으로 나타났었다. 이번 수퍼비전을 통해서 집단지도자 본인의 상담자로서의 인간적 자질, 전문성과 숙련도에 대한 믿음을 가지고 집단을 운영하는 것이 가장 큰 준비라는 것을 깨달았다. 항상 부족한 부분, 실수한 부분, 준비되지 못한 부분에 신경을 쓰다 보니, 집단지도자로서 가지고 있는 긍정적인 부분에 대해서는 믿음을 갖지 못했었다. 그러한 부분들이 집단을 운영을 할 때 방해 요소로 나타났을 것이다. 수퍼비전을 통한 가장 큰 개인적 성장은 그동안의 나의 경험에 대한 신뢰이다. 집단지도자로서 성장하기 위해 노력했던 나의 경험과 그 안에서 성장한 집단지도자로서의 전문성과 매 순간의 상황에 대한 유연성을 나 스스로 인식하게 된 것이다.

참고문헌

강진령(2011). **집단상담의 실제**. 서울: 학지사.

권석만(2004). **젊은이를 위한 인간관계 심리학(2판)**. 서울: 학지사.

김수지, 안창일(2005). 대인관계 향상을 위한 영화치료 프로그램 개발 연구. **한국심리학회, 17**(2), 353-366.

김지숙(2005). 인간관계 훈련프로그램이 대학생의 자아개념과 사회성에 미치는 효과. 영남대학교 대학원 석사학위논문.

이재창(1992). **자기성장과 인간관계**. 서울: 한국가이던스.

이형득(1998). **인간관계훈련의 실제**. 서울: 중앙적성출판사.

이형득(1998). **집단상담의 실제**. 서울: 중앙적성출판사.

정성란, 고기홍, 김정희, 권경인, 이윤주, 이지연, 천성문(2013). **한국상담학회 상담학 총서 4: 집단상담**. 서울: 학지사.

조민아(2004). 집단상담이 대인관계에 미치는 효과에 관한 메타분석. 전북대학교 대학원 석사학위논문.

주지선(2005). 의사소통 훈련 프로그램이 대학생의 의사소통과 인간관계에 미치는 효과. 경북대학교 대학원 석사학위논문 .

지용근(1997). 인간관계훈련이 대인관계 성향에 미치는 효과. 울산대학교 대학원 석사학위논문.

황연미(2003). 대인관계 향상을 위한 집단상담 프로그램. **인간이해, 24**, 109-126.

제4장

자신감 회복을 위한 자기성장 집단상담 프로그램

제1절 집단상담 사전 계획

1. 집단상담 프로그램 목적

본 집단상담은 대학생들이 자기 자신을 이해하고, 있는 그대로의 모습을 수용하며, 사람들과의 관계 속에서 자신을 표현할 수 있는 능력을 길러 긍정적인 모습으로 성장할 수 있도록 하는 데 있다. 현실에서 표현하기 어려웠던 자신을 집단 안에서 표현해 봄으로써 자기 자신을 표현할 수 있게 되어 자신감 회복에 도움을 주는 것을 목적으로 한다.

2. 이론적 배경

본 집단상담 프로그램의 이론적 배경은 집단상담의 형태, 인간중심 이론, 게슈탈트 이론으로 다음과 같이 설명할 수 있다.

1) 집단상담 형태

본 집단상담 프로그램은 집단의 기능에 초점을 두어 구분한 집단 유형으로 성장 집단이다. 정성란 등(2013)은 성장 집단에 대해 집단의 주된 목적을 성장에 두는 집단을 의미하며, 자기성장에 대한 욕구를 가진 일반인들을 대상으로 운영되는 집단으로, 참만남 집단, 자기성장 집단, 감수성 집단이 대표적으로 여기에 해당된다.

집단상담의 형태는 T집단으로, 이는 집단원 모두가 직접 참여함으로써, 스스로의 목표를 설정하고 상호 간에 피드백을 주고받으며 집단 활동을 관찰하고 분석하고 계획하고 평가하는 등의 직접적 경험을 통하여 주로 인간관계의 기술과 집단 과정에 대해서 학습한다는 점을 특색으로 삼는다 할 수 있다(이형득, 1986). T집단은 집단원의 행동이 바람직하지 않을 경우 집단 경험이 집단원에게 치료적 성격을 가지게 되며, 집단원이 자신의 행동을 보통 이상으로 발달시키고자 할 경우 T집단의 경험은 교육적 성격을 갖는다고 할 수 있다(장혁표, 강호기, 1987). 이에 본 프로그램은 T집단의 이론적 배경을 바탕으로 프로그램을 구성하였다.

2) 인간중심 이론

본 집단상담 프로그램은 인간은 기본적으로 자유로우며, 자신의 행동에 책임을 지고, 합리적이고 건설적인 방향으로 지속적으로 성장해 나가는 미래지향적 존재로서, 스스로 자신의 문제를 이해하고 해결할 수 있는 능력을 가지고 있다고 보는(김헌수, 장성철, 2006) 로저스의 인간중심 이론을 바탕으로 구성하였다.

또한 집단상담 관계의 필요충분조건 중에서 일치성, 무조건적 긍정적 존중, 공감적 이해는 집단지도자가 가져야 할 중요한 태도로서, 집단지도자 자신의 노력과 태도 변화를 통해 이를 얻을 수 있다(노안영, 2011)는 집단지도자 태도를 가지고 집단상담을 진행하고자 하였다.

3) 게슈탈트 이론

게슈탈트 이론에서는 사람들에게 충만한 삶을 살지 못하게 방해하는 것이 무엇인지 스스로 알아차리고, 자기와 세계의 분열된 부분을 재통합하여 의미 있는 성장을 촉진하도록 돕는 데 초점을 둔다(김춘경 외, 2010). '지금-여기'에 관심을 기울이고 개인의 현재 상황의 중요성을 강조하며, 인간이 왜 그렇게 행동하는가에 초점을 두기보다는 현재 어떻게 행동하는지를 이해하는 것이 더 중요하다고 보았고, 인간이 자신의 경험을 통찰함으로써 증가되는 인식과 책임감에 초점을 두었다(임상록 외, 2010). 게슈탈트에서의 알아차림(awareness)은 지금-여기에 존재하는 것을 경험하는 것(양명숙 외, 2013)이라고 보았다.

인간의 성장을 목표로 하고 인간이 자기 삶의 경험에 대해 책임을 갖는다고 보는 게슈탈트 집단상담의 주요 개념들을 본 집단 프로그램에 적용하여, 지금-여기에 초점을 두고 접근했으며, 집단 작업단계에서는 미해결과제를 다루었다.

게슈탈트 집단상담의 목표는 집단원의 자각을 돕는 것이다. 따라서 집단원으로 하여금 순간순간의 자기 경험에 대해 명확한 자각을 하기 위하여, 집단상담자는 여러 가지 기술, 게임(활동), 연습 등을 계획하고 지도한다(김형태, 2001). 본 집단상담 프로그램에는 게슈탈트 상담기법인 상상기법(나의소망, 내 맘 속의 하얀 집)과 빈 의자 기법 등을 활동에 적용하였다. 특히 빈 의자 기법은 집단원 내부의 갈등을 시연해 봄으로써, 그 갈등을 충분히 경험하고 미워하고 거부해 왔던 자신의 부정적인 면을 받아들이고 이들을 통합하는 것으로(권경인, 2008), 집단 상황에 맞춰 프로그램에 적용하였다.

3. 집단상담 프로그램 내용

- 집단의 구조적 형태
  -구조화된 집단상담 프로그램

• 일시

–201○년 ○월 ○일~○월 ○일 매주 금요일 16~18시

• 집단 장소

–○○대학교 학생상담센터 내 집단상담실

• 대상

번호	별칭	성별	나이	호소 문제나 진단 문제	특성 및 태도 (상담 동기 높고 낮음 포함)
1	개나리	여	21	자신의 속마음을 주변에 이야기하기 어렵고, 소극적이다.	긴 머리에 밝은 색상의 옷을 주로 입었다. 목소리가 크고 밝은 편이며, 잘 웃고 먼저 인사를 잘한다. 초반에는 자기 이야기를 잘 하지 않았으나 후반으로 갈수록 자기개방을 했다. 이전에 집단상담 경험이 있으며, 상담 동기가 높다.
2	푸우	여	21	타인 앞에서 자신감이 없고 불안하다.	개나리 옆에 늘 앉아 있다. 이야기를 먼저 경청한 후 말하기를 하는 편이며, 옳고 그른 것에 대해 말한다. 집단 후반으로 갈수록 자신의 의견을 이야기하였다. 상담 동기가 높다.
3	보라	여	22	자신을 표현하기 어려워하고, 거절을 힘들어한다.	머리가 길며, 집단상담 초기에는 구석에 앉아서 휴대폰만 들여다보았다. 어머니와 자신과의 관계를 주로 이야기했다. 개인상담 경험이 있으며, 상담 동기가 높다.
4	스카이	여	21	타인과 어울리기 어려워하고, 자기표현을 힘들어한다.	집단에 오면 집단원에게 말을 먼저 거는 편이며, 자기개방을 잘 안하는 편이다. 집단을 마치면 항상 집단지도자와 이야기를 하고 싶어 하며, 집단원과 깊게 어울리지 못하였다. 개인상담 경험이 있으며, 상담 동기는 보통이다.

5	수정	여	21	자존감이 낮고, 타인의 반응에 민감하게 반응한다.	침착하며 집단에 첫 회기를 제외하고 빠짐없이 참여했다. 자기감정에 대해 말하기를 자주한다. 상담 동기가 높다.
6	엔돌핀	남	24	자신의 감정을 표현하기 어려워하며, 긴장을 자주한다.	단정한 분위기의 옷을 입고 있다. 자신에 대해 말할 때 긴장된 모습을 보이기도 한다. 상담 동기가 높다.
7	소담	여	21	부정적 표현에 익숙하며, 낯을 심하게 가린다.	안경을 쓰고 있고, 머리로 얼굴을 가리고 있다. 전공과 동아리 활동 사이에서 어려움을 호소했다. 상담 동기가 높으나, 개인적 문제로 집단 참여를 포기했고 개인상담으로 연계하였다.
8	강쥐	남	23	자기표현을 어려워한다.	얼굴에 성인 여드름이 심하게 난 편이다. 늘 웃는 얼굴이다. 타인을 이해하는 데 어려움이 있다고 호소했다. 상담 동기가 높다.

• 지도자

–진선애(한국상담학회 1급 전문상담사 일반수련감독자)

• 목표

–자신과 타인에 대한 이해를 증진한다.

–자기 그대로의 모습을 개방하여 이해할 수 있는 능력을 증진한다.

–상대방을 이해하고 수용하는 능력을 증진한다.

–자신의 감정을 솔직하게 표현할 수 있는 능력을 증진한다.

–자신의 미해결과제의 원인을 찾고 해결할 수 있는 능력을 증진한다.

• 회기별 집단상담 프로그램 내용

단계	회기	제목	목표	활동 계획
도입 단계	1회기	오리엔테이션	• 집단구조화	• 집단 프로그램 소개하기 • 집단구조화 및 규칙 정하기 • 파트너 소개하기 • 소감 나누기 • 경험보고서 작성하기
	2회기	목표 정하기	• 목표 설정하기 • 집단원 간의 친밀감 응집력 형성하기	• 지난 한 주 동안 경험 나누기 • 친밀감 형성 게임하기 • 집단상담 목표 설정하기 • 소감 나누기 • 경험보고서 작성하기
준비 단계	3회기	자기이해, 타인이해	• 자기이해와 타인에 대한 이해 높이기	• 지난 한 주 동안 경험 나누기 • '나를~하게 한 것은?' 활동하기 • 소감 나누기 • 경험보고서 작성하기
	4회기		• 자기이해와 타인에 대한 이해 높이기	• 지난 한 주 동안 경험 나누기 • 인생 그래프 활동하기 • 소감 나누기 • 경험보고서 작성하기
	5회기		• 자기이해와 타인에 대한 이해 높이기 • 차이점 이해하기	• 지난 한 주 동안 경험 나누기 • 가치관 경매 활동하기 • 소감 나누기 • 경험보고서 작성하기
작업 단계	6회기	갈등 직면하기	• 갈등 알아차리기	• 지난 한 주 동안 경험 나누기 • '내 문제? 다른 사람 문제?' 활동하기 • 소감 나누기 • 경험보고서 작성하기

	7회기	갈등 다루기	• 갈등 해결방법 탐색하기	• 지난 한 주 동안 경험 나누기 • 내 맘 속의 하얀 집 활동하기 • 소감 나누기 • 경험보고서 작성하기
	8회기	자기 주장하기	• 자신의 생각과 감정 표현하기 • 자기 주장하기	• 지난 한 주 동안 경험 나누기 • '누구를 선택할 것인가?' 활동하기 • 소감 나누기 • 경험보고서 작성하기
	9회기	미해결 과제	• 미해결과제 다루기 • 목표 재점검하기	• 지난 한 주 동안 경험 나누기 • 나의 소망 활동하기 • 미해결과제 다루기 • 소감 나누기 • 경험보고서 작성하기
마무리	10회기	마무리	• 프로그램을 통한 경험과 이해 통합하기	• 지난 한 주 동안 경험 나누기 • 장점 찾기 • 집단 경험을 통한 소감 나누기

제2절 집단상담 실제 진행

1. 사전 과정

1) 홍보

201○년 ○학기 초 ○월말~○월말까지 약 한 달 동안 본 집단상담 프로그램을 ○○대학교 홈페이지, 학교 교내 게시판, 각 학과 게시판, 학교 온라인 시스템 등에 홍보하였다.

2) 신청접수

직접 방문접수, 전화접수, ○○대학교 교내 전자신청 게시판 등을 통해 신청접수를 받았다.

3) 접수면접

집단 신청 접수를 통하여 총 12명이 접수하였고, 집단상담 프로그램을 실시하기 전에 전화면접, 방문면접 등을 통하여 프로그램에 대한 구체적 안내 및 신청자의 참여 동기를 파악했다. 이 과정을 통해 집단상담에 교생 실습과 아르바이트로 지속적인 참여가 어려운 2명과 참여 목적이 다른 2명의 신청자에게는 개인상담과 다른 종류의 집단(진로탐색집단, 관계지향집단)에 참여할 수 있도록 안내하였다. 사전집단 또는 집단 오리엔테이션은 접수면접으로 대신하였다.

4) 집단원의 개인목표

다음은 집단상담에 참여한 집단원의 개인 목표에 대한 내용이다.

번호	별칭	목표
1	개나리	1. 가족과 친구들에게 속마음을 말하지 못하는 나를 고치고, 낯가림이 심한 나의 성격을 조금 더 적극적인 내가 되기 2. 집단에서 속마음을 말해 보기
2	푸우	1. 사람들 앞에만 서면 목소리도 작아지고 불안한 나를 바꾸기 2. 집단에서 먼저 말해 보기
3	보라	1. 다른 사람에게 싫다고 표현하기(거절할 수 있기) 2. 집단에서 한 번씩 거절해 보기

4	스카이	1. 소심한 성격을 고치고 싶고, 자신의 엉뚱한 생각을 조리 있게 말하기 2. 먼저 말하지 말고 다른 집단원이 이야기한 후 말하기
5	수정	1. 사람들 말에 상처받지 않기(눈물 흘리지 않기) 2. 기분이 나쁜 말에 바로 반응하기
6	엔돌핀	1. 내 감정을 솔직하게 표현하기 2. 화가 나거나 속상함을 말로 표현하기
7	소담	1. 소심한 것과 낯을 가리는 것을 바꾸기 2. 부정적인 생각에서 긍정적인 생각으로 바꾸기
8	강쥐	1. 다른 사람 앞에서 자기 말하기 2. 자신의 이야기를 끝까지 말하기

※ 목표 1은 집단 초기의 목표이고, 목표 2는 회기가 지나면서 집단원들이 목표를 구체화하면서 재수정한 것이다.

2. 본 집단상담 과정

1) 1회기: 오리엔테이션

(1) 일시

201○년 ○월 ○일(금) 16~18시(120분간)

(2) 장소

○○대학교 학생상담센터 내 집단상담실

(3) 출석

개나리, 푸우, 보라, 스카이, 엔돌핀, 소담, 강쥐, 지니(집단지도자) 총 8명/불참자: 수정

(4) 목표

① 회기 목표

- 집단 구조화를 통하여 프로그램 성격과 목적 그리고 과정을 이해한다.
- 파트너 소개를 통해서 집단원 간의 신뢰감을 높인다.
- 상담 목표를 설정한다.

② 활동 내용

차례	활동 요소	활동 내용	준비물	시간
1	도입 및 소개	• 집단에 대하여 소개하기 • 프로그램의 필요성, 목적, 전체 구성을 소개하기	–	10분
2	집단의 구조화	• 프로그램의 진행 방식과 진행 형태를 설명하기 • 집단지도자의 역할과 집단 구성원들의 역할을 설명하기 • 예상 불안 취급 • 서약서를 작성하기	서약서	10분
3	집단 활동	• 이름표(별칭)를 만들기 • 파트너를 정하고, 파트너와 서로에 대해 이야기 나누기 • 집단원의 파트너 소개 및 참여 동기 나누기	이름표	60분
4	상담 목표 설정	• 프로그램을 참여한 개인의 상담 목표를 정하기	–	25분
5	마무리	• 집단 활동 후 깨달은 것이나 느낀 점을 나누기 • 전체 요약 및 정리하기 • 경험보고서 작성하기	경험 보고서	15분

(5) 진행

- 집단원 총 8명 중 3명이 같은 학과로, 두 명은 같이 신청(개나리, 국화)해서 함께 들어왔고, 한 명(보라)은 상대방의 신청 사실을 몰랐다가 알게

되어 서로 놀라는 모습을 보였다. 자리에 앉을 때도 개나리와 국화는 옆자리에 앉았으나, 보라는 따로 떨어져 앉았다. 집단 안에서는 세 사람의 관계가 다른 집단원에게 영향을 미치거나 드러나지는 않았다.

- 집단 활동으로 별칭을 짓고 파트너를 정하는 작업을 할 때 파트너를 자유롭게 정하는 것을 어려워해 집단원들이 정하는 방법을 제안하도록 개입해 사다리타기로 정하고 파트너를 정했다. 개나리와 국화는 같이 되기를 원했으나 그렇지 않아 아쉬워했지만 활동을 하면서 정해진 파트너와 작업을 했다.
- 파트너와 작업을 통해 파트너에 대해 조사하고 이해한 것을 표현함으로써 파트너에 대한 이해와 집단원 사이에서의 친밀감을 느끼는 모습을 보였고, 초반에는 쑥스럽고 어색했으나 친숙함으로 다가왔다는 의견을 보였다. 각 7분씩 파트너 작업 시간 중 7분 이전에 대화를 마친 집단원도 있었지만, 대화가 끝나지 않은 집단원도 있어 시간 여유를 조금 더 주었다. 처음 대화할 때는 시간 길다고 느꼈는데, 실제로 해 보니 짧게 느껴질 만큼 대화를 하게 되었다는 스카이의 말에 집단원이 공감했다.
- 파트너를 소개할 때 짧게 단답식으로 소개하는 집단원도 있었고, 개인적으로 조사한 세세한 부분까지도 소개하는 집단원도 있었다. 현재의 행복지수를 이야기할 때 낮은 점수를 표현한 집단원(보라, 수정, 강쥐)과 높은 점수를 표현한 집단원(개나리, 스카이, 엔돌핀) 간의 차이와 이유에 대해서 표현할 때 공감되는 부분에서는 자기개방을 함께하는 집단원도 있었다.

(6) 평가

① 집단원별 평가

- 스카이: 집단 시작 30분 전에 왔고, 다른 집단원들이 들어올 때 서로 인사를 나누는 등 적극적인 모습을 보였다. 다른 집단원에게 관심이 집중

되면 시무룩했다가 자신에게 집중되면 활발해졌다.

- 개나리: 집단에 들어오며 보라가 있는 것을 보고 약간 긴장하는 모습을 보였으나, 집단에서 웃는 모습으로 참여했다. 파트너 소개를 할 때 긍정적인 부분을 중심으로 발표했다.
- 푸우: 개나리 옆에 앉아 개나리하고만 이야기하려는 모습을 보였고, 파트너 소개를 할 때는 가장 마지막에 소개하고 이야기를 할 때 주저하면서 말하는 모습을 보였다.
- 보라: 집단지도자하고만 눈맞춤을 하고, 고개를 숙이고, 자신의 머리만 만지는 모습을 보였으며, 소극적 태도를 보였다.
- 엔돌핀: 초반에는 얼굴이 빨개지고 낯설음을 표현했으나, 집단에 대한 기대감을 구체적으로 표현했다.
- 소담: 집단에서 자신을 이야기하는 것에 어려움을 느끼는 것을 표현했다.
- 강쥐: 자신이 말을 해야 할 때는 얼굴이 붉어지며, 말을 약간 더듬었다.

② 집단지도자 평가

- 집단에 대해 소개할 때, 설명 위주가 아니었는지 확인이 필요하다.
- 집단원 각자에 대해 참여 의미 파악 및 요약에 신중을 기함으로써, 집단원들이 서로의 모습을 보도록 했다.
- 다음 회기 준비 시 집단원 특성에 적합한 설명 방식을 찾아야 한다. 1회기여서 친밀감 형성 전이라 집단원이 말하는 것보다 듣는 것을 선호하였고, 참여를 끌어낼 수 있는 다양한 방법들을 고려해 봐야 한다.
- 경험보고서 작성 시간이 부족했는데 충분히 쓸 수 있는 시간을 배려할 필요가 있다.

2) 2회기: 목표정하기

(1) 일시

201○년 ○월 ○일(금) 16~18시(120분)

(2) 장소

○○대학교 학생상담센터 내 집단상담실

(3) 출석

개나리, 푸우, 보라, 스카이, 엔돌핀, 소담, 강쥐, 수정, 지니(집단지도자) 총 9명

(4) 목표

① 회기 목표

- 상담 목표를 설명할 수 있다.
- 집단원들과 친밀감과 응집성을 높인다.

② 활동 내용

차례	활동 요소	활동 내용	준비물	시간
1	도입	• 지난 집단 후 생활 나누기 • 첫 회기 불참자를 위해 간단한 자기소개하기	–	25분
2	집단 활동 I	• 친밀감 형성을 위한 게임하기 • 인간 실 풀기 게임하기 • 친밀감 형성 게임을 통해 느낀 것이나 알아차린 것에 대해 경험을 나누기	–	25분

3	집단 활동 II	• 집단에 참여하는 동안 달성하고 싶은 목표를 정하기 • 정한 목표를 적고 벽에 붙이기 • 자신의 목표에 대해 발표하기 • 다른 집단원들의 목표를 들으면서 자신의 다른 점과 공통점을 찾아보기	도화지, 유성 매직, 크레파스, 셀로판 테이프	50분
4	마무리	• 집단 활동 후 깨달은 것이나 느낀 점을 나누기 • 전체 요약 및 정리를 하기 • 경험보고서 작성하기	경험보고서	20분

(5) 진행

- 집단원 전원 참석했고, 보라는 개인 사정으로 지각했다.
- 첫 회기 참여했던 집단원과 새로 참여하는 집단원(수정)이 어울리지 못해 어색해했고, 집단 시작하기 전에 모두 휴대폰을 만지고 있었다. 집단 시작 이후 첫 회기보다는 서로에 대한 어색함은 줄었으며, 지난 집단 후 생활에 대해 이야기를 나누며 친밀감을 높였다.
- 집단의 친밀감 형성을 높이기 위해 인간 실 풀기 작업을 했고 처음 둘씩 작업할 때는 어색해했으나 활동을 하면서 점차 어색함이 줄어들고 적극적으로 참여했다. 인간 실 풀기 작업을 개나리의 주도로 풀어내면서 개나리를 중심으로 집단원들이 따라가며 참여했다. 친밀감 형성 작업에서 1회기 때보다 친밀감이 더 높아졌다고 집단원들이 표현했고, 새로 참여하는 집단원과의 어색함을 풀 수 있어 좋았다고 표현했다.
- 1회기에 다루었던 집단원 개인 목표를 구체화하는 작업을 했다. 목표를 작성하고 발표를 하면서 집단원들의 특징을 알 수 있었다. 자신의 목표를 적극적으로 발표하는 집단원도 있었고, 주저하며 발표하는 집단원(강쥐, 푸우)도 있었다. 목표 설정할 때 자신의 속마음을 말하거나 표현하는 것에 대해 어려움을 표현하는 집단원이 전반적인 공통점으로 나타나

자신감이 부족한 부분에 대해 서로 공감했다.

(6) 평가

① 집단원별 평가

- 개나리: 집단에서 제일 먼저 이야기를 하는 편이며, 침묵을 힘들어했고, 자신에 대해 아는 집단원(보라)을 의식하고, 자기개방을 하는 것이 조심스럽다고 표현했다.
- 푸우: 첫 회기 때와 마찬가지로 개나리 옆에 앉았고, 자기개방을 할 때는 개나리를 쳐다보며 이야기했다.
- 보라: 개인적인 일로 지각을 했고, 집단 활동 내내 기운이 없었다. 계속 처진 분위기로 이야기했으며, 자기개방을 하지 않았고, 눈맞춤을 하지 않았다.
- 스카이: 침묵을 힘들어했고 집단원에게 관심을 표현하지만, 자신에 대한 질문이 오면 이야기 주제를 바꾸거나 하는 모습을 보이며, 자기개방을 회피하는 모습을 보였다.
- 수정: 새로 참여하면서 초기에 어색해했으며, 자신의 이야기를 조심스럽게 하는 모습이었고, 감정에 대한 이야기를 했다.
- 엔돌핀: 자신의 이야기를 하기보다는 주로 듣는 모습이며, 조심스럽게 자기를 표현했다.
- 소담: 자신의 생각이 다른 사람과 다르게 느껴지면 움츠러드는 경향을 보였다. 다른 집단원의 질문이나 상황에 대해 잘 모르겠다는 표현을 자주 썼다.
- 강쥐: 자기를 보이는 것에는 어려움을 표현했고, 집단원이 다 발표한 후 마지막에 이야기했다.

② 집단지도자 평가

- 집단원의 목표 설정을 구체적으로 하지 못할 때 집단지도자가 구체적으로 목표 설정을 할 수 있도록 촉진하는 것이 부족했다.
- 지각한 후 기분이 처져 있는 집단원(보라)의 모습이 다른 집단원에게 어떤 영향을 미쳤을지 확인을 못 한 아쉬움과 무슨 일이 있었는지 개별적으로도 확인하지 못했다.
- 집단지도자가 집단원의 목표에 대해 구체화 작업을 할 때 부연 설명을 하려는 모습을 보였다. 집단지도자의 개입보다는 집단원이 자발적으로 서로 이야기할 수 있도록 해야 한다.

3) 3회기: 자기이해, 타인이해

(1) 일시

201○년 ○월 ○○일(금) 16~18시(120분)

(2) 장소

○○대학교 학생상담센터 내 집단상담실

(3) 출석

개나리, 푸우, 보라, 수정, 엔돌핀, 강쥐, 지니(집단지도자) 총 7명/불참자: 스카이, 소담

(4) 목표

① 회기 목표

- 자신의 긍정적인 부분을 찾을 수 있다.
- 자기에 대한 이해를 높인다.

• 타인에 대한 이해를 높인다.

② 활동 내용

차례	활동 요소	활동 내용	준비물	시간
1	도입	• 지난 집단 후 생활 나누기	–	15분
2	전개	• 오늘 프로그램의 목표를 설명하기 • 집단 활동에 대해 설명하기	–	5분
3	집단 활동	• '나를~하게 하는 것은?' 활동하기 • 활동지를 통하여 자신의 긍정적인 느낌을 작성하기 • 작성한 것에 대해 나누기 • 다른 집단원의 긍정 감정 함께 나누기	활동지	80분
4	마무리	• 집단 활동 후 깨달은 것이나 느낀 점 나누기 • 전체 요약 및 정리하기 • 경험보고서 작성하기	경험보고서	20분

(5) 진행

• 스카이는 학과 MT 참여로, 소담은 조별 과제로 불참했다.

• 지난 집단 후 생활 나누기를 할 때, 개나리가 조별 과제를 하면서 대인관계에서 힘들었던 경험에 대해 자기개방을 했고, 푸우, 엔돌핀, 강쥐의 공감과 수정이 비슷한 경험에 대해 자기개방을 했다. 불참한 집단원에 대한 아쉬움을 엔돌핀이 표현했고, 이에 집단 참여에 대해 이야기를 나눴다.

• 집단원이 회기에 이루어지는 활동에 적극적으로 참여했으며, 작업을 통해 서로 공감하게 되고 긍정적 피드백을 주었다. 집단 활동에서 자신에게 기쁜 일, 즐거운 일, 신나는 일을 찾아볼 수 있는 작업을 통해 힘들고 부정적 감정을 느끼고 있던 집단원들이 긍정적 생각과 긍정 자원을 찾게 되었고, 집단원 자신의 현재 상황을 점검해 보는 계기가 되었다. 수

정은 다른 사람이 기쁘게 느끼는 것에 대해 본인도 그런데 그걸 미처 생각하지 못한 부분에 대해 알아차림을 이야기했고, 집단원들이 공감하며 엔돌핀은 다른 집단원을 벤치마킹해야겠다는 표현을 했다.

- 마무리 활동에서 푸우가 자신은 발표를 잘 하지 않는 편이지만 낯선 집단원들에 대해 경계가 조금씩 허물어져 간다고 이야기하자, 보라도 편안해지는 느낌이 있다고 했다.

(6) 평가

① 집단원별 평가

- 개나리: 요즘 힘들고 지쳤는데 이번 작업을 통해 긍정적인 부분을 찾아 힘이 난다고 했고, 제일 먼저 자신의 이야기를 하고 다른 사람이 이야기할 수 있게 촉진자 역할을 했다.
- 푸우: 제일 마지막에 이야기를 했으며, 집단상담 시작 동안은 아예 몸을 돌려 개나리하고만 이야기하는 모습을 보이고, 말의 끝이 점점 작아지고 흐지부지하는 모습을 보였으나 마무리 작업에서 경계를 허무는 모습을 보였다.
- 보라: 긍정적인 부분을 이야기하면서도 부정적인 표현을 사용했다.
- 수정: 일상 속에서도 긍정적인 모습을 찾을 수 있어 좋았다고 하며, 부정적인 부분에 대해서는 눈물을 글썽이는 모습을 보였다.
- 엔돌핀: 직장생활과 학교생활로 무감각하게 살았는데 집단을 통해 느끼고 생각하는 것이 많아졌다고 이야기하며, 타인의 모습에서 자신이 배우고 싶은 부분이 있다고 말했다. 차분하게 자신의 생각을 이야기하는 모습을 보였다.
- 강쥐: 부정적인 경향성이 조금씩 보이며, 집단 활동을 따라가려는 모습이 보였다.

② 집단지도자 평가

- 집단원이 침묵을 할 때 기다리지 못하고 바로 이끌어내려는 모습을 보였다.
- 집단지도자의 집단 활동에서 자기개방을 많이 해서 집단원이 자기개방을 할 때 방해되지 않았을까 하는 염려가 되었다.

4) 4회기: 자기이해, 타인이해

(1) 일시

201○년 ○월 ○○일(금) 16~18시(120분)

(2) 장소

○○대학교 학생상담센터 내 집단상담실

(3) 출석

개나리, 푸우, 보라, 수정, 스카이, 엔돌핀, 강쥐, 지니(집단지도자) 총 8명/집단 포기: 소담

(4) 목표

① 회기 목표

- 집단원 자신의 모습을 개방할 수 있다.
- 자신에 대한 전체적인 모습을 조망할 수 있다.
- 타인의 개방을 통해 타인이해를 돕는다.
- 인생의 역경이 자신에게 어떠한 도움이 되었는지를 알아차린다.

② 활동 내용

차례	활동 요소	활동 내용	준비물	시간
1	도입	• 지난 집단 후 생활 나누기	–	15분
2	전개	• 오늘 프로그램의 목표를 설명하기 • 집단 활동에 대해 설명하기	–	5분
3	집단 활동	• 인생 그래프 그리기 활동하기 • 자신을 돌이켜 보고, 만족스러웠을 때와 고통스러웠을 때를 표시한 후 그래프로 연결하여 그림을 그리기 • 가장 영향을 준 사건이 어떤 의미로 이해되는지를 생각해 보기 • 작성한 것에 대해 나누어 보기	활동지	80분
4	마무리	• 집단 활동 후 깨달은 것이나 느낀 점 나누기 • 전체 요약 및 정리하기 • 경험보고서 작성하기	경험보고서	20분

(5) 진행

- 소담은 3회기 이후 개별 면담 과정에서 집단을 포기하고 개인상담으로 연계하였다.
- 집단 활동에서 인생 그래프 그리기 활동을 할 때 집단원이 고통스러웠을 때를 그릴 때 어느 정도로 표현해야 하는지에 대해 불편감을 표현했는데, 푸우는 오늘 날씨가 흐려 음침한 하루에 무거운 주제라는 표현을 했고, 보라도 이에 공감하며 불만족한 부분을 그리는 게 불편하다고 표현했다.
- 집단 활동에서 인생 그래프 발표 시 가장 고통스러웠던 경험에 대해서 이야기할 때 분위기가 전반적으로 무거웠다. 개나리는 발표 도중 가족에 대해 이야기를 할 때 눈물을 흘렸고, 푸우는 무거운 주제를 이야기하는 것이 싫고 불편했다고 하고 언급을 회피했으며, 스카이는 다른 집단

원의 이야기에 머무르지 못하고 분위기를 유머나 웃음으로 바꾸려 하고 회피하려는 등의 모습을 보였다. 입시 좌절, 가족 갈등, 연애 등에 대해 자기개방을 하고, 서로 피드백을 주면서 '나만 힘든 것이 아니었구나, 다른 사람도 힘든 일이 있었구나' 하는 공감대를 형성했다. 보라는 다른 집단원의 눈물에 당황스러웠지만 어려운 부분을 용기내어 이야기한 것에 고맙다고 표현했다. 고통스러운 경험이 자신이 지금 성장할 수 있는 계기가 되었다고 이야기하는 집단원도 있었다.

- 집단원 간의 자기개방의 깊이는 다르지만 자기와 타인에 대한 이해의 계기가 되었다.

(6) 평가

① 집단원별 평가

- 개나리: 자기개방을 하면서 눈물을 흘렸다. 어려운 일이 있음에도 일부러 밝은 척하는 자신을 알아차렸다고 말했다.
- 푸우: 활동지를 작성하면서 고통스러웠을 때를 그리는 것을 불편해했고, 그 부분에 대해서는 자기개방을 하지 않겠다고 하고 긍정적 부분만 이야기했다.
- 보라: 연애를 했던 자신을 개방하며 그 사람이 누구인지는 말할 수 없다고 해서 집단원들을 궁금하게 했다. 구체적으로 말할 수 있는 집단원이 부럽다는 표현을 하며, 다른 집단원의 이야기에 경청하고 피드백을 주었다.
- 수정: 고통스러웠던 경험을 그리면서 대인관계가 힘들었던 시기의 감정이 올라와 다른 집단원의 이야기에 집중하지 못했고, 소감을 나눌 때 스스로 경청을 하지 못했다고 했다.
- 스카이: 입시 실패 등 힘들었던 경험에 대해서는 그냥 힘들었다라고 간단히 표현하고, 즐거웠던 경험을 중심으로 이야기하며, 자기개방을 어

려워했다. 집단원에게 조언을 하는 형식으로 피드백을 주는 편이며 자신의 감정을 이야기하지는 않았다.

- 엔돌핀: 가장 빨리 활동지를 작성했으나 자기개방은 많이 하지 않았다. 좋았던 기억은 개방하나 고통스러웠던 경험(가족 문제, 연애)에 대해서는 단답형으로 말하는 등 경험을 나누는 것을 어려워했다.
- 강쥐: 제일 안 좋았던 경험에 대해서는 말하기를 주저했고, 자신의 감정과 모습을 이야기하지 않고 타인의 이야기에만 집중하는 모습을 보였다.

② 집단지도자 평가

- 자기개방을 잘 하지 않는 집단원을 자연스럽게 이끌어내는 것에 대해 어려움을 느꼈다.
- 집단지도자가 집단원이 자기개방을 하고 어려움을 호소했을 때, 어느 타이밍에 어느 정도 깊게 들어가서 작업을 해야 할지에 대해 망설임이 있었다.
- 집단을 포기한 집단원을 첫 회기 때 라포 형성 및 개인역동을 잘 탐색했으면 중도 포기를 막지 않았을까 하는 아쉬움이 있다.

5) 5회기: 자기이해, 타인이해

(1) 일시

201○년 ○월 ○○일(금) 16~18시(120분)

(2) 장소

○○대학교 학생상담센터 내 집단상담실

(3) 출석

개나리, 푸우, 보라, 수정, 스카이, 엔돌핀, 강쥐, 지니(집단지도자) 총 8명

(4) 목표

① 회기 목표

- 자신의 가치관을 명료하게 인식한다.
- 타인의 가치관을 이해할 수 있다.
- 자신과 타인의 차이점을 이해한다.

② 활동 내용

차례	활동 요소	활동 내용	준비물	시간
1	도입	• 지난 집단 후 생활 나누기	–	15분
2	전개	• 오늘 프로그램의 목표 설명하기 • 집단 활동에 대해 설명하기	–	5분
3	집단 활동	• 가치관 경매 활동하기 • 가치관 목록표를 가지고 자신이 사고 싶은 것과 예산을 짜 보기 • 가치관 경매가 끝난 후 느낌을 나누어 보기 • 자신에 대해 느낀 것, 타인에 대해 느낀 것에 대해 나누어 보기	활동지	80분
4	마무리	• 집단 활동 후 깨달은 것이나 느낀 점 나누기 • 전체 요약 및 정리하기 • 경험보고서 작성하기	경험보고서	20분

(5) 진행

- 지난 집단 후 생활 나누기에서 지난 회기 활동이 한 주 동안 마음을 무겁게 했고, 마음에 많이 남았던 한 주였다고 표현했다. 자기개방을 해서 후련하기도 하고 무거웠다는 개나리와 마음이 더 무거웠다는 푸우의 자기

개방이 있었다. 활동 계획에서는 지난 집단 후 생활 나누기를 15분 정도 잡았으나 조금 더 다룰 필요가 있다고 보고 30분 정도 소요해 나누기 작업을 했다. 다른 집단원의 이야기에 집중하지 못했던 것에 대해 수정이 개방하자, 자신도 비슷했다고 스카이가 공감했다. 그 부분에 대해 보라가 스카이에게 평소에 감정 접촉을 피하는 부분에 대한 직면을 시켰고, 스카이는 절대 아니라고 저항했으며, 다른 집단원들도 이에 대해 피드백을 주면서 역동이 일어났다.

- 가치관 경매 활동에 집단원들이 흥미를 느끼며 참여하고, 무거웠던 기분에서 벗어나 적극적으로 집단에 참여했다. 개나리와 스카이, 수정, 강쥐는 서로 원하는 것이 비슷해 경쟁하며 참여하였고, 푸우와 엔돌핀은 신중하게 기다렸다 경매에 참여하는 편이였으며, 보라는 뒤로 빠져 마지못해 참여하는 모습을 보여 적극적으로 참여하도록 개입하였다. 느낌을 나눌 때, 자신이 찾은 가치와 버린 가치, 상대방과 겹친 가치들에 대해 공통점과 차이점을 알게 되었고, 삶을 긍정적으로 볼 수 있는 완전한 자신감(정서적 안정)과 친구의 존경과 사랑(사랑과 우정), 원하는 것을 할 수 있는 자유(개인적 자율성)에 대해 서로 낙찰받으려 경쟁했다. 그 외에는 집단원별로 원하는 가치가 다른 부분도 있다는 것을 알게 되었고, 누군가에게 소중한 가치가 나와 같을 수도 다를 수도 있다는 것에 대해 표현했다.

(6) 평가

① 집단원별 평가

- 개나리: 자기의 감정을 솔직히 표현하였다. 지난 회기의 무거웠던 마음을 집단에서 다루면서 힘들지만 가벼워진 것 같다는 표현을 했고, 가치관 경매에서도 적극적으로 참여했다.
- 푸우: 머뭇거리면서 경쟁에서 빠지거나, 남은 것을 기다렸다 사는 자신을 보면서 경쟁심이 부족한 것 같다고 표현하였다. 행복한 가족관계(가

정)를 택했으나 그 이유에 대해 자기개방을 하지 않고 소극적으로 표현했다.

- 보라: 왜 경쟁해야 하는지 답답하다는 표현을 하고, 가장 흥미가 없는 모습을 보였으나, 스카이의 감정을 표현하지 않는 부분에 대해 직면시키며 집단에 역동을 일으켰다.
- 수정: 집단원과 경쟁하고 싶지 않은 불편감을 표현하면서, 남이 가진 것을 보면 욕심이 난다는 솔직한 마음을 표현했다.
- 스카이: 감정 접촉을 회피하는 자신에 대한 직면을 저항함으로써 집단에 역동을 일으켰다. 집단원의 피드백에 대해 수용하기 어려워하는 모습을 보였다. 가치관 경매에서는 가장 적극적으로 낙찰에 임했고, 자신의 가치가 일생의 경제적 안정(안정), 세상에서 가장 매력적인 사람으로 인정받음(외모) 등으로 물질적인 것이 더 많다고 자신은 욕심쟁이 같다는 표현을 했다.
- 엔돌핀: 다들 급하게 해서 끼어들기 어려웠다고 하고, 경쟁에 대한 부담감을 표현했다. 진정한 사랑의 관계(사랑)에 대해 가치를 두고 있는 보라와 공감을 표현했다.
- 강쥐: 개나리의 감정을 다루는 작업에 불편감을 표현하고, 감정 표현을 회피하는 스카이에 대해 공감을 표현했다.

② 집단지도자 평가

- 한 주 동안 지낸 이야기를 하며 개나리의 감정에 대해 짧게 다루었는데 가치관 경매를 미루고 이번 회기에서는 그 부분을 조금 더 다뤘어야 하지 않았을까 하는 아쉬움이 있다.
- 지난 회기 이어 집단의 분위기가 무겁게 느껴지자 부담을 느끼고 흐름에 맞지 않는 활동을 실시하였다. 또한 가치관 경매가 익숙하지 않아 진행에 미숙함을 느꼈다. 무거운 분위기를 회피하는 집단지도자의 모습을

발견하였다.

- 뒤로 빠지고 참여를 어려워하는 집단원을 다루는 데 적극적 참여를 강요하는 모습을 발견하였다. 있는 그대로의 모습을 볼 수 있게 하는 데 집단지도자가 방해를 하는 모습을 보였다.

6) 6회기: 갈등직면하기

(1) 일시

201○년 ○월 ○○일(금) 16~18시(120분)

(2) 장소

○○대학교 학생상담센터 내 집단상담실

(3) 출석

개나리, 푸우, 보라, 수정, 강쥐, 지니(집단지도자) 총 6명/불참자: 스카이, 엔돌핀

(4) 목표

① 회기 목표

- 미해결과제를 탐색하고, 해결 방법을 알아본다.
- 자기와 타인의 미해결과제에 대해 공통점을 안다.
- 갈등에 대해 알아차린다.

② 활동 내용

차례	활동 요소	활동 내용	준비물	시간
1	도입	• 지난 집단 후 생활 나누기	–	10분
2	전개	• 오늘 프로그램의 목표 설명하기 • 집단 활동에 대해 설명하기	–	5분
3	집단 활동	• '내 문제? 다른 사람 문제?' 활동하기 • 자신이 요즘 고민하고 있는 문제(미해결과제)의 내용을 무기명으로 적어 보기 • 미해결과제를 무작위로 뽑고 읽은 후 서로 피드백 주기 • 피드백 주기가 끝난 후 느낌 나누기 • 자신에 대해 느낀 것, 타인에 대해 느낀 것에 대해 나누기	활동지	80분
4	마무리	• 집단 활동 후 깨달은 것이나 느낀 점 나누기 • 전체 요약 및 정리하기 • 경험보고서 작성하기	경험보고서	20분

(5) 진행

- 스카이는 감기로 불참했고, 엔돌핀은 과제로 불참했다.
- 무기명 미해결과제를 작성하면서 도중에 감정이 올라오는 등 집단원의 자기 작업이 일어났다. 순간순간 자기 문제와 자기개방을 하는 집단원이 있었다.
- 누구의 문제인지가 불명확하기 때문에 피드백을 적극적으로 하는 모습을 보였다.

(6) 평가

① 집단원별 평가

- 개나리: 피드백 주는 활동에 가장 적극적이었고, 활동지를 작성할 때 눈물을 흘리고 감정적 힘듦을 호소하였다.

- 푸우: 집단원에게 피드백을 구체적으로 주는 모습을 보였다.
- 보라: 익명 문제를 다루다 자기개방을 했고, 자신의 스트레스와 어머니와의 관계에 대해 이야기를 나누었다.
- 수정: 피드백을 주는 활동이나 자기개방을 지난 회기보다는 많이 했다.
- 강쥐: 다른 사람의 고민에 대해 적극적 개입을 어려워했다.

② 집단지도자 평가
- 집단원이 무기명으로 나온 문제에 대해 자신의 생각과 감정을 표현할 수 있도록 하였다.
- 집단원이 중간중간 개방하는 자기 문제를 좀 더 깊이 있게 다루지 못하고 진행하는 데 급급해 넘어가는 모습을 보였다. 진행을 해야 한다는 생각에 깊이 있게 다루지 못했다.

7) 7회기: 갈등 다루기

(1) 일시
201○년 ○월 ○○일(금) 16~18시(120분)

(2) 장소
○○대학교 학생상담센터 내 집단상담실

(3) 출석
개나리, 푸우, 보라, 수정, 스카이, 엔돌핀, 강쥐, 지니(집단지도자) 총 8명

(4) 목표

① 회기 목표

- 인간관계에서의 미해결과제를 자각한다.
- 관계에서의 갈등을 해결하는 방법을 탐색해 본다.

② 활동 내용

차례	활동 요소	활동 내용	준비물	시간
1	도입	• 지난 집단 후 생활 나누기	–	15분
2	전개	• 오늘 프로그램의 목표 설명하기 • 집단 활동에 대해 설명하기	–	5분
3	집단 활동	• '내 맘속의 하얀 집' 활동하기 • 명상을 통해 '내 맘속의 하얀 집'을 들어보기, 명상을 통해 무엇을 느꼈는지 느낀 점에 대해 이야기 나누기 • 자신의 해결되지 않은 갈등이 누구와의 문제인지에 대해 이야기 나누기 • 서로에게 갈등 해결 방법에 대해 이야기 나누기 • 자신에 대해 느낀 것, 타인에 대해 느낀 것에 대해 나누기	명상음악	80분
4	마무리	• 집단 활동 후 깨달은 것이나 느낀 점 나누기 • 전체 요약 및 정리하기 • 경험보고서 작성하기	경험보고서	20분

(5) 진행

- 지난 회기에 빠진 스카이와 엔돌핀의 참석에 대해 집단원들이 반가움을 표현했다.
- 집단 활동 초반에는 명상 집중을 어려워했으나, 차츰 이완되는 모습을 보였다.

- 해결되지 않은 갈등에 대해 이야기를 하면서 가족관계에 대한 해결되지 않은 자신의 감정을 개나리가 드러냈고, 빈 의자 기법으로 감정을 깊이 있게 다루었다. 감정을 드러낸 개나리에 대해 함께 공감해 주는 집단원에 비해 스카이는 감정에 머무르지 않으려고 회피하고 외면하려는 경향을 보이며, 자신이 두 번이나 집단을 빠졌기 때문에 모르는 것이 있는 것 같다고 표현하자, 보라와 수정이 지난번 5회기에서의 모습과 비슷하다고 재직면시켰다.
- 보라는 가족과 아직도 해결되지 않은 갈등이 많은 것 같다고 자기개방을 하고, 푸우가 이에 자신도 유사한 모습이 있는 것 같다고 공감했고, 엔돌핀도 가족과의 관계에서 비슷한 모습이 있다고 표현했다. 갈등 해결 방법을 나누며, '알고 있지만 그러고 싶지 않은 마음이 생긴다.'와 '시도해 봤지만 원하는 만큼 잘 안 된다.'는 수정의 말에 공감하는 표현을 했다.

(6) 평가

① 집단원별 평가

- 개나리: 가족관계에서 자신이 해결되지 않은 갈등이 있음을 알게 되었고, 힘들었지만 그 문제를 다루게 되어 좋았으며 후련한 마음도 든다고 하였다.
- 푸우: 집단에서 표현은 구체적으로 하지 않았지만, 친구인 자신이 개나리가 힘들어할 때 전혀 몰랐었다고 안타까움과 서운한 마음을 표현하며, 아직은 집단에서 표현하는 것이 어렵다고 경험보고서에 적었다.
- 보라: 집단원의 갈등에 관심을 보이지 않고 자신의 문제에 집중하는 모습을 보였다.
- 스카이: 활동에 집중이 되지 않았다고 표현하고, 개나리의 감정에 빠져들지 않으려 했다고 하였고, 보라와 수정의 피드백으로 자신이 갈등이

나 깊은 감정에 빠지지 못함을 자각했다.

- 수정: 감정을 표현하고자 하나, 생각 중심의 이야기를 주로 했다.
- 엔돌핀: 자신을 솔직하게 표현하며 집단 활동에 적극적으로 참여했다.
- 강쥐: 개나리가 드러낸 갈등이 자기에게 어떤 의미인지 다가오지만 감정을 표현하는 데 어려움을 이야기했다.

② 집단지도자 평가

- 개나리가 표현한 감정을 집단원과 함께 다루어 피드백 활동을 중심으로 운영하면서, 빈 의자 기법으로 다룬 것이 집단원들에게 도움이 되었다.
- 갈등 상황을 회피하는 집단원의 참여를 유도하는 데 어려움을 느꼈으며, 참여를 시켜야 하는지에 대해 갈등을 느꼈다.

8) 8회기: 자기 주장하기

(1) 일시

201○년 ○월 ○○일(금) 16~18시(120분)

(2) 장소

○○대학교 학생상담센터 내 집단상담실

(3) 출석

개나리, 푸우, 보라, 수정, 스카이, 엔돌핀, 강쥐, 지니(집단지도자) 총 8명

(4) 목표

① 회기 목표

- 자신의 생각과 감정을 타인에게 표현할 수 있다.

• 자기 의견을 주장할 수 있다.

② 활동 내용

차례	활동 요소	활동 내용	준비물	시간
1	도입	• 지난 집단 후 생활 나누기	–	20분
2	전개	• 오늘 프로그램의 목표 설명하기 • 집단 활동에 대해 설명하기	–	5분
3	집단 활동	• '누구를 선택할 것인가?' 활동하기 • 어떤 상황에서 등장인물 중 누구를 선택할 것인지에 대해 순위 매기기 • 자신이 매긴 인물 순위에 대해 이야기를 하고, 느낀 감정에 대해 이야기하기 • 자신의 생각이 왜 옳은지에 대해 집단원들에게 자기주장 해 보기 • 활동을 통해 느낀 것에 대해 나누기	–	75분
4	마무리	• 집단 활동 후 깨달은 것이나 느낀 점 나누기 • 전체 요약 및 정리하기 • 경험보고서를 작성하기	경험보고서	20분

(5) 진행

• 집단원 전체가 참여하고, 선택의 문제에 대한 다양한 의견이 나타나며 자기주장을 활발하게 한 회기였다.

• 집단 활동에서 엔돌핀은 순위를 정하고 결정하는 것이 어려웠는데 다른 집단원들의 이야기를 듣고 더 혼란스러웠다고 표현하였고, 개나리는 '어떻게 저런 생각을 하지? 난 그렇게 생각하지 않는데.' 하며 다른 사람의 결정에 공감이 되지 않는다고 개방하며 스카이, 수정의 의견에 반대하는 입장을 드러내며 자기주장을 하였다. 스카이와 수정도 개나리의 의견에 반론하며, 그 상황에서는 어쩔 수 없는 부분이라고 개나리를 설득하려 했고, 의견 차이가 좁혀지지 않자 답답하다는 표현을 했다. 의견을 좁히

지 못하면서 역동이 일어났다. 푸우는 먼저 발표를 했고, 자신이 여전히 마지막까지 의견을 듣고 이야기하고 싶어 한다는 것을 알아차렸다고 한다. 보라는 다른 사람들의 의견이 자신의 생각보다 괜찮은 방법인 것 같다고 표현하며 개나리의 의견을 지지했다. 집단 활동에서 자기주장을 서로 하면서 공감과 반론 등으로 다양하게 표현했다고 역동이 일어났다.

(6) 평가

① 집단원별 평가

- 개나리: 집단원들에게 자신의 생각과 주장이 왜 옳은지에 대해 적극적으로 설득하는 모습을 보였다.
- 푸우: 제일 먼저 발표하기를 하고 난 후 기분이 좋았다고 표현했다.
- 보라: 자기 문제에서 벗어나 집단원들 이야기에 집중하는 모습을 처음으로 보였다.
- 스카이: 끝까지 다른 집단원의 이야기를 들어보기 위해 집중하려는 모습을 보였고, 이를 개나리와 엔돌핀이 긍정 피드백을 주자 쑥스러워했다.
- 수정: 개나리의 설득에 마지못해 동의하는 모습을 보였고, 개나리가 그런 모습을 직면시키자 동의한 것에 대해 알아주지 않은 불편한 마음을 표현했다.
- 엔돌핀: 집단원을 리드하며 집단 주제에 대해 가장 활발하게 이야기하고 자기주장을 하였다.
- 강쥐: 반대 의견에 잘 표현하지 못하고 답답해하며, 구체적으로 표현하는 것을 어려워했다.

② 집단지도자 평가

- 자신의 문제를 드러내는 것이 아닌 하나의 주제를 가지고 다양하게 토론할 수 있도록 한 활동으로 집단원들이 자신의 생각이나 느낌을 다양

하게 표현할 수 있도록 하였다.

• 집단원의 주장이 독점되거나 무시되었을 때를 다루지 못한 아쉬움이 있다.

9) 9회기: 미해결과제

(1) 일시

201○년 ○월 ○○일(금) 16~18시(120분)

(2) 장소

○○대학교 학생상담센터 내 집단상담실

(3) 출석

개나리, 푸우, 보라, 수정, 스카이, 엔돌핀, 강쥐, 지니(집단지도자) 총 8명

(4) 목표

① 회기 목표

• 지금까지의 미해결과제를 재탐색해 본다.
• 미해결된 부분의 원인을 찾고 해결해 보도록 한다.
• 자신의 목표를 재점검한다.

② 활동 내용

차례	활동 요소	활동 내용	준비물	시간
1	도입	• 지난 집단 후 생활 나누기	–	15분
2	전개	• 오늘 프로그램의 목표 설명하기 • 집단 활동에 대해 설명하기	–	5분

3	집단 활동	• '나의 소망과 미해결과제' 활동하기 • 자신의 소망과 미해결된 과제에 대해 적어 보기 • 소망과 미해결과제에 대해 이야기 나누기 • 상담 초기에 다루었던 집단 목표에 대해 다루어 보기 • 활동을 통해 느낀 것에 대해 나누어 보기	활동지	80분
4	마무리	• 집단 활동 후 깨달은 것이나 느낀 점 나누기 • 전체 요약 및 정리하기 • 경험보고서를 작성하기	경험보고서	20분

(5) 진행

- 소망에 대해 이야기하면서 현재의 자신의 모습을 점검하고 집단원 서로가 공감과 직면을 하는 회기였고, 미해결과제에 대해 다루는 회기였다.
- 대인관계에서 거절하지 못해 스트레스를 받고 있는 자신의 감정을 푸우가 개방하여 빈 의자 기법으로 집단원과 함께 다루었고, 표현하지 못하고 참는 자신의 모습과 비슷하다고 수정이 공감하면서 푸우의 미해결과제를 다루면서 자신의 문제가 함께 해결되는 것 같다고 표현했다. 이에 개나리 등 다른 집단원도 공감했다.
- 강쥐가 잃어버린 반려견에 대해 자기 노출을 하며 심리적으로 힘들었음을 표현했다. 반려견을 키우는 보라가 자신도 반려견을 잃어버린다면 힘들었을 것 같다고 공감하며, 반려견에 집중하며 대인관계가 어려운 자신의 모습에 빗대어 강쥐를 직면시켰고, 맞는 것 같다고 강쥐도 수용했다. 강쥐의 이야기에 장황하게 설명하는 보라의 모습을 개나리가 직면시키자, 그런 것 같다고 수용했다.
- 소망을 이야기할 때 스카이가 자신은 소망을 잘 못썼는데 그것은 이미 소망들을 이뤄서라고 표현하자 합리화하는 것이라며 개나리가 직면시켰고, 아니라고 저항하는 모습을 보였다.

(6) 평가

① 집단원별 평가

- 개나리: 활발하게 공감과 피드백을 주며, 자기의 모습을 재탐색하는 모습을 보였다.
- 푸우: 자신의 미해결과제를 먼저 말하기를 했으나 여전히 어려워했고, 다른 집단원의 지지와 공감을 쑥스러워하면서 받아들였다.
- 보라: 집단 회기 동안 거절을 잘 시도하지 못했고, 여전히 장황하게 설명하는 자신을 알아차렸다.
- 스카이: 소망을 쉽게 써 내려가지 못한 것이 현재 삶에 만족한 것이라고 이야기하며 회피하는 모습을 보였고, 개나리가 이를 직면시키자 불편해하는 모습을 보였다.
- 수정: 푸우의 미해결과제를 다룰 때 무겁다고 느껴지는 주제에 긴장하는 자신을 알아차리고 탐색하였다.
- 엔돌핀: 자신의 모습과 비슷한 푸우의 모습에서 자기를 탐색하는 모습을 보였다.
- 강쥐: 집단 안에서 꺼내지 않았던 자신의 반려견에 대해 꺼내 놓으면서 대인관계 문제를 개방하였다. 대인관계에서의 불편해하는 모습을 탐색하였다.

② 집단지도자 평가

- 집단원 내에서 서로 촉진할 수 있도록 함께 참여하였다.
- 미해결된 과제를 다 다루지 못한 아쉬움이 있다.

10) 10회기: 마무리

(1) 일시

201○년 ○월 ○일(금) 16~18시(120분)

(2) 장소

○○대학교 학생상담센터 내 집단상담실

(3) 출석

개나리, 푸우, 보라, 수정, 스카이, 엔돌핀, 지니(집단지도자) 총 7명/불참자: 강쥐

(4) 목표

① 회기 목표

- 집단을 통하여 변화된 자신의 모습을 평가해 볼 수 있다.
- 프로그램을 통한 경험과 이해를 통합한다.

② 활동내용

차례	활동 요소	활동 내용	준비물	시간
1	도입	• 지난 집단 후 생활 나누기	–	15분
2	전개	• 오늘 프로그램의 목표 설명하기 • 집단 활동에 대해 설명하기	–	5분
3	집단 활동	• 집단을 통하여 변화된 자신의 모습과 목표에 대해 이야기 나누기 • '장점 찾기'를 통해 긍정 피드백 주기 • 활동을 통해 느낀 것에 대해 나누어 보기	–	80분

4	마무리	• 집단 활동 후 깨달은 것이나 느낀 점 나누기 • 전체 요약 및 정리하기 • 경험보고서 작성하기	경험보고서	20분

(5) 진행

- 강쥐는 집단상담 시간과 기말시험 시간이 겹쳐 불참했다.
- 지난주 경험 나누기에서 미해결된 과제에 대한 이야기들을 다루었다. 마지막 회기로서 자신의 변화에 대해 만족과 아쉬움 등을 표현하였다.
- 마지막 회기로 자신의 목표 달성에 대한 정도를 나누고, 자신의 변화에 대해 만족과 아쉬움을 나누었다. 개나리는 집단에서 자신의 속마음을 말할 수 있었다고 했고, 푸우는 집단에서 먼저 말해보기를 할 수 있어 기뻤다고 하자 집단원이 공감해 주었다. 보라는 집단에서 한 번씩 거절해 보기를 하기로 했었으나 거절할 기회가 별로 없어 많이 못한 아쉬움을 표현했고, 이번 회기에서만이라도 거절하는 것을 해 보자고 개나리가 제안하자 이를 바로 거절해 집단원들이 모두 웃었다. 스카이는 먼저 말하지 않고 다른 집단원이 이야기한 후 말하기가 여전히 어려움을 이야기했고, 이에 수정이 네 번째에 이야기하니 처음에 이야기한 것보다 훨씬 나아졌다고 피드백을 주었고, 다른 집단원들도 공감했다. 수정은 기분 나쁜 말에 바로 반응하기가 목표였으나 목표 달성을 하지 못한 것에 대한 아쉬움을 표현했다. 엔돌핀은 화가 나거나 속상함을 말로 어느 정도 표현한 것 같다고 했다.
- 장점 찾기(긍정 피드백 주기) 작업을 통해 전체적인 표현을 하도록 하였고, 서로 지지와 격려를 해 주었다.

(6) 평가

① 집단원별 평가

- 개나리: 가장 많은 변화를 보인 집단원 중의 한 명이며, 자기 문제에 대해 개방을 함으로써 작업을 깊이 있게 했고, 적극적으로 피드백을 주고받는 모습을 보였다. 자신을 변화시키려는 노력을 보였다.
- 푸우: 자기 자신을 보여 주는 것에 두려움이 있었는데 조금 보여 준 것 같다고 하며, 자신의 모습을 인식하고 변화하고자 하는 모습을 보였다.
- 보라: 집단을 관망하는 자세로 자기를 드러내는 것에 아직 어려움이 있고, 긍정적 자기는 드러내나 부정적 자기에 대해서는 드러내기 어려워했다.
- 스카이: 자신의 생각이나 느낌을 표현하는 데 초반보다는 부드럽게 하였고, 부정적 표현보다 긍정적 표현의 빈도가 늘어났다.
- 수정: 한 발짝 뒤에 있던 모습에서 한 발 앞으로 다가온 모습을 보였다. 내면 탐색을 좀 더 하고 싶어 했다.
- 엔돌핀: 많은 변화를 보여 준 집단원으로 초반에는 소극적이었으나 후반에는 적극적으로 참여하였다.

② 집단지도자 평가

- 마지막 회기 종결로 집단원이 감정을 표현할 수 있도록 하였다.
- 집단원의 노력에 대한 지지와 격려, 변화에 대한 응원을 하였다.
- 마지막 회기에 빠진 강쥐를 추후에라도 다뤄야 하지 않나 하는 아쉬움이 있다.

11) 축어록 회기: 6회기

(1) 일시

201◯년 ◯월 ◯일(금) 16~18시(120분)

(2) 장소

◯◯대학교 학생상담센터 내 집단상담실

(3) 출석

개나리, 푸우, 보라, 수정, 강쥐, 지니(집단지도자) 총 6명/불참자: 스카이, 엔돌핀

(4) 목표

① 회기 목표

- 미해결과제를 탐색하고, 해결방법을 알아본다.
- 자기와 타인의 미해결과제에 대해 공통점을 안다.
- 갈등에 대해 알아차린다.

② 활동 내용

차례	활동 요소	활동 내용	준비물	시간
1	도입	• 지난 집단 후 생활 나누기	–	10분
2	전개	• 오늘 프로그램의 목표 설명하기 • 집단 활동에 대해 설명하기	–	5분
3	집단 활동	• '내 문제? 다른 사람 문제?' 활동하기 • 자신이 요즘 고민하고 있는 문제(미해결과제)의 내용을 무기명으로 적어 보기	활동지	80분

		• 미해결과제를 무작위로 뽑고 읽은 후 서로 피드백 주기 • 피드백 주기가 끝난 후 느낌 나누기 • 자신에 대해 느낀 것, 타인에 대해 느낀 것에 대해 나누기		
4	마무리	• 집단 활동 후 깨달은 것이나 느낀 점 나누기 • 전체 요약 및 정리하기 • 경험보고서 작성하기	경험보고서	20분

(5) 축어록

[개나리, 푸우, 보라, 수정, 강쥐의 한 주 동안의 경험에 대해 나누었고, 작업할 내용을 안내함]

보라 1: 글씨체를 알아서 모르게 써도 알아보지 않을까요?

개나리 1: 왼손으로 쓰면 되지~ 난 글씨체 못 알아보게 써야겠다!

강쥐 1: 내 글씨체는 아무도 모르는데… 글씨 못 쓰는 데 클났다.

푸우 1: 근데 솔직해지기가 쉽지 않은 것 같아요. 뭘 쓰지? 아~~ 고민되네…

[각자 집단실 구석으로 자리를 잡고 쓰기 시작함. 40분 소요]

집단지도자가 각 구성원의 활동을 살폈고, 개나리는 힘들어하며 계속 종이를 바꾸었다. 강쥐는 생각하는 시간이 20분 정도 걸렸고, 집단지도자가 옆에 있는 것을 부담스러워해 자리를 피해 주었다. 집단지도자와 보라, 푸우가 활동을 시작하기 전 5~6분 정도 활동의 방법과 불편함에 대해 이야기를 나누었고, 수정은 혼자 작업을 먼저 시작했다. 활동지를 작성하는 동안 개나리가 눈물을 흘렸다.

지니(집단지도자) 1: '내 문제? 다른 사람의 문제?'에 대해 익명으로 고민에 대해 쓰는 작업시간을 가졌는데… 쓰는 동안의 느낌을 이야기해 볼까요.

개나리 2: 아.. 눈물 날 것 같아.

수정 1: 눈물 날 것 같아?

개나리 3: 쓰면서 계속 눈물 났어요. 어? 왜 눈물 나지? 내가 왜 그러지? 막 울컥울

컥했어요.

푸우 2: 옆에서 보니까 계속 울먹거려서 정말 속상한가 보다 했어요. 무슨 일이지? 개나리는 밝은 친군데 우는 걸 보니까 쓰는 것도 힘들었구나 싶구요. 저도 쓰면서 마음이 무거워지더라고요.

강쥐 2: 저는 뭘 쓰지 하면서 고민이 많이 되었어요. 뭘 써야 하지 싶어서 고민하는데 다들 잘 쓰더라고요.

지니 2: 보라는 어땠어요?

보라 2: 전 늘 엄마랑 이야기했던 거라 그게 문제인가? 엄마는 문제라고 하는데 나는 어떻게 생각하지 그런 것들이 고민이었어요. 근데 엄마가 모르는 고민도 찾아보니까 있더라고요. 그래서 아 나 고민이 있네. 그랬어요.

수정 2: 전 잘 모르겠어요. 쓰면서 마음이 그냥 복잡했어요.

[침묵]

지니 3: 작업을 하면서 마음이 무거워지고, 복잡하고, 울컥울컥하기도 하고 여러 가지 생각이 들었죠! 여러분들이 작성한 고민에 대해 이제 나눠 보기로 해요. 접은 종이를 뽑아서 읽어 볼 거예요. 내가 내 거를 뽑아도 그냥 읽어 주시고 우리 모두가 작성한 것이다 생각하고 읽은 문제에 대해 이야기를 해 보도록 해요. 어떻게 뽑아 볼까요?

보라 3: 바구니를 옆으로 돌리면 하나씩 그냥 뽑아요. (다들 고개를 끄덕인다.)

지니 4: 그럼 바구니를 옆으로 돌릴 테니 하나씩 뽑아 보도록 하죠.

[바구니를 옆으로 돌려 작성한 종이를 하나씩 뽑음]

지니 11: 하나씩 뽑은 종이는 펴 보지 말고 한 사람씩 읽어 주고 이야기를 나눠 보고, 다시 다음 종이를 읽고 하는 방식으로 해요. 누가 먼저 읽어 볼래요?

보라 4: 제가 먼저 읽을게요. 내 고민은 다른 사람의 고민을 잘 들어줄 수 있는데 정작 내 고민이나 이야기하고 싶은 것에 대해서는 들어 줄 사람이 없다는 것이다. 내 내면 깊숙이 있는 이야기들을 다른 사람에게 꺼내어 본 적이 거의 없다. 집안의 안 좋은 일이나 친구와의 관계 등의 이야기를 할 때도 겉에 있는 표면적인 이야기만 했을 뿐 정말 내 속에 깊이 묻어 있는 얘기들은 다른 사람들에게 꺼내어 본 적이 거의 없다. 이야기를 하려고 해도 내 이야기를 진지하게 들어 줄 사람이 없다. 그래서 밤 늦은 시간이나 새벽에 나의 진지한 고민, 이야기에 대해 들을 사람이 없다는 것에 대해 나를 우울하게 했다. 나는 누군가에게 내 속에 감춰 둔 깊은 이야기를 할 수 있는 사람이 생겼으면 좋겠다. 고민 상담을 해 줄 수 있는 친구가 생겼으면 좋겠다 이 이야기를~

[잠시 침묵]

지니 5: 어떻게 하면 좋을까? 이 친구의 고민에 대해~ 어떻게 보듬어 줄 수 있을까? 비슷한 경험에 대해서도 이야기해 줘도 좋고요. 이렇게 해 보는 방법은 어떨까! 이렇게 이야기를 해 주면 답을 가져가는 것은 저걸 쓴 사람이 가져갈 것 같네요.

개나리 4: 그 친구가 저 글 쓴 친구한테 그렇게 고민을 얘기하면 편하게 생각하고 자신을 더 솔직하게 말하는 것처럼 이 글 쓰신 분도 자기가 편하게 그냥 친구라고 생각하고 좀 더 자기 자신한테 솔직하고 마음을 열고 대화를 하려고 하는 거를 했으면 좋겠어요. 그러니깐 너무 듣기만 하지 말고 '내 얘기는 이런데 이것도 좀 들어줘.' 먼저 이렇게 말을 꺼내면 그 친구도 당연히 내 이야기를 이렇게 들어줬으니 더 쉽게 나도 너의 이야기를 들어줄 준비가 되어 있을 것 같아요. 좀 더 용기를 내서 자기 얘기도 할 수 있었으면 좋겠어요.

보라 5: 예전에 그랬던 적이 있는데 지금 제가 말 못 할 고민이 있다고 했잖아요. 고민에…어…이렇게 다른 데다가 그러니깐 엄마만 아시고 다른 사람은 모르고 있거든요. 이거를 다른 사람한테도… 엄만 맨날 똑같은 말만 하니깐 다른 사람한테도 말하고 싶은데 용기가 없는 거예요. 근데 친구를 원한다면 어… 그거는 아닌데… 친구는 아닌데 그냥 내 마음을 털어놓고 싶으면 전화할 수 있는 데가 있더라고요. 1388인가? 그런 데다가 해서…

강쥐 3: 1388?

보라 6: 그런 데다가 하면 진짜 해 주고 진짜 막 그냥 막 제가 막 울면서 얘기를 했는데 그냥 막 아무렇지 않게…

지니 6: 다 받아 주고?

보라 7: 네… 다 받아 주고… 해결책은 못 내주는데 그냥 마음을 풀어 놓기에는 괜찮은 것 같다고 생각해요 그냥 속 시원히 울 수 있고 그러니깐…

개나리 5: 음~ 뭐 그런 방법도 있을 수 있겠다.

수정 3: 저도 이런 비슷한 경험이 있는데요. 저도 이렇게 이 글을 쓴 사람 말고도 깊은 얘기 같은 걸 할 수 없는 건 다 비슷할 것 같은데 저도 친한 친구한테 좀 어려운 얘기를 했더니 친구가 이런 얘기를 해 줘서 더 친해진 것 같아요. 네가 더 나를 친구로 생각하는 것 같다고 아무튼 더 고맙다고 이런 얘기를 해 주더라고요. 그러니깐 너무 '들어 줄 사람이 없다!'라고 생각하지 말고 그냥 친한 친구가 있으면 그 친구한테 얘기를 하면 또 듣는 사람도 되게 고마워하고 사이가 더 돈독해지고 그런 얘기를 하시면 친구가 되게…

지니 7: 저 같은 경우에는 음… 이 친구 마음이 그럴 것 같아요. 다른 사람이 이야기하는 것을 잘 들어 주는 사람은 사실은 저 내면 밑에 마음속에 뭐가 있냐면 나도 그렇게 받고 싶어 그 누군가를 잘 챙겨 주는 사람은 사실은 보상을 바라는 것은 아니지만 나도 그렇게 보상을 받고 싶은 챙김을 받고 싶어 하는 것 같아요. 내 얘기를 잘 들어 주고 내가 친구 얘기를 잘 들어 준다는 것은 저 친구도 내 얘기를 잘 들어 줬으면 좋겠어 하는… 저도 제 이야기를 할 수 있는 사람이 별로 많지가 않아요. 왜 그러냐면 힘든 일을 나한테 와서는 많이 해, 근데 정작 내가 힘든 얘기는 할 만한 사람이 그렇게 많지가 않아, 그렇다고 방문한 내담자를 붙들고 얘기할 수도 없고… 그래서 그런 게 있는 거 같아요. 나의 이야기를 들어 줄 수 있는 친구 또는 멘토 또는 누군가가 만들어 놓는 게 좋은 것 같거든요. 그러니깐 정말 속상한 일이 있을 때 정말 나가서 이야기할 수 없을 때 그 사람한테만은 내가 이야기해 줄 수 있는 거… 그리고 그 사람이 그 이야기를 안 들어 줄지도 모른다 혹은 내가 이 얘기를 하면 좀… 뭐랄까… 좀 떨어져 보인다? 아니 너는 뭐 그런 것 가지고 너는 그러냐. 징징댄다. 이런 느낌으로 다가올까 봐 두려워서 내 이야기를 못 하는 경우가 있거든요. 근데 제 개인적인 경험으로는 상담자들도 상담을 받아요. 그렇게 한 번씩 받고 나면은 마음이 좀 가벼워져요. 그러니깐 그게 바깥사람일 수도 있고 내 주변인일 수도 있거든요. 그래서 그런 친구를 하나 정도는 만들어 놓는 게 좋지 않을까~ 아까 보라가 이야기한 것처럼 익명의 전화를 해서 하셔도 좋은 것 같아요. [잠시 침묵] 조언해 줄 수 있겠어요? (푸우를 바라보며)

푸우 3: 좀 용기를 내서 그 친구도 털어놨으니깐 같이 서로 공유하는 것도 괜찮을 것 같아요. 저도 생각이 딱히… 다 얘기해 주셔 가지고… [침묵]

지니 8: 어떻게 생각해요? 이 친구에 대해서…

푸우 4: 상대방이 저한테 상담을 요청할 때는 그만큼 힘든 거잖아요. 나도 힘드니깐 똑같이… 갑자기 엄마 생각나서 그런데… (눈물, 25초간 침묵) 엄마가 힘든 상황에서도 자기는 힘들지만 이제 다른 사람들이 얘기를 하니깐 어쩔 수 없이 다 들으시는 거예요. 근데 엄마가 정작 아줌마들끼리 막 듣고 이모한테 전화 와서 하면 다 듣긴 들으세요. 근데 엄마는 풀 데가 없으니깐 또 엄청 스트레스받으시더라고요 엄청. 그렇다고 이제 막 엄마 깊숙이 있는 걸 딸이나 아들한테 얘기할 수 없는 부분이니깐…

지니 9: 그걸 옆에서 지켜보고 있는 게 힘들지…

푸우 5: 네 그래서 좀… 엄마 생각이 많이 들었어요. 이 얘기 들으면서…

보라 8: 푸우가 얘기하니깐 저도 엄마 생각이 나요.

지니 10: 이 고민에 더 이야기하실 분? [침묵] 자, 좋습니다. 이 고민의 누군가는 다 들으셨을 거예요. 다음 고민 들어갈까요?

수정 4: 나의 고민! 저는 고등학교 때 나름 열심히 공부한다고 공부했는데 노력이 부족해서인지 운이 안 따라 줘서 그런지 엄마, 아빠가 원하는 대학에 가지를 못하였습니다. 좀 더 큰 곳에 가서 공부하고 싶었고 꼭 그래야만 한다고 생각했는데 꿈이 무너지니 제 마음이 상처받았고 자존심도 많이 상했습니다. 고등학교 때 친구들은 다 서울에 있고 다들 일류 대학교에 갔는데 저는 그렇지 못해서 친구들을 언제부턴지 모르게 피하게 되더라고요. 연락이 와도 받질 않고, 사실은 정말 받고 싶고 보고 싶은데 친구들은 대학 같은 거 신경 안 쓰고 있는 그대로의 나, 나 자체를 좋아하고 만나고 싶어 한다는 것을 아는데도 제가 쉽게 용기가 나지 않는 것 같아요. 남들의 시선, 남들이 나를 대하는 말 그런 것들을 신경 쓰다 보니 스트레스는 점점 더 쌓여 가고 내 자신이 더 작게만 느껴집니다. 이런 제 모습에 화가 나고 싫어하면서도 그 벽을 깨지 못하는 용기 내지 못하는 제가 답답하기만 합니다. 좀 더 제 자신에게 당당하고 용기 있는 사람이 되어 고등학교 때 친구들을 만나 친하게 수다도 떨고 재미있고 즐거운 시간을 보내고 싶은데 어떻게 하면 그럴 수 있을까요? 어떻게 하면 제 마음속에 있는 벽들을 깨고 새로운 도로를 낼 수 있을까요? 저에게 있어 정말로 소중하고 없어서는 안 될 그 친구들 앞에 어떻게 용기 내어 설 수 있을까요?

지니 11: 다들 비슷한 고민을 할 것 같은데. 어떠세요? ○○대학교에 다니기 때문에 느끼는 그런… 감정. 뭐… 인(in)서울이 아니기 때문에 주변에서 듣는 평가. 그다음에 내가 고등학교 다닐 때는 이 정돈 갈 거야 했던 기대치. 그리고 비슷한 데 온 친구도 있지만 또 다른 대학에 내가 생각하는 높은 수준이라고 생각하는 대학에 간 친구들도 있을 거고 그런 감정들이 좀 있을 텐데… 이 고민하는 친구한테는 어떤 얘기를 해 줄 수 있을까요? 어때요? 어떤 도움을 줄 수 있을까?

수정 5: 대학이 문제가 있는 거라면… 그런 게 학력 콤플렉스가 있는 거라면 대학원을 서울에 있는 대학원을 가는 것도 좋은 방법이라고 생각하거든요. 지금은 이렇게 하는데… 머 제가 아는 사람도 여기 대학 나와서 서울권에 대학원을 가는 경우도 있고 그래서 그렇게 해서 학벌… 학력 콤플렉스를 극복할 거라고 생각을 하고 친구들을 만나면 되지 않을까…해요.

지니 12: 조금 더 높은?

수정 6: 네.

지니 13: 대학원을 가면 조금 더 높여질 것 같다?

수정 7: 그리고 요즘에 대기업 같은 데서도 대학교 이런 거 안 쓰게 하고 이런다고 들었거든요. 그러니깐 학력이 많이 무너지고 얼마나 활동을 했는지 그리고 뭐 진짜 중요한 건 자기가 원하는 직업 하면서 그런게 중요한 거니깐… 대학이 다가 아니니깐… 그러니깐 좀 더 멀리 바라보고 그렇게 할 수 있는 선에서 최선을 다 해서 이것도 해 보고 저것도 해 봐서 좀 그 친구들보다 더 좋은 직장을 얻을 수도 있는 거고 그런 거니깐 너무 개의치 않았으면 좋겠어요. 이게 다가 아니니깐.

강쥐 4: 사회 평가를 하는 데 대학이 그렇게 중요한 것 같지가 않더라고요. 제가 아는 사람 중에 대학도 안 나온 사람들이 되게 많아요. 그런데 다 높은 자리로 가고 대학이 중요한 건 아닌 듯…

지니 14: 음~ 대학이 중요한 건 아니지…

강쥐 5: 그리고 일단 빨리 친구들과 연락을 해서 만나는 게 좋을 거 같아요. 그게 오래 가게 되면 이제 포기를 하게… 자기 스스로 포기도 하고 친구들도 연락을 안 하면 서로 이제 단절될 수 있기 때문에…

개나리 6: 지금 이 글을 쓴 친구가 뭔가 그래도 변화하려고 하는 마음을 가지고 있고 그 마음을 먹었으니깐 한 명, 두 명 이제 친구들을 만나면 꼭 이 친구는 학교 그런 것보다 자기 자신에게 갇혀 있어서 뭔가 친구 만나는 게 두렵고 그런 거니깐 그래도 마음을 먹었으니깐, 한 명 두 명 이제 만나서 조금씩 그 벽을 이렇게… (말을 더듬음)

지니 15: 허물면 좋겠다?

개나리 7: 네. 너무 갑자기 급하게 이렇게 하는 것보다는 점점 서서히 마음의 문을 열고 한 명씩 친구들 얘기를 하고 그 친구들 만나서도 이렇게 내가 이렇게 해서 너희랑 연락을 못 했었는데 이제 했다 다시 예전처럼 잘 지내고 싶다 이런 식으로… 지금부터라도 시작하면 될 것 같아요.

푸우 6: 근데 제 주위에 사람들 보면 좋은 대학 학생들한테 물어봐도 대학 실패에 대한 걸 뽑더라고요. 강쥐가 이야기한 것처럼 나중에 되어 봐야 알 것 같아요. 지금은 대학이 인생에 있어서 큰 어떤 뭐가 있을 것 같지만, 내가 한 분야에서 굉장히 노력을 하면 그 분야에서 최고가 되지 않을까요? 저도 서울에 있는 대학을 간 친구랑은 연락이 잘 안 되더라고요.

보라 9: 저도 지금 이게 다가 아니잖아요. 그냥 그게 열심히 해서 하면 언제든지 바뀔 수 있다고 생각하거든요? 그래서 그냥 친구들은 원래 고등학교 친구라고 했었죠? 그랬으니깐 고등학교 때는 이런 거에 대해서 전혀 예상 못 하고 그냥 친구로서 지낸 거잖아요. 그러니깐 뭐 굳이 대학 이런 거 신경 쓰지 말고 그냥 진짜 사람 대 사람으로 만났으면… ○○대학교에 대한 자부심을 가져도 좋을 것 같아요. 저도 외국 공연 나가 보면 ○○대학교 알린다 생각하고! 자부심 가지고 있거든요. 여기서 잘하면 되잖아요!

개나리 8: 자부심~ (집단원 모두 웃음).

지니 16: 그러네요. 길고 짧은 건 대봐야 안다는… 네 좋습니다. 이 고민에 대해서 더 이야기할 분? [침묵]

[중략: 나머지 4개의 고민 글과 피드백 내용]

지니 17: 오늘은 이렇게 익명의 고민을 함께 다뤄 봤고요~ 시간이 부족해서 이제 경험한 이야기만 잠깐 나누고 경험보고서 쓰고 마무리하도록 할게요.

보라 10: 지금 막 생각났는데요! 이거를 익명으로 했잖아요. 그러면서 막 다른 사람의 고민인데도 생각해 보니깐 저한테도 그런 고민이 있었던 것 같기도 하고 해결책 들으면서 아~이런 방법도 쓸 수 있겠구나 하는 좋은 방법을 얻어 가는 것 같아요. 근데 비슷한 고민을 하고 사는 것 같아요. 그래서 앞으로 제 고민에 대해 이야기해 보는 시간을 가져 봤으면 좋겠어요.

개나리 9: 지금 이렇게 고민 한 가지씩만 썼는데 이거 말고도 더 수많은 고민을 가지고 있을 거란 말이죠. 그중에서도 거르고 걸러서 익명이라서 말할 수 있는 거, 꺼낼 수 있는 것만 말한 거잖아요. 저도 아까 괜히 쓰는데 눈물이 난 이유가 더 막 모르겠어요. 이것 말고도 크고 복잡한 미묘한 뭔가가 감정적인 게 있는데 그거는 과연 어디서 해결해야 하는지 여기서도 이렇게 말을 못 하는데 그건 어떻게 해결해야 하지라는 막연한 생각을 했었어요. 이렇게 지금 말한 거 외에도 더 마음 깊숙이 있는 그런 고민들이 있을 텐데 앞으로 그런 거에 대해서도 좀 더 다뤄서 고민이 없어졌으면 좋겠어요. 익명이라서 제 고민 해결 방법을 이야기해 볼 수 있어서 기분이 새로웠어요.

푸우 7: 처음 고민부터 지금 다룬 고민까지 다 공감되는? 생각은 못 했지만 이것도 나한테 해당되는 거고 저것도 나한테 해당되는 거고 그래서 내가 이때는 어떻게 했고 저때는 어떻게 했고 하면서 그 나름대로 말은 안 해도 그 안에서 해결책을 떠올리는 걸 보니깐 사람들마다 다 비슷비슷한 고민들을 하는구나. 다른 생각하고 다른 삶을 산다고 해도 어쨌든 다 똑같은 고민을 하는구나. 공감을 할 수 있는 그런 걸 느꼈어요.

수정 8: 저 정말 똑같아서 할 말이 없어요.

강쥐 6: 저도 여기 발표한 고민들이 제가 다 살면서 한 번쯤은 고민해 봤던 건데 저는 고민을 하면 항상 결론이라고 해야 하나? 내 나이 또래에 상황에서는 나는 지극히 평범하기 때문에 모든 사람이 다 이런 고민을 하고 있구나. 그다음엔 다 그냥 지나가는 거에 대해선 지나간 문제라고 생각하고 너무 고민을 안 했으면 하는 생각을 했고 앞으로 제가 그 얘기를 많이 듣는데 다가오지 않은 일에 대해서 너무 걱정하지 말라는 그 얘기를 많이 들어요. 그런 것도 좋은 방법인 것 같아요.

[마무리 피드백을 나눔]

(6) 평가

① 집단원별 평가

- 개나리: 푸우의 스트레스받는 감정을 읽어 주고 공감해 주는 등 다른 집단원에게 피드백 주는 활동에 가장 적극적이었고, 활동지를 작성할 때 눈물을 흘리고 심리적 어려움을 호소하였다.
- 푸우: 지난 회기 나누기에서 봉사활동에서의 스트레스에 대해 자기개방을 하며 감정표현을 했다. 미해결과제 작업에서 집단원에게 구체적 해결방안을 중심으로 피드백했다.
- 보라: 익명 문제를 다루다 자신의 스트레스와 어머니와의 관계에 대해

솔직하게 이야기하였다. 어머니와 밀착된 관계에 대한 불편감을 표현하면서 자기개방을 했다.

- 수정: 피드백을 주거나 자기개방을 하는 데 지난 회기보다 빈도가 늘었고 적극적이었다.
- 강쥐: 다른 사람의 고민에 대해 피드백을 주는 것에 대해 조심스러움을 표현했고, 자신의 감정 표현도 조심스러워하고 있음을 느꼈다고 말했다.

② 집단지도자 평가

- 집단원이 자신의 생각과 감정을 표현할 수 있도록 하였으나, 집단원들이 중간중간 개방하는 자기 문제를 좀 더 깊이 있게 다루지 못하고 진행하는 데 급급해 넘어가는 모습을 보였다. 진행을 해야 한다는 생각에 깊이 있게 다루어 주지 못했다.
- 지도자의 말이 길었고, 집단원들이 스스로 더 참여할 수 있도록 촉진하는 역할이 부족했다.

제3절 집단상담 평가

1. 과정 요약

1) 사전 준비과정 요약

201○년도 ○학기 초 집단상담 프로그램을 ○○대학교 홈페이지, 학교 교내 게시판, 각 학과 게시판, 학교 온라인 시스템 등의 공고를 통하여 자발적으로 신청한 총 12명을 접수하였다. 집단상담 프로그램을 실시하기 전 전화,

면접 등을 통하여 프로그램에 대한 구체적 안내 및 신청자의 참여 동기를 파악했고, 이 과정을 통해 집단상담에 지속적인 참여가 어려운 2명과 참여 목적이 다른 2명의 신청자에게는 개인상담과 다른 종류의 집단(진로탐색집단, 관계지향집단)에 참여할 수 있도록 안내하였다.

2) 집단상담 진행과정 요약

201○년도 ○학기 ○월 ○일~○월 ○일까지 매주 금요일 16~18시까지 120분으로 도입단계 1~2회기, 준비단계 3~5회기, 작업단계 6~9회기, 마무리단계 10회기로 총 10회기 실시하였다. 1회기 오리엔테이션, 2회기 목표정하기, 3~5회기 자기이해 및 타인이해, 6회기 갈등 직면하기, 7회기 갈등 다루기, 8회기 자기주장하기, 9회기 미해결과제, 10회기 마무리를 주제로 진행하였다.

3) 집단상담 결과 요약

초반 8명으로 시작한 집단상담 프로그램은 개인상담으로 연계된 집단원 1명(소담)을 제외하고 7명으로 진행되었으며, 총 2회에 걸쳐 집단원이 상담의 목표를 설정 및 수정하고 실행해 보면서, 전체 10회기 집단상담을 통해 목표를 성취할 수 있었다.

4) 집단원 출결 사항

번호	별칭	성별	나이	1회	2회	3회	4회	5회	6회	7회	8회	9회	10회
1	개나리	여	21	○	○	○	○	○	○	○	○	○	○
2	푸우	여	21	○	○	○	○	○	○	○	○	○	○

3	보라	여	22	○	○	○	○	○	○	○	○	○	○
4	스카이	여	21	○	○	불참(학과행사)	○	○	불참(감기)	○	○	○	○
5	수정	여	21	불참(학과행사)	○	○	○	○	○	○	○	○	○
6	엔돌핀	남	24	○	○	○	○	○	불참(과제)	○	○	○	○
7	소담	여	21	○	○	불참(과제)	포기(개인상담으로 연계)						
8	강쥐	남	23	○	○	○	○	○	○	○	○	○	불참(시험)

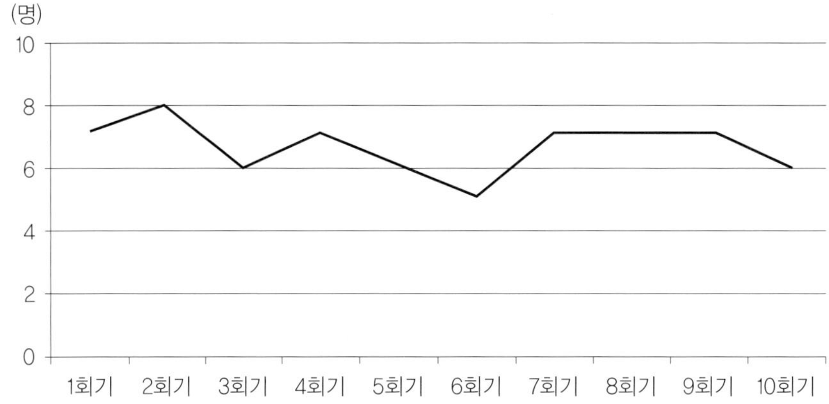

전체적으로 집단원의 집단 참석은 성실하게 이루어졌으며, 불참의 사유는 학과행사 참여로 2명, 과제 관련 모임 2명, 감기 1명, 개인 사정 1명, 시험 1명이었다. 회기 중에 6회기에 가장 많은 집단원이 불참하였는데, 그 이유는 갈등단계에 들어가게 되면서 심리적 부담감이 있었을 것으로 보인다. 10회기에 시험으로 불참한 1명을 제외하고, 7회기부터 9회기까지는 전원 다 참석했다. 빠지지 않고 참여했다는 것은 여러 가지 의미가 있다고 볼 수 있다. 집단 응집력이 높아지고, 집단에 몰입하고, 각자의 자기 작업에도 충실했음을 알 수 있다. 소담은 개인적 문제로 집단 참여를 포기했으며 개인상담으로 연계했다.

2. 평가방법 및 평가도구

1) 평가방법

집단지도자의 개인평가와 집단원들의 각 회기 마친 후 피드백으로 평가했다.

2) 평가도구

평가도구를 따로 사용하지 않고, 집단원들의 개인 경험보고서에 나타는 피드백을 중심으로 했다.

3. 평가내용

1) 목표 성취

- 개나리는 가장 많은 변화를 보인 집단원 중 한 명이다. 평상시 밝은 모습만 보여 주려는 자신을 알아차리고 자기개방을 함으로써 변화를 보였고, 적극적으로 피드백을 주고받는 모습을 보였다. 심리적 어려움을 밝음으로 감추려 했던 자신을 알아차리고 자기개방 후에 자연스러운 감정표현을 하게 되었다.
- 푸우는 초기에는 개나리에게만 의지하고 자신을 보여 주지 않는 모습을 보였다. 자신에 대해 개방하는 데 조심스러움을 표현하고, 많은 개방을 하지는 못했지만 그러한 자신의 모습을 인식하고 변화하고자 하는 모습

이 보였다. 늘 맨 마지막에 말하던 것에서 먼저 말하기를 시도하였다.

- 보라는 자기를 드러내는 것에 어려움이 있었다. 초기에는 부정적인 반응을 보였으나 집단 후반으로 갈수록 긍정적 자기를 드러냈다. 아직 부정적 자기에 대해서 자기개방하는 것을 어려워했다.
- 스카이는 자신의 생각이나 느낌을 표현하는 데 거침없이 하는 편이었으나, 후반으로 갈수록 부드럽게 하고, 부정적 표현보다 긍정적 표현의 빈도가 늘어났다. 집단지도자와 따로 친밀감을 가지려 하는 모습이 초반에 있었으나, 집단이 진행됨에 따라 집단원과 조금씩 친밀감을 형성하였다.
- 수정은 집단에서 뒤로 빠지려는 모습에서 후반으로 갈수록 앞으로 다가오는 모습이었고, 내면 탐색을 좀 더 하고 싶어 하는 등 깊이 있는 자기성찰을 하고자 하였다.
- 엔돌핀은 많은 변화를 보여 준 집단원 중 한 명이다. 초반에는 소극적이고 집단분위기에 따라가는 모습이었으나, 후반에는 적극적으로 참여하고 자신의 의견을 이야기하고 이끌어가는 모습을 보였다.
- 강쥐는 초반에는 쑥스러워하고 자신의 감정이나 의견을 나타내지 않았으나 후반에는 자신의 감정과 의견을 표현했다.

2) 집단상담자 평가

집단상담자 평가를 역할과 행동을 중심으로 평가하면 다음과 같다.

본 집단상담의 수퍼비전을 통해 집단상담을 시작하기 전에 집단상담 프로그램 구성을 탄탄하게 구축할 필요성을 인식하게 되었다. 프로그램 구성이 미흡함으로 인해 집단 진행에서 전반적 흐름이 원활하지 못하다는 것을 느꼈다. 프로그램 구성이 가장 기본인데 그 부분을 놓친 부분이 있다. 집단역동이 일어날 때 집단원의 힘을 믿고 따라가야 한다는 점을 재확인하게 되었다.

집단상담 초기단계에서 집단 전체 응집력을 높이는 상호작용 촉진과 집단의 역동의 변화, 특히 하위집단의 역동 변화에 민감성을 높여야 함을 알게 되었다. 소극적 참여를 하는 집단원의 경우 생산적 침묵을 하고 있다면 집단지도자가 충분히 말없이 기다려 주면서 집단원이 생각과 감정을 정리한 다음 이야기를 하도록 여유를 주어야 한다. 집단 진행을 할 때 초기단계에서 이러한 작업을 한다면 충분히 진행에 어려움을 덜 겪게 될 것이다. 초기단계 작업을 충분히 해서, 집단의 전체 응집력을 높이고, 상호작용이 더 활발하게 일어나도록 해야 한다.

구조화된 집단상담을 실시할 때는 충분히 작업할 부분을 숙련한 다음에 실시해야 하며, 집단지도자 스스로도 자신의 역량을 믿어야 한다.

집단상담의 효과에 대해 집단지도자 자신의 평가나 집단원들의 경험보고서를 통해 보는 방법도 있지만, 보다 정확하게 검증하기 위해 사전-사후 검사 등을 통해 보다 명확한 집단평가를 할 수 있도록 준비해야 한다.

3) 집단상담 프로그램 평가

집단상담 프로그램의 전체적인 평가를 살펴보면, 구조화된 프로그램의 구성과 절차에 맞추어 진행이 되었다.

프로그램의 회기별 목표를 달성하도록 진행하였으며, 집단 안에서 성취 경험을 할 수 있도록 하였다. 그러나 이를 집단 밖에서 성취 경험을 할 수 있도록 하는 것이 부족했다.

4) 기타 집단상담 환경 조건 평가

○○대학교 학생상담센터 내 집단상담실에서 진행하여 환경적으로는 심리적 안정감을 줄 수 있는 쾌적한 환경이었고, 집단원 모두 자발적으로 신청하였기 때문에 동기가 높았다. 준비된 환경에 준비된 집단원이었다.

제4절 집단상담 사례 토의

1. 수퍼비전 받고 싶은 내용

- 구조화된 집단에서 일어나는 역동에 적절하게 개입하는 정도와 기술을 도움받고 싶다. 프로그램으로 집단을 진행하다 역동이 발생했을 때 예상치 못한 역동에 당황하는 부분이 있다. 계획된 집단프로그램을 진행하고 밀고 가야 하는지, 프로그램 진행을 하기보다 역동 상황을 충분히 다뤄 계획된 부분을 다루지 않아도 되는 것인지에 대한 고민이 생긴다. 적절하게 개입하고 대처하고 반응할 수 있는 집단지도자의 개입 정도와 기술에 대해 도움받고 싶다.
- 자기성장 집단프로그램으로 계획한 프로그램 구성에 대해 적절한지에 대해 도움을 받고 싶다.

2. 수퍼비전 내용

1) 제1 수퍼바이저 의견

본 집담상담 사례를 접하면서 사례 전반에 나타나는 특징은 집단지도자가 대학생 자기성장 프로그램을 구조화하고 그 구조화된 프로그램 내용을 매우 성실하게 진행시키고자 했다는 것이다. 이로 인해 집단지도자는 프로그램의 진행과정에서 나타나는 집단원의 상호작용을 포함한 집단과정 자체를 다루어야 하는지, 집단 프로그램의 내용을 지속적으로 진행해야 하는지 매우 고심하는 모습을 볼 수 있다. 이와 관련하여 집단지도자가 집단 사례를 정리하면서 자신의 모습과 고민을 알아차리고, 직면하며, 개방할 수 있는 것은 성장을 위한 매우 중요한 요소이다. 아마도 집단지도자가 가장 고민했던 주제는 자기성장을 위한 구조화된 집단으로서 프로그램 내용을 진행하는 것과 이를 바탕으로 집단원 전체가 균등한 분량으로 참여해야 된다는 생각으로 집단과정에서 나타나는 역동을 다루지 못한 것을 아쉬워하고 있는 듯하다.

실제로 집단상담에서 비구조화된 집단이든 구조화된 집단이든 집단지도자가 집단역동을 민감하게 인식하고 다루어야 하는 것은 매우 중요하다. 구조화된 집단상담의 목적도 결국 집단원 개개인의 성장에 있기 때문이다. 따라서 구조화된 프로그램 역시 집단원이 자신의 개방과 내면적 역량을 드러내서 집단역동을 일으킬 수 있는 도구가 될 때 집단원의 개인적 목표를 깊이 있게 이루어 낼 수 있다. 집단지도자는 집단에서 집단원 개인의 역동이나 집단원 상호작용의 역동, 그리고 집단 전체의 역동을 잘 살펴야한다. 본 프로그램에서 집단지도자가 고민하고 있는 것처럼 개인 내면의 역동이 발생될 때 집단지도자는 집단원 개인의 내면에 머무르고 개방할 수 있도록 도와주어야 하는지 아니면 프로그램의 계획에 따라 집단 작업을 진행해야 하는지에 대해 좀 더 깊이 있게 생각해 볼 필요가 있다.

아마도 집단지도자는 집단상담을 진행하면서 집단원 개인의 삶에 대한 내면적 역동이 일어나는 것을 인식했음에도 불구하고 프로그램의 내용을 집단원 전체가 공유하고 그 주제에 대해 시간을 분배해서 순차적으로 이야기해야 한다는 생각 때문에 개인의 역동을 깊게 다루어 주지 못했던 것 같다. 그리고 이러한 집단의 과정이 과연 옳은 것인지 또는 잘한 것인지 강한 의문을 품고 있다. 이러한 의문은 집단지도자가 전문가가 되는 과정에서 특히 구조화된 집단을 운용하면서 흔히 겪는 고민이다. 즉, 집단지도자가 고민하고 있는 것처럼 계획된 집단 프로그램을 지속적으로 밀고 가야 하는지, 프로그램진행을 하기보다 역동 상황을 충분히 다뤄 계획된 부분을 다루지 않아도 되는 것인지, 얼마만큼 개인의 내면적 역동에 분배해야 하는지를 고민한다.

이와 같은 고민에 대한 명확한 원칙이 존재하는 것은 아니다. 많은 경우 집단지도자의 유연성에 따라서 달라질 수 있다. 그러나 집단지도자는 몇 가지 원리를 유념할 필요가 있다. 첫째로, 집단의 초기에 집단원 개인의 삶이나 내면에 너무 깊이 머무르기보다는 집단원 간, 그리고 집단 전체에 대한 역동을 다루어야 한다. 집단지도자는 프로그램의 내용을 다루면서도 '지금-여기'에서 집단원의 역동을 알아차리고 개방하도록 하며 수용해야 한다. 그리고 집단 내에 특정 집단원이 전체를 지배하거나 관찰자로 머무르지 않도록 해야 한다. 또한 하위 집단이 형성되지 않도록 집단 전체가 역동성 있게 움직이고 응집력이 생기도록 해야 한다. 둘째로, 집단에서 집단원이 진솔한 개방을 하기 시작하고 치료적 역량이 생기는 작업기가 될 때 개인의 삶이나 내면의 역동을 좀 더 깊이 있게 다루는 것은 집단원 전체를 위한 작업일 수 있다. 한 사람에게 집중하지만 이는 그 집단원만을 위한 시간이 아니라 집단원 전체를 위한 간접 경험의 시간이다. 그러나 이 과정이 집단 내 개인상담적 차원이 되지 않도록 조심하여야 한다. 한 집단원에게 집중되지만 모든 집단원이 함께 참여할 수 있도록 도와야 한다. 셋째로, 집단지도자는 집단 프로그램에 대한 유연성을 가져야 한다. 프로그램은 마치 과제처럼 꼭 해치워야 하는 목표 자체가 아니다. 집단원이 자신을 개방하고 집단역동이 활발해질 수 있도록 돕는 도구일 뿐이다. 따라서 프로그램을 활용하는 가운데 회기 목표와 관련되어 한 개인의 역동이 더욱 깊이 있게 주제를 다룰 수 있도록 도움을 준다면, 그러한 역동을 활용할 수 있는 유연성이 있어야 한다. 이러한 과정에서 집단지도자가 집단원의 의견을 드러낼 수 있도록 도와주고 집단 스스로가 유연성을 발휘할 수 있도록 안내하는 것은 매우 중요하다.

또한 본 집단의 구조화된 프로그램을 구성 시 집단지도자는 집단 내에서 특정 활동을 구성한 이유와 그러한 구성이 집단에 어떤 영향을 주며 어떻게 역할을 할 것인지에 대해 좀 더 고려해야 한다. 회기 내에서 행하는 활동에 대한 구성뿐만 아니라 회기와 회기의 연결성에 대한 심도 있는 고민이 필요하다. 더 나아가 구조화된 프로그램을 진행하면서 이러한 프로그램이나 활동이 집단원 개인이나 집단 전체에 어떤 의미를 줄 것인지에 대한 의견을 들을 수 있는 집단지도자의 유연한 여유가 필요하다.

2) 제2 수퍼바이저 의견

집단상담에서 집단지도자가 담당하는 역할은 매우 중요하다. 집단지도자가 어떤 역량을 갖춘 사람인가 하는 것은 집단의 성공과 실패를 결정하는 중요한 변인 중의 하나이다. 집단상담에 대해 전문적인 교육과 훈련을 받아야 한다. 평소에 집단지도자로서 자기수용, 공감적 이해, 자발적 모범 등의 자질과 전문성을 기르기 위해 훈련과정과 수퍼비전을 통하여 성장하는 모습을 지켜보았기에, 이 집단상담의 사례 및 녹취록을 통하여, 충분히 수용적이고 공감적인 태도로 집단원과 상호작용하는 집단지도자의 모습을 확인할 수 있었다. 그러나 자기성장 프로그램 내용 측면에서 보면 각각의 회기에서 활동하는 내용들이 나열식으로 되어 있는 부분이 있다. 이를 프로그램을 계획할 때 도입, 준비, 작업, 마무리 단계에 맞게 보다 더 탄탄하게 할 필요가 있을 것 같다. 이미 실시된 집단상담이기는 하지만, 이 집단을 진행할 때 수퍼비전을 함께 진행했다면 프로그램 구성이 좀 더 알차게 되지 않았을까 하는 아쉬움이 있다. 다음에 집단상담 프로그램을 시행하기 전에 수퍼비전을 받는다면 도움이 될 것이다.

또한 초기 집단은 집단원에게 집단의 첫인상에 대해 영향을 주고 그 이후의 회기의 참여 수준에도 영향을 미칠 수 있다는 점에서 중요하다. 집단의 역동을 초기 회기에서 탐색했더라면 집단원(소담)이 빠질 수밖에 없는 이유나 집단원의 위험 부분을 좀 더 체크해서 소담의 탈락을 예방할 수 있었지 않았을까 하는 아쉬움이 있다.

그러나 비교적 하위 집단의 역동을 집단지도자가 잘 관찰하고 있었다는 것을 알 수 있었고, 역동의 중요성에 대해 사례를 통해 볼 수 있어서 좋았다. 역동 변화를 볼 때 전체 변화를 통한 역동을 보는 것뿐만 아니라, 집단 진행과정에 따라, 즉 집단의 초기, 중기, 후기의 역동의 변화를 세분화해서 볼 수 있으면 더 좋았을 것 같다. 그리고 집단원에 대한 정보가 중요하다. 집단원의 특징의 변화도 집단역동에 영향을 미친다는 점을 유념해야 한다. 집단역동이 일어날 때 집단지도자가 조급하게 생각하지 말고, 집단원에게 느긋하게 맡기는 것도 유연한 방법이다.

3. 수퍼비전을 통하여 성장한 내용

1) 집단상담 진행과 관련된 내용

본 집단상담의 수퍼비전을 통해 집단상담을 시작하기 전에 집단상담 프로그램 구성을 탄탄하게 구축할 필요성을 인식하게 되었다. 프로그램 구성이 미흡함으로 인해 집단상담 진행에서 전반적인 흐름이 원활하지 못하다는 것을 느꼈다. 프로그램 구성이 가장 기본인데 그 부분을 놓친 부분이 있다. 또한 집단역동이 일어날 때 집단원의 힘을 믿고 따라가야 한다는 점을 재확인하게 되었다.

집단 초기단계에서 집단 전체 응집력을 높이는 상호작용 촉진과 집단의 역동 변화, 특히 하위 집단의 역동 변화에 민감성이 높아야 함을 알게 되었다. 소극적 참여를 하는 집단원의 경우 생산적 침묵을 하고 있다면 집단지도자가 충분히 말없이 기다려 주면서 집단원이 생각과 감정을 정리한 다음 이야기를 하도록 여유를 주어야 한다. 집단 진행을 할 때 초기단계에서 충분히 이러한 작업을 한다면 진행에 어려움을 덜 겪게 될 것이다. 초기단계 작업을 충분히 한다면 집단의 전체 응집력을 높여서 상호작용이 더 활발하게 일어나도록 할 수 있다.

구조화된 집단상담을 실시할 때는 충분히 작업할 부분을 숙련한 다음에 실시해야 하며, 집단지도자 스스로도 자신의 역량을 믿어야 한다.

집단의 효과는 집단지도자 자신의 평가나 집단원의 경험보고서를 통해 보는 방법도 있지만, 사전-사후 검사 등을 통해 보다 명확한 집단평가를 할 수 있도록 준비해야 한다.

2) 집단지도자로서 개인적 성장

본 집단상담 프로그램을 진행할 당시에는 집단상담 지도자로서의 경험이 많지 않았을 때 진행하였다. 심리적으로 긴장하고, 경험이 적은 초급 집단지도자의 전형적인 모습이었다. 집단 준비나 진행에서 미숙한 부분이 많았고, 집단원의 역동이나 순간순간의 알아차림에 대해 발 빠르게 대처해 주지 못한 부분이 있었다. 집단 사례를 정리하면서 부족한 부분을 알아차리게 되었다. 당시에는 미처 알아차리지 못했던 부분과 미숙한 부분을 알게 되었다는 점에서 개인적 성장을 했다고 본다. 초보 집단상담자에서 벗어났으나 아직 중급 집단상담 지도자로 보기에는 스스로 부족하다고 느낀다.

따라서 집단상담 지도자로서 갖추어야 할 기본적인 태도와 품성 등 효과적인 집단 활동의 촉진에 필요한 인간적 특성을 갖추고, 전문적인 지식과 기술을 풍성하게 갖추도록 해야 한다.

이번 수퍼비전을 통해 집단지도자로서 부족한 부분과 성장해야 할 부분을 알아차렸다. 꾸준한 훈련과 성찰을 통해 앞으로 성숙된 집단지도자로 성장하기 위해 자신의 장점과 개선할 점을 알아차리고 보다 나은 집단을 위해 노력할 필요가 있다.

참고문헌

강진령(2005). 집단상담의 실제. 서울: 학지사.

권경인(2008). 집단발달 및 이론별 촉진요인으로 구분한 집단상담 활동. 서울: 교육과학사.

김춘경 역(2006). 집단상담전략과 기술. 서울: 시그마프레스.

김춘경, 이수연, 이윤주, 정종진, 최웅용(2010). 상담의 이론과 실제. 서울: 학지사.

김헌수, 장선철(2006). 집단상담: 이론과 실제. 서울: 태영출판사.

김형태(2001). 집단상담의 이론과 실제. 서울: 동문사.

노안영(2011). 집단상담 이론과 실제. 서울: 학지사.

양명숙, 김동일, 김명권, 김성회, 김춘경, 김형태, 문일경, 박경애, 박성희, 박재황, 박종수, 이영이, 전지경, 제석봉, 천성문, 한재희, 홍종관(2013). 상담학총서 3: 상담이론과 실제. 서울: 학지사.

이윤주, 선혜연, 김영빈(2000). 초심상담자를 위한 집단상담 기법. 서울: 학지사.

이형득(1986). 집단상담의 실제. 서울: 중앙적성출판사.

이형득(1995). 자기성장프로그램. 대구: 계명대학교 학생생활연구소.

임상록, 김혜숙, 노정자, 안민숙, 채유정(2010). 상담의 이론과 실제. 서울: 파란마음.

장혁표, 강효기(1987). 감수성 훈련의 원리와 실제. 경기: 형설출판사.

전국재, 우영숙(2006). 놀이로 여는 집단상담기법: 집단초기활동. 서울: 시그마프레스.

정경미(2006). 자기성장프로그램을 이용한 집단상담이 대학생의 자아존중감에 미치는 영향. 대구대학교 학생생활연구, 13, 37-48.

정성란, 고기홍, 김정희, 권경인, 이윤주, 이지연, 천성문(2013). 상담학총서 4: 집단상담. 서울: 학지사.

제5장

미혼 커플관계 탄력성 증진을 위한 집단상담 프로그램

제1절 집단상담 사전 계획

1. 집단상담 프로그램 목적

집단상담 프로그램의 목적은 미혼 커플관계에서 경험하는 다양한 역경과 스트레스를 성장을 위한 긍정적인 경험으로 받아들이고 미혼 커플관계 탄력성을 증진하기 위함에 있다.

2. 이론적 배경

프로그램 개발을 위한 이론적 토대는 과정지향심리학에 바탕을 두었다. 과정지향심리학은 민델(Mindell, 1982)에 의해 창시되었으며, 인간을 상태지향적인 관점에서 보는 것을 지양하고 현상학과 실존주의의 철학에 기반을 두는 새로운 패러다임이다. 심리학과 물리학 그리고 초자연주의를 통합하여 현대 물리학의 경험주의적 관점에 기초하는 동시에 형이상학적이고 영적인 관점의 초월영성적인 접근과 통합하였다. [그림 5-1]은 프로그램의 이론적 모델을 제시해 주고 있다. 이는 커플관계 이해, 커플관계 알아차림, 커플관계 경계 확장이다.

커플관계 이해에서는 자신 및 파트너의 이해, 수용, 개방을 통하여 커플관계에서의 자신의 과정(Process)을 이해할 수 있다. 이때의 과정이란 과정의 흐름을 따라가는 것, 과정의 흐름에서 차별화하는 것, 과정을 인지하고 펼치는 것으로 이해할 수 있다(Diamond & Jones, 2004). 이러한 과정을 따라가다 보면 자신의 커플관계 과정에 대한 알아차림을 할 수 있다. 민델(Mindell,

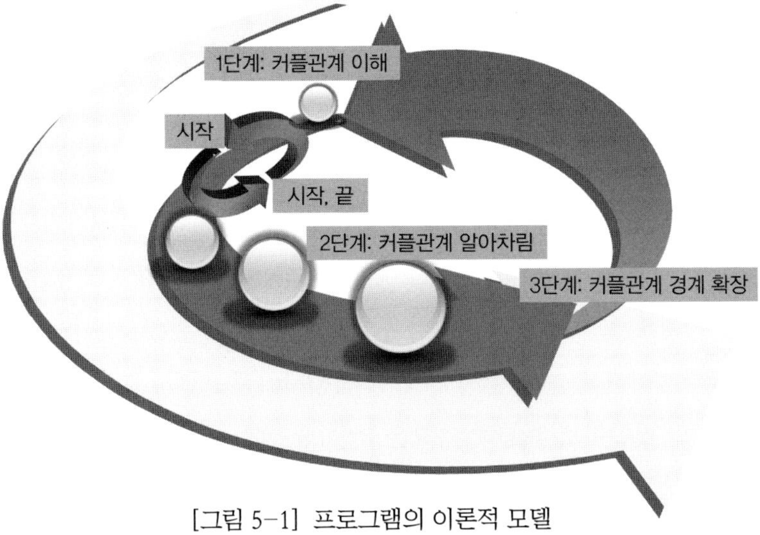

[그림 5-1] 프로그램의 이론적 모델

출처: 전지경, 양명숙(2014).

1996)은 인간의 의식 수준을 크게 두 가지로 구분하여 설명하였는데, 일상적 실재 CR(Consensus Reality)과 비일상적 실재 NCR(Non Consensus Reality)이다. 우리 인간은 실재 경험에서 자신이 인식하는 일상적이고, 사람들 사이에서 서로 함의를 찾은 일상적 실재 CR의 경험만을 인식하며, 경험 안에 숨겨져 있으나, 현재의 과학으로 아직 측정 불가능한 요인들을 무시하려는 경향성이 있다. 이에 민델(Mindell, 1993)은 실재하고는 있지만 인지하지 않은 비일상적 실재인 NCR의 경험에 대하여 관심을 갖고 이들의 경험을 이해하고 알아차리는 것에 중점을 두었다. 본 프로그램에서 커플관계 이해와 관련된 부분은 일상적 실재 CR의 영역에 대한 이해와 더불어 비일상적 실재 NCR의 이해를 돕도록 하고 있다. 이는 내면작업, 유령의 역할, 커플관계에서의 채널에 대한 탐색으로 이루어진다.

또한 과정지향심리학에서의 궁극적인 상담 목표는 알아차림에 두고 있는데(Mindell, 2006), 이러한 커플관계 알아차림 단계에서는 일상적 실재 CR에 대한 알아차림과 비일상적 실재 NCR에 대한 알아차림 모두를 포함한다.

민델(Mindell, 2011)은 인생과 삶의 과정에서 우리는 끊임없이 스트레스와 역경에 직면하게 되고, 이러한 각종 문제나 번뇌, 갈등 등은 단순히 해결해야 할 '문제'가 아니라 나에게 '중요한 깨달음을 주기 위한 신호'라고 주장한다. 역경과 스트레스는 인생의 스승이기 때문에 인생에서 역경과 스트레스를 만나게 되면 이를 통해 배우려는 태도와 우리는 의미가 무엇인가를 깨닫고자 하는 태도를 갖추어야 한다고 설명하고 있다. 커플관계에서 경험하는 다양한 역경도 삶의 스승이자 알아차리고 배워야 할 것으로 받아들일 때, 역경을 긍정적이고 유연한 삶의 태도로 적응시킬 수 있다. 또한 이러한 커플관계에서의 알아차림을 통해 역경은 더 이상 힘든 과정이 아니라 개인의 성장을 위한 신호임을 알 수 있다. 이에 본 프로그램에는 자신의 블랙홀(Black Hole) 과정과 빅뱅(Big Bang) 과정을 통하여 커플관계에서 경험하는 역경을 확인하고, 이를 확장하여 역경이 주는 메시지의 알아차림을 위한 과정을 포함하고 있다.

또한 과정지향심리학자 다이아몬드와 존스(Diamond & Jones, 2004)는 이러한 알아차림의 과정을 탐색하고 따라가다 보면, 자신의 경계(Edge)와 만나게 된다고 하였다. 경계란 내면과정의 영구적이며 연속적인 흐름에 존재하는 가장자리 또는 장벽을 의미한다. 이는 일종의 문턱이며 좋은 것도 나쁜 것도 아니다. 경계는 우리를 서로 다른 세계로 분리하는데, 이는 1차 과정과 2차 과정으로의 분리이면서 일상적 실재 CR과 비일상적 실재 NCR의 분리이다(양명숙, 전지경, 2013). 민델(Mindell, 1993)은 과정의 흐름을 따라가다가 불편감이나 비일상적 실재의 경험 등을 만났을 때가 경계의 상태에 있는 것이라고 설명하였다. 일반적으로 우리는 일상적 마음인 1차적 주의집중에 익숙해져 있어서 새로운 방법으로 전환하는 것을 두려워하고 꺼려한다. 하지만 이러한 경계의 확장은 새로운 장 혹은 세계(New World)로의 변화이면서 커플관계에서의 긍정적인 성장의 과정으로도 받아들여질 수 있다. 이러한 경계의 확장은 커플관계인 파트너와의 관계의 흐름에 대한 변화뿐만 아니라 커플을 둘러싼 장의 변화를 포함한다. 민델은 비국소성의 원리를 설명하면서 커플관계가 단순히 둘 만의 관계에 머무는 것이 아니라 모든 사람, 모든 사물, 모든 물질은 서로가 연결되어 있는 관계라고 주장한다. 자신의 장을 둘러싼 가족, 학교, 직장 및 국가, 심지어 자연과의 교감과 관계에 대한 중요성도 강조하고 있다. 이에 프로그램의 커플관계 경계 확장단계에서는 심오한 민주주의(Deep Democracy), 새로운 세계(New World)로의 확장을 포함하였다. 따라서 본 프로그램은 3단계(커플관계 이해 → 커플관계 알아차림 → 커플관계 경계 확장)의 이론적 모델을 바탕으로 커플관계 탄력성을 증진하는 과정으로의 프로그램 틀을 마련하고자 하였다.

3. 집단상담 프로그램 내용

• 집단의 구조적 형태

  –구조화된 집단상담 프로그램

• 집단 운영 기간

  –201○년 ○월 ○일~○월 ○일 매주 월요일 18~20시

  –총 운영 시간: 20시간(매주 2시간씩, 10회기) (사전검사 및 인테이크 실시: 집단지도자가 프로그램 1주 전 집단원 면담)

• 집단 장소

  ○○대학교 학생상담센터 내 집단상담실

• 대상

번호	별칭	성별	학년	나이	특성 및 태도
1	오리	여	2	21	꾸미지 않고, 수수한 외모를 가진 공대 여학생이다. 중성적 이미지를 보이며, 집단 내에서 다른 집단원의 삶의 과정에 관심이 많았고, 이성인 집단원보다 동성인 집단원에게 더 친절한 말투를 사용하였다.
2	곰	여	4	24	소극적이고, 수줍어하며 목소리가 작다. 말을 할 때 눈을 잘 마주치지 못하고 타인에게 피드백하는 것을 어려워한다. 말끝을 흐리고 분명하게 말하지 못하였다.
3	이글루	남	3	23	준수한 외모의 남학생이며 타인에게 적극적으로 피드백하는 모습을 지녔다. 자신에게 주어지는 피드백에는 방어적인 모습을 보인다. 커플관계에서는 소극적인 모습을 보였다.
4	미소	여	3	23	웃음이 많고, 수줍어하였다. 혼잣말을 많이 하고, 집단원이 이야기할 때 공상에 빠져 있는 듯한 느낌이 들었고, 손의 움직임이 많으며 가만히 앉아 있는 것을 힘들어하였다. 주의가 산만하여 침묵 상황이 되면 웃으면서 침묵을 참기 어려워하였다.
5	방콕	남	3	23	준수한 외모와 큰 키를 지녔고, 진지하고 차분하며 따뜻한 말투로 이야기하였다. 집단원들에게 적극적으로 자신의 이야기를 하고, 집단원의 피드백 하나하나에 진지하고 민감하게 받아들였다.
6	동글이	여	3	23	통통한 외모에 목소리에 힘이 있고 차분한 모습을 지녔다. 이성적인 판단과 피드백이 주로 이루어졌고, 미소, 유리와 친구이지만 미소를 동생처럼 여기고 때로는 대신 이야기해 주기도 하며 적극적인 태도를 보였다.
6	유리	여	3	23	귀여운 외모를 지녔고, 정확하고 명료하게 자신의 의견을 전달하며, 집단 내에서 남학생들로부터 많은 관심을 받았다.
7	피그렛	여	2	22	조용하고 차분하며 목소리가 작지만, 목소리에 힘이 있고 진솔하였다. 집단 과정에서 소극적이며 자신의 의견을 표현하는 것에 부끄러워하였다.
8	손바닥	여	4	24	마르고 큰 키에 예쁜 얼굴을 지녔다. 첫 회기부터 자신을 적극적으로 개방하였고, 명확한 의사전달을 하였다. 타인에 대한 자신의 의견을 분명하게 피드백하고, 집단에서 가장 의욕적으로 참여하였다.

*하위 그룹

① 같은 학과 집단원 3명(유리, 동글이, 미소), ② 서로 이미 알고 있던 집단원(이글루, 방콕)

• 지도자

전지경(한국상담학회 1급 전문상담사 일반수련감독자)

• 목표

이 프로그램의 목표는 자신이 경험하는 커플관계를 이해하고, 커플관계의 과정을 알아차려서 경계를 확장하는 것이다. 이를 통해 최종적으로 커플관계 탄력성을 증진한다. 구체적인 세 가지 하위 목표는 다음과 같다.

–커플관계의 이해를 증진한다.
–커플관계의 알아차림을 증진한다.
–커플관계에서의 경계를 확장한다.

• 회기별 집단상담 프로그램 내용

단계		회기	제목	목표 및 주요 활동
접수 및 사전 설문지	–	0	인테이크	• 프로그램을 위한 사전설문지 작성
도입 단계	도입	1	오리엔테이션	▶주제: 집단 구조화 • 집단상담 프로그램에 대하여 구조화한다. • 자기소개를 통하여 집단원 간의 친밀도와 응집성을 높인다. • 상담목표를 설정한다.
준비 단계	커플 관계 이해	2	자신이해하기	▶주제: 내면작업(Innerwork) • 일상적 실재 CR 및 비일상적 실재 NCR에서 자신의 모습을 이해한다. • 자신의 모습이 커플관계에 어떠한 과정을 형성하는지 확인한다. ① 성격검사(MBTI)를 활용하여 헤아리고, 헤아리지 않았던 자신의 모습을 확인하기 ② 헤아리지 않았던 자신의 모습과 커플관계의 과정을 확인하기 ③ 일상적 실재 및 비일상적 실재 모습을 통한 커플관계의 과정 패턴을 확인하기

		3	환경에서 커플관계 이해하기	▶주제: 시대정신(Timespirit) • 자신을 둘러싼 환경에서 나와 커플관계의 모습을 이해한다. • 환경과 커플관계가 어떠한 과정을 만들어 내는지 확인한다. ① 유령 역할, 드러난 역할 확인하기 – 환경에 대한 이미지(나, 파트너, 환경) ② 나와 파트너가 서로에게 어떤 역할 주고받는지 확인하기 ③ 삶(환경)과 커플관계가 서로 어떠한 역할을 주고받는지 확인하기
		4	커플관계 이해하기	▶주제: 커플 채널(Couple's Chanel) • 자신의 주요 채널과 신호를 확인한다. • 파트너와 자신의 채널이 어떠한 과정을 만들어 내는지 확인한다. ① 사랑의 언어 및 채널 확인하기 – 검사도구 활용 ② 파트너와 나의 채널을 확인하기 ③ 커플관계 채널 확인을 통해 커플관계의 과정 패턴을 확인하기
작업 단계	커플 관계 알아 차림	5	커플관계 블랙홀	▶주제: 블랙홀(Black Hole) • 커플관계에서 블랙홀을 자각한다. ① 나의 블랙홀이 무엇인지 확인하기 –상처받은 상처자의 사이클 확인(상처 경험 → 상처 파편 → 상처자) ② 블랙홀이 커플과정에 어떤 영향을 미치는지 확인하기
		6	커플관계 빅뱅	▶주제: 빅뱅(Big Bang) • 커플관계에서 빅뱅을 경험한다. ① 커플관계에서 블랙홀을 확장하여, 빅뱅을 경험하기 ② 빅뱅작업을 통해 커플관계에서의 자신의 역기능적 역경을 알아차리기
		7	커플관계 역경의 의미 알아차림	▶주제: 커플 안의 카오스(Chaos in Couple) • 커플관계에서 역경의 의미를 자각한다. ① 커플관계에서의 역경, 인생의 그래프 그리기 ② 자신의 인생에서의 현재의 역경들의 의미를 작성하기 ③ 역경이 주는 메시지를 알아차리기
	커플 관계 경계 확장	8	커플관계 확장 1	▶주제: 심오한 민주주의(Deep Democracy) • 커플관계에 대하여 재정립한다. ① 커플관계에 대한 모든 사람, 모든 경험, 모든 꿈, 모든 정신을 받아들이고 확장하기 ② 시간 여행을 통하여 커플관계의 새로운 과정을 확장하기 ③ 커플관계에서 나의 언어적 · 비언어적인 변화행동 작성해 보기

		9	커플관계 확장 2	▶주제: 새로운 세계(New World) • 커플관계에서 확장하여, 현재 장에서의 삶의 과정을 확장한다. ① 현재 장에서의 삶을 새로운 과정으로 확장하기 ② 나를 둘러싼 장의 지지를 알아차리고 이 과정을 확장하기 ③ 현재 장에서의 나의 언어적 · 비언어적인 변화행동 작성해 보기
마무리	마무리	10	마무리	▶주제: 과정에서의 삶(Life is Process) • 긍정적 피드백을 해 준다. • 프로그램을 평가한다.
–	사후 설문지	0	사후 설문지	• 프로그램을 위한 사후설문지를 작성한다.

• 기타: 집단원 서면동의에 의한 2대의 비디오 촬영

• 관찰자 집단: 상담학 박사과정생 3명, 비디오 2대 촬영 및 관찰(집단실 밖 일방경과 비디오 화면을 통하여)

제2절 집단상담 실제 진행

1. 사전 과정

1) 홍보

본 프로그램은 ○○대학교에 재학 중인 대학생을 대상으로 실시하려고 계획하였다. 이에 작성한 홍보물을 학교 홈페이지와 학교 주변에 부착하여 홍보하였다. 홍보기간은 약 2개월 정도였다.

2) 신청접수

참여를 원하는 사람들은 ○○대학교 홈페이지 또는 학생상담센터에 직접 신청하였다. 신청접수는 선착순으로 하였고, 15명으로 제한하였다.

3) 접수면접

프로그램 시작 1주 전에 15명의 예비 인원이 참석하였고, 집단상담 목적과 참여 동기가 일치하지 않은 3명(집단 목적을 이성 맺어주기로 이해), 시작 시간 30분 뒤에 참석해야 하는 1명, 1회기 시작 전에 포기한 1명, 총 5명을 제외한 10명이 프로그램에 참석하였다.

번호	대상	학년(나이)	형식	접수면접 내용	비고
1	오리(여)	2(21)	• 장소: 개인상담실 • 면접방법: 개별면접	• 집단상담 경험: 없음 • 학과 내에서 동성이 거의 없어 외롭다고 하였고, 6개월간 사귀던 같은 학과 남학생과 헤어졌으며 나를 찾아 떠나는 여행을 하고 싶어서 프로그램에 참여하게 되었다.	2주전 헤어짐
2	곰(여)	4(24)	• 장소: 개인상담실 • 면접방법: 개별면접	• 집단상담 경험: 없음 • 최근 남자친구와 헤어졌으며 헤어지는 과정에서 많은 상처를 입었다. 자신감이 부족하고 표현을 잘 못하는 자신의 모습을 보고 친구가 프로그램을 소개해 주어 신청하게 되었다.	1달전 헤어짐
3	이글루(남)	3(23)	• 장소: 개인상담실 • 면접방법: 개별면접	• 집단상담 경험: 없음 • 커플관계에서 자신감을 갖고 싶고, 연애도 시작하고 싶은데 이성인 친구들과 대화하는 것이 두려워서 프로그램 내에서 다양한 경험을 할 수 있을 것 같아 신청하게 되었다.	모태 솔로

4	미소 (여)	3 (23)	• 장소: 개인상담실 • 면접방법 : 개별면접	• 집단상담 경험: 없음 • 모태솔로이며 친구의 권유로 프로그램에 참여하게 되었고, 커플관계를 어떻게 하는지 기술이나 방법을 알고 싶다고 하였다. (7회기 차에 좋아하는 사람이 생김)	모태 솔로
5	방콕 (남)	3 (23)	• 장소: 개인상담실 • 면접방법: 개별면접	• 집단상담 경험: 없음 • 커플관계에서 자신감이 부족하다고 하였고, 친구가 집단상담에 참여했던 경험을 듣고 신청하였다. 접수면접 시 시작할 때에는 여자친구가 없었으나 8회기에 새로운 여자친구가 생겼다.	8회기 차에 연애 시작
6	동글이 (여)	3 (23)	• 장소: 개인상담실 • 면접방법: 개별면접	• 집단상담 경험: 없음 • 커플관계에서 실패로 끝나는 경우가 많고 남자친구에게 집착하게 되는 경향이 있어서 자신감을 갖고 싶고 자신을 알고 싶어서 신청하게 되었다. 현재 남자친구가 없다.	휴식기
7	유리 (여)	3 (23)	• 장소: 개인상담실 • 면접방법: 개별면접	• 집단상담 경험: 없음 • 헤어진 남자친구 때문에 고민하는 모습을 보고 친구의 권유로 집단에 참여하게 되었다. 헤어진 남자친구가 있지만 현재에도 연락을 하고 있으며, 애매한 관계로 남아 있다.	휴식기 & 연애 중
8	피그렛 (여)	4 (24)	• 장소: 개인상담실 • 면접방법: 개별면접	• 집단상담 경험: 없음 • 커플관계에서 자신감이 부족한 것 같고 자신의 감정을 표현하는 것이 어려워 도움을 받고자 프로그램에 신청하게 되었다. 현재 남자친구가 군대에 있으며, 6개월 후에 제대할 예정이다.	연애 중 (2년)
9	손바닥 (여)	4 (24)	• 장소: 개인상담실 • 면접방법: 개별면접	• 집단상담 경험: 없음 • 4년간 연애 중인 남자친구와의 관계에 대하여 체크해 보고 싶고, 커플관계 내에서 상처받은 부분들을 다루어 보고 싶어 프로그램에 신청하게 되었다. 현재 타 지역에 있는 직장인 남자친구와 장거리 연애 중이다.	연애 중 (4년)

10	바다 (남)	3 (26)	• 장소: 개인상담실 • 면접방법: 개별면접	• 집단상담 경험: 있음 • 대인관계에서 자신이 없어서 다양한 사람들과 이야기 나누어 보고 싶어서 신청하게 되었다. 군대에서 제대한 지 얼마 되지 않으며, 현재는 사귀는 여자 친구가 없다.	휴식기

4) 사전 집단 또는 집단 오리엔테이션 내용

사전 오리엔테이션에서는 집단원 전체에게 집단상담 프로그램의 이해를 위한 간단한 설명과 집단상담 프로그램의 목적을 설명해 주었다. 그리고 각 집단원을 1:1로 인터뷰하면서 참여하게 된 동기를 확인하고, 궁금한 사항들에 대한 질의 응답시간을 가졌다. 또한 확정된 집단상담 프로그램 참여자에게는 프로그램 사전검사를 실시하였다.

5) 집단원의 개인 목표

집단원의 상담목표를 〈표 5-1〉과 같이 제시하였다. '•'은 집단원이 선정한 목표이며 '→'는 집단회기 진행과정에서 수정된 목표를 제시한 것이다.

〈표 5-1〉 집단원의 상담목표

번호	대상	학년 (나이)	상담목표
1	오리 (여)	2 (21)	• 파트너와 사귈 때, 적당한 선 지키기: 연애에 치우치지 말고 할 일 하는 여자 되기 • 대인관계 풍부해지기: 확실한 가치관을 가지고 대인관계 유지하기 → 행동을 실천하지 못하는 자신의 모습, 약속을 잘 지키지 않는 모습에서 '프로그램에 지각하지 않기', '지킬 수 있는 약속과 없는 약속을 정확하게 이해하고 말하기'

2	곰 (여)	4 (24)	• 대인관계를 확장하기 • 상대방을 배려하는 마음 갖기 • 자신감 키우기: 이성 친구와 자연스럽게 대화할 수 있도록 하기 → '집단원에게 스스로 피드백 1회 이상 반응해 주기' → 과제: 집단원이 문자나 카톡으로 연락할 때 바로 답장해 주기
3	이글루 (남)	3 (23)	• 이성 친구와 자신감 있게 대화하기 • 나에 대하여 자신감 갖기 → 집단원에게 피드백할 때, '집단원의 눈을 쳐다보면서 이야기하기'
4	미소 (여)	3 (23)	• 매력녀가 되기 • 진정한 나를 찾기 → 자신의 마음과 일치하지 않을 때, '자신의 솔직한 마음을 말로써 표현하기'
5	방콕 (남)	3 (23)	• 매사에 자신감 갖기 • 좋은 여자친구 만들기 • 타인과 좋은 관계 유지하기 → '집단상담실에 들어오면, 여학생들에게 먼저 말 걸기'
6	동글이 (여)	3 (23)	• 좋은 남자/나쁜 남자 구분 잘하기 • 남자친구에게 연락이 안 온다고 핸드폰 잡고 있지 말고, 내 할 일 하기 • 너무 밀거나 당기지만 말고 적당히 적당히 딱 중간에서 잘하기 → '집단원의 의견에 좋고 싫음을 분명히 말로써 표현하기'
7	유리 (여)	3 (23)	• 과거에 받았던 상처 치유하기 • 내 자신을 알고 연애를 잘 해 나갈 수 있는 사람되기 → '집단과정 내에서 내가 정말 원하는 것이 무엇인지, 집단원에게 솔직한 나의 마음이 무엇인지 설명해 주기'
8	피그렛 (여)	4 (24)	• 상대방의 생각, 감정을 이해하는 능력 키우기 • 자신감 키우기/관계 형성 기술 향상시키기(부끄럼 많고, 낯가림 심해서 친구 사귀기가 힘들다.) → '자신의 부정적인 감정을 1회 이상 표현하기' → 과제: 남자친구에게 감정이 담긴 편지 쓰기
9	손바닥 (여)	4 (24)	• 과거에 있었던 일(상처받은 것 등)을 자꾸만 꺼내어 보는 것을 그만두기 • 사람과의 거리감을 어느 정도 해야 할지 알 수 없어 알아 가기 • 내가 건강해져서 건강한 사람 볼 수 있는 눈 키우기 • 그 외 내 할 일 열심히 하여 매력녀 되기 → 의심이 많은 자신의 모습에 대하여 '있는 그대로 믿어 주기'

2. 본 집단상담 과정

1) 1회기: 집단구조화

(1) 일시

201○년 ○월 ○일(월) 18~20시(120분)

(2) 장소

○○대학교 학생상담센터 내 집단상담실

(3) 출석

- 오리, 곰, 이글루, 미소, 동글이, 유리, 피그렛, 손바닥, 바다, 지도자 총 10명
- 관찰자: 상담학 박사과정생 3명(집단실 밖 일방경과 비디오 화면을 통하여)

(4) 회기 목표 및 활동 내용

① 회기 목표

- 집단의 구조화를 통해 집단과정을 이해한다.
- 자기소개를 통해서 집단원 간의 친밀도와 응집성을 높인다.
- 개인상담 목표를 설정한다.

② 활동 내용

차례	활동 요소	활동 내용	시간	실제 시간
1	프로그램 소개	• 프로그램의 필요성, 목적, 성격 소개하기	5분	5분
2	집단의 구조화	• 프로그램의 진행 방식과 진행 형태 설명하기 • 집단 내에서 유의할 점을 설명하고 서약서 작성하기	10분	10분
3	개인 소개	• 집단원의 개인 소개 및 참여동기 나누기 • 집단원의 이미지에 대한 피드백 나누기	70분	90분
4	상담목표 설정	• 프로그램을 참여한 개인의 상담목표 설정하기	15분	20분
5	마무리	• 전 과정을 통해 깨달은 것이나 느낌 나누기	20분	20분

(5) 진행

- 집단의 구조화에서 프로그램을 소개할 때 파워포인트 자료를 활용함으로써 집단원들이 프로그램에 대한 이해를 돕는 데 도움이 되었다. 한편으로는 화면을 바라보는 집단원의 자리 배치가 집단지도자를 중심으로 11자 모양으로 되어 있어서 집단지도자가 모든 사람의 얼굴과 모습을 확인하는데 어려움이 있었다.
- 개인 소개는 집단원에게 첫인상 이미지를 동물로 표현하고 서로에게 피드백하게 하였다. 다른 집단원으로부터 먼저 동물 피드백을 받은 이후에 자신에 대한 소개를 실시하였다. 집단원은 이 작업에서 자신의 첫인상을 듣고 놀라기도 하고, 재미있어 하기도 하였다. 집단원은 집단지도자에게 피드백할 때 목소리가 아주 작아지는 모습이 있었는데, 집단지도자에 대하여 경계하는 모습인 듯하였다.

(6) 평가

① 집단원별 평가

- 곰: 집단에 처음 참석하여 어색해하면서 낯섦을 나타내었다.
- 오리: 집단에 대한 설렘과 동성인 친구들이 많이 생길 것 같은 기대감을 표현하였다.
- 이글루: 여자 집단원과 함께 어울리는 것에 어색해하면서도 집단 내에서 커플관계가 형성되지 않을까라는 기대감을 표현하였다.
- 피그렛: 매우 소극적으로 피드백하고 집단원과 어울리는 것에 어색해하였다.
- 손바닥: 프로그램에 15분 일찍 참여하였고, 집단원에게 적극적으로 다가가는 모습을 보였다.
- 미소: 동글이, 유리와 같은 과 친구로서 동글이에게 주로 의지하였고, 동글이에게 자신의 이야기를 전달해 주기를 바라기도 하였다.
- 동글이: 차분하고 적극적인 태도를 보였다.
- 유리: 모든 집단원을 유심히 바라보면서 적극적으로 피드백하였다.
- 바다 : 처음 참여하는 집단에 대하여 기대감와 두려움의 양가적 감정을 표현하였고, 적극적으로 참여하였다.

② 집단지도자 평가

- 집단 내의 유의할 점을 설명하고 서약서를 작성할 때, 집단 참석 시에는 가급적 화장실 사용도 허용하지 않는다는 설명을 다소 강압적으로 하였다.
- 지도자는 자기소개 시에 적절하게 집단원에게 용기를 주었다.
- 상담목표 설정 과정에서는 시간 제약으로 목표를 구체화하는 데 어려움이 있었다.
- 자리 배치의 모습을 보면 집단지도자를 중심으로 남학생 3명이 주변에 앉았고, 이글루의 자리가 약간 뒤로 빠져 있으며, 소극적으로 참여하는

모습을 보였다.

- 하위 그룹인 미소, 유리, 동글이는 같은 학과 친구들로 함께 참석하였고, 미소가 친구 동글이에게 의지하면서 집단원들이 이야기할 때, 동글이에게 말을 걸기도 하였다. 이 특성이 집단의 역동을 주도하지는 않았지만 하위 그룹의 역동이 집단에 미치는 영향을 세심하게 확인할 필요가 있다.

2) 2회기: 내면작업

(1) 일시

201○년 ○월 ○일(월) 18~20시(120분)

(2) 장소

○○대학교 학생상담센터 내 집단상담실

(3) 출석

- 오리, 곰, 이글루, 미소, 동글이, 유리, 피그렛, 손바닥, 방콕, 지도자 총 10명
- 관찰자: 상담학 박사과정생 3명(집단실 밖 일방경과 비디오 화면을 통하여)

(4) 회기 목표 및 활동 내용

① 회기 목표

- 일상적 실재 CR과 비일상적 실재 NCR에서 자신의 모습을 이해한다.
- 자신의 모습이 커플관계에 어떠한 과정을 형성하는지 확인한다.

② 활동 내용

차례	활동 요소	활동 내용	시간	실제 시간
1	도입	오늘의 목표 설명[주제: 내면작업]	5분	6분
2	강의	내면작업 & 성격검사(MBTI) 설명	10분	18분
3	집단활동 I	MBTI 결과 확인 및 피드백 받기	10분	9분
4	집단활동 II	성격유형별 집단활동	15분	15분
5	집단활동 III	집단 나누기	30분	24분
6	개인활동	자신의 커플관계에서 헤아림과 헤아리지 않음을 확인하기	10분	3분
7	집단활동 IV	집단 나누기	10분	30분
8	정리	집단활동 후 느낌 나누기	10분	9분

(5) 진행

- 새로운 집단원(방콕)이 참석하였다. 집단지도자가 먼저 새 집단원을 소개해 주며, 적응에 도움을 주었다. 또한 프로그램 시작 전 방콕은 집단지도자와 개별적으로 1회기 작업을 하였다.
- 지도자는 하차한 집단원 바다에 대한 설명을 하였고, 집단원은 큰 동요가 없었다.
- 사전검사에서 실시한 MBTI 검사를 활용하여 작업을 실시하였는데, 집단원은 자신의 성격 특성과 다양한 성격 특성을 이해하고 알아차렸다.
- 개인활동인 '헤아린 것과 헤아리지 못한 것' 작업에 대한 느낌 나누기에서 손바닥이 먼저 개방(예전 남자친구의 바람, 이로 인하여 남자를 믿지 못한 자신의 모습)을 하면서 자기개방의 분위기가 높아졌다.

(6) 평가

① 집단원별 평가

- 방콕: 프로그램 1시간 전에 참여하여 개별적으로 지난 1회기 작업을 실

시하였다. 집단에 참여하기 전에 집단원에 대한 기대감을 표현하였고, 남학생 비율이 낮아 당황해하는 모습을 보였다. 집단에서 진지하게 집단원들에게 피드백하는 모습을 보였다.

- 오리: 태평스러운 자신의 성격에 대하여 채찍질하면서 약속을 지키고, 삶을 좀 더 열심히 살아야겠다고 하였다.
- 곰: 자신의 모습에 머물러 자신의 모습이 다른 사람에게 어떻게 비추어질지에 대하여 관심을 가졌다.
- 이글루: 사람들의 관계에서 옳고 그름의 이분법적인 측면에 주로 주의를 기울였는데, 다양성에 대하여 이해해야겠다고 하였다.
- 미소: 성격이 맞지 않는 사람들과는 무조건 피해 왔는데, 이해하려는 노력이 필요함을 느꼈고, 자신도 상황에 유연하게 적응해야 함을 이해하였다.
- 동글이: 스스로 자신의 성격을 파악하기 힘들다고 하였고, 나는 누구인가에 대한 궁금증을 가지고 고민하였다.
- 유리: 헤어진 파트너들과의 관계에서 성격의 다양성을 이해할 수 있었고, 자신이 외향성이 강하다는 새로운 모습을 이해하였다.
- 피그렛: 자신감이 없고 내가 어떤 사람일까에 대하여 고민하였는데, 자신을 이해할 수 있었고, 파트너와의 관계에서 줄여야 할 자신의 특성으로 '잔소리 하지 말고 강요하지 말기'가 기억에 남는다고 하였다.
- 손바닥: 자신의 이야기를 개방하고 난 후 파트너에 대하여 더 이해할 수 있다고 하였고 자신감이 생긴 것 같다고 보고하였다.

② 집단지도자 평가

- 1회기보다 집단지도자의 여유로운 진행으로 집단원이 편안하다는 느낌을 받았다.
- MBTI 성격검사 설명 시간이 예상했던 것보다 길어졌는데, 지도자가 핵

심 위주로만 설명하는 것이 요구된다.

• MBTI 결과에 대한 느낌 나누기 시간에 P유형과 J유형의 대립각이 세워졌고, P유형이 긍정적인 듯한 분위기를 집단원들이 이어갈 때, 집단지도자가 좀 더 명확히 장점과 단점의 의미로 정리해 주는 것이 필요하였다.

3) 3회기: 시대정신

(1) 일시

201○년 ○월 ○일(월) 18~20시(120분)

(2) 장소

○○대학교 학생상담센터 내 집단상담실

(3) 출석

• 오리, 곰, 이글루, 미소, 동글이, 유리, 피그렛, 손바닥, 방콕, 지도자 총 10명

• 관찰자: 상담학 박사과정생 3명(집단실 밖 일방경과 비디오 화면을 통하여)

(4) 회기 목표 및 활동 내용

① 회기 목표

• 자신을 둘러싼 환경에서 나와 커플관계의 모습을 이해한다.

• 환경과 커플관계가 어떠한 과정을 만들어 내는지 확인한다.

② 활동 내용

차례	활동 요소	활동 내용	시간	실제 시간
1	집단활동 I	오늘의 목표 설명[주제: 시대정신]	5분	3분
2	집단활동 II	나, 파트너, 환경(대학생활) 이미지 그림 그리기	10분	20분
3	집단활동 III	집단 나누기	60분	86분
4	강의	커플관계에서의 유령의 역할, 드러난 역할 확인하기	5분	4분
5	개인활동	파트너와 나의 유령의 역할 작성하기	10분	–
6	집단활동 IV	집단 나누기	20분	8분
7	정리	집단활동 후 느낌 나누기	10분	3분

(5) 진행

- 나, 파트너, 환경이라는 세 가지를 이미지화하여 그림을 그리고, 집단원과 서로 피드백을 나누었다. 이때 그림에서 느껴지는 느낌이나 커플관계에 대한 패턴, 그리고 환경에서 나타나는 유령의 역할 등을 확인하였다.
- 개인 활동에서 파트너와 나의 유령의 역할에 대한 작성 작업은 시간이 부족하여 하지 못하고, 파트너와 나의 유령의 역할이 무엇인지에 대하여 집단 나눔만 실시하였다. 커플관계에서 나와 파트너 각각은 서로 어떠한 역할을 하는지 숨겨진 역할과 커플관계에 대한 패턴 등이 무엇인지 확인하였다.

(6) 평가

① 집단원별 평가

- 방콕: 개인 활동 이미지 그림 그리기(20분)에서 그림을 그리지 못하고 어려워하였다. 그림 그리기와 관련된 질문에 집단지도자가 도움을 주었다. 망설이며 그림 그리기를 주저하다가 종료 2분 전이라고 집단지도자가 알려주자 그때서야 재빨리 그렸다.

- 피그렛: 목소리가 작고, 그림을 잘 못 그렸다고 자신 없어 하였다. 군대 간 남자친구와의 역동에서 남자친구에게 아낌없이 주기만 하는 자신의 모습을 알아차렸다.
- 이글루: 자신의 소극적인 커플관계 모습에 대하여 알아차렸다. 추위에 떨고 있는 여자친구와 이글루 속에 있는 소극적인 자신의 모습을 알아차렸다.
- 손바닥: 집단상담 과정에 적극적으로 참여하고 집단원의 작업내용에 대하여 호기심을 갖고 자주 피드백하였다. 개인 활동에서 대등하지 않은 커플관계를 설정하는 자신의 모습을 알아차렸다. 이에 차후 자신과 평등하지 않은 관계 설정을 유지하는 역동에 대하여 확인해 보기로 하였다.
- 오리: 커플관계를 부정적으로 인식하는 모습을 보였고, 자신을 외로운 철새로 파트너는 먹이로 표현하였다. 오리는 자신의 그림은 진로에 대한 그림이라고 설명하였고 집단원이 커플관계로 해석하자 이에 저항하는 모습을 보였다. 남자친구와 헤어진 지 2주일밖에 되지 않은 시점에서 오리가 커플관계에 대한 회피와 저항, 그리고 인정하고 싶지 않은 모습으로 보였다. 커플관계에서 받아들이기 힘든 오리의 모습에 대하여 기다려 주는 것이 필요하다.
- 유리: 자신은 깨진 유리로 파트너는 나무로 표현하였다. 그리고 두 그림은 서로 다른 방향에 위치에 두었다. 자신은 깨진 유리와 같이 불안한 모습이라는 것을 알아차렸다. 그리고 파트너는 긍정적인 모습을 지닌 나무와 변하지 않고 고집스러운 나무의 양가적인 감정을 알아차렸다. 차후 양가적인 감정을 지닌 커플관계 과정에 대하여 더 다루어 볼 필요가 있겠다.
- 곰: 집단에서 거의 말이 없었고, 집단지도자가 참여를 유도하기 전에는 참여하지 않았다. 집단원이 자신에 대하여 알아차리고 피드백해 주는 것을 신기해하면서도 속마음을 들킨 것 같아 부끄럽다고 하였다.

• 동글이: 남자친구에게 기대하는 역할은 아버지처럼 자신을 도와주고 다독여 주는 사람을 원하지만, 막상 자신을 도와주는 사람을 만나면 자존감이 낮아지는 것 같아 싫다는 양가적 모습을 알아차렸다.

② 집단지도자 평가

• 전체적으로 집단원이 작업내용에 흥미로워했지만, 회기 초기 피드백 과정에서는 집단지도자가 참여를 유도하는 빈도가 높았다.
• 모든 집단원이 참여할 수 있도록 유도하였지만, 곰과 피그렛같이 집단 참여가 적은 집단원에게는 적극적으로 참여를 유도하지 못하였다. 집단에서 적극적으로 참여하지 못하는 것에 어떠한 요인[랭크 이슈(Rank Issue)나 소외된 측면]이 있는지 집단지도자로서 민감하게 탐색하는 것이 요구된다.
• 비언어적으로는 열심히 참여하고 메시지를 주고 있는데, 쳐다보면 눈을 피하는 집단원, 피드백하라고 하면 부끄러워하는 집단원에게 기다려 주어야 한다고 생각하면서도, 이들을 밀어붙이는 성향이 있는 것 같다.

4) 4회기: 커플 채널

(1) 일시

201○년 ○월 ○일(월) 18~20시(120분)

(2) 장소

○○대학교 학생상담센터 내 집단상담실

(3) 출석

• 오리, 곰, 이글루, 동글이, 유리, 피그렛, 손바닥, 방콕, 지도자 총 9명

• 관찰자: 상담학 박사과정생 3명(집단실 밖 일방경과 비디오 화면을 통하여)

(4) 회기 목표 및 활동 내용

① 회기 목표

• 자신의 주요 채널과 신호를 확인한다.
• 파트너와 자신의 채널이 어떠한 과정을 만들어 내는지 확인한다.

② 활동 내용

차례	활동 요소	활동 내용	시간	실제 시간
1	집단활동 I	오늘의 목표 설명[주제: 커플채널(Couple's Chanel)]	5분	5분
2	강의	커플관계에서 나의 채널 확인하기	15분	15분
3	집단활동 II	집단 나누기	40분	70분
4	개인활동	커플관계에서 헤아렸던 것과 헤아리지 않았던 것 확인하기	10분	5분
5	집단활동 III	집단 나누기	20분	15분
6	정리	집단활동 후 느낌 나누기	20분	10분

(5) 진행

사전 검사에서 실시하였던 커플관계의 다섯 가지 채널을 가지고 작업하였다. 강의에서 다섯 가지의 채널을 설명하였고, 커플관계에서 나타나는 다양한 채널들을 어떻게 이해하고 활용하는지 나누었다. 집단 나눔시간이 예상보다 30분 길어져서 개인활동 시간이 줄어들었다.

(6) 평가

① 집단원별 평가

• 오리: 지난주와 달리 적극적으로 참여하였고, 남자 집단원에게는 공격적인 말투로 반응을 보였다. 오리는 남자 집단원에게 전 남자친구 혹은

학과 남학생들의 부정적인 모습을 투사하는 것 같은 느낌이 들었다. 또한 전 남자친구가 함께하는 시간 동안에도 오리에게 집중하지 않았고, 서로의 언어가 달랐음을 알아차렸으며, 오리는 이러한 알아차림 후에 남자친구와 헤어진 것이 잘한 것 같다고 받아들였다.

• 피그렛: 집중받는 상황을 매우 부담스러워하였고, 자기개방을 쉽게 하지 못하였다. 뒤로 빠지는 피그렛에게 집단원은 오히려 더 많은 질문을 하였는데 피그렛은 이러한 관심과 질문에 얼굴이 상기되고, 부끄러워하였다. 지도자는 집단원이 피그렛에게 관심이 많은 것 같다고 해석해 주었고, 집단의 과정에서 적극적으로 참여하는 사람과 그렇지 않은 사람들 간의 미묘한 경계가 나타나는 것같이 느껴졌다.

• 손바닥: 차분하게 자신의 이야기를 하였고, 타인의 이야기에 적극적으로 자기개방을 하였다. 또한 커플관계에서 언어를 활용한 채널을 주로 사용하였고, 신체적인 움직임과 신호의 알아차림이 부족하였음을 알아차렸다.

• 방콕: '여자들은~'이라는 여성을 일반화하는 말을 하자, 여자 집단원이 동시에 방콕을 비난하였다. 집단지도자가 성차라기보다는 개인차라고 이야기하였는데, 방콕은 매우 위축되었다. 방콕은 자신이 이야기한 내용을 바로 수정하면서 눈치를 보았다. 이때 이글루는 같은 동성으로서 방콕이 공격받는 모습에 무시하고 회피하는 모습을 보였다.

• 유리: 커플관계에서 표현을 잘하는 사람을 만나고 싶어 하지만, 실제로 유리가 매력을 느끼는 사람은 표현을 잘 하지 않는 사람이었음을 알아차렸다. 또한 자신도 커플관계에서 감정표현이 쉽지 않음을 알아차렸고, 이에 상담목표로 자신의 감정을 표현하기로 구체화하였다.

• 동글이: 자신에 대한 이해를 할 때, 깊은 탐색을 하기보다는 표면적인 것에 대하여 다루고 알아차리는 모습을 보였다. 커플관계에서 감정보다는 이성적인 생각만을 활용하는 모습을 보였다.

- 곰: 커플관계에서 파트너와 다른 모습을 받아들이지 못했던 자신의 모습을 알아차렸다.

② 집단지도자 평가

- 이번 회기에서 집단원 전체적으로 더 진지하고 적극적으로 몰입된 느낌이었다.
- 집단원이 스스로 참여할 수 있도록 기다려 주는 회기였다.
- 방콕과 이글루는 남자 집단원으로서, 남자에 대한 상징적 역할을 한다. 집단 내에는 여자 집단원의 수가 많다 보니, 성차에 대한 의견이 나타날 때, 여자 집단원이 더 큰 힘(Power)을 가지는 것 같다. 또한 여성비하 발언을 하는 남성의 역할, 분노한 여성의 남성 인신공격 역할 등이 집단 내에서 나타나면서 커플관계에서 나타나는 현상들이 나타났다. 지도자도 여자 집단원으로서 방콕이 여성 집단원에게서 공격을 받았을 때, 적극적으로 보호하지 않고 머물러 있었는데, 한편으로는 집단원들이 이 과정을 더 느껴보기를 바랐고, 다른 한편으로는 랭크(Rank)의 불균형이 나타나는 과정에서 보호받지 못한 방콕에 대하여 마음이 쓰였다.
- 동글이가 깊은 탐색보다는 표면적인 것에 머물러 있고, 자신을 확장해 가는 것을 두려워하는 모습을 집단지도자로서 확인하고 이를 더 기다려 줄 수 있어야 할 텐데, 기다려 주는 것이 쉽지 않았다. 알아차림에 대하여 알려주고 싶은 욕구가 생겨나는 집단지도자의 모습을 발견하였다.
- 오리가 집단원인 남학생에게 전 남자친구를 투사시켜 공격적인 피드백을 했을 때, 남학생 집단원의 행동과 전 남자친구의 비슷한 행동에 대하여 감정이 상기되는 것을 나타내었다. 이때 집단지도자는 오리의 느낌이나 감정을 물었다. 하지만 감정적인 접근보다는 생각 위주로 작업이 되었다. 집단지도자의 질문이나 접근도 이성적 접근에 가까워 감정을 깊이 다루지 못하였을 것으로 분석하였다.

5) 5회기: 커플관계 블랙홀

(1) 일시

201○년 ○월 ○일 (월) 18~20시(120분)

(2) 장소

○○대학교 학생상담센터 내 집단상담실

(3) 출석

- 오리, 곰, 동글이, 유리, 피그렛, 손바닥, 방콕, 지도자 총 8명
- 관찰자: 상담학 박사과정생 3명(집단실 밖 일방경과 비디오 화면을 통하여)

(4) 회기 목표 및 활동 내용

① 회기 목표

- 자신의 블랙홀을 확인한다.
- 자신의 블랙홀이 커플관계에 어떠한 영향을 미치는지 확인한다.

② 활동 내용

차례	활동 요소	활동 내용	시간	실제 시간
1	집단활동 I	오늘의 목표 설명[주제: 블랙홀(Black Hole)]	5분	5분
2	강의	커플관계에서의 블랙홀	10분	10분
3	개인활동	블랙홀 작성하기(상처받은 상처자 사이클 확인)	10분	10분
4	집단활동 II	집단 나누기	80분	80분
5	정리	집단활동 후 느낌 나누기	15분	8분

(5) 진행

커플관계에서의 블랙홀을 확인하기 위하여 심리적 측면에서의 블랙홀을 설명하고, 상처받은 상처자 사이클을 작성하면서 자신의 블랙홀이 무엇인지를 확인하고 함께 집단과정에서 나누었다.

(6) 평가

① 집단원별 평가

- 방콕: 어린 시절의 경제적 어려움으로 정규 학교에 다니지 못한 것, 소심함으로 인한 대인관계의 어려움 등으로 파트너를 만나기 어렵고, 자신보다 잘난 여자들에 대하여 질투하거나 사귈 때 회피하는 모습을 보인다고 하였다. 집단원의 공감과 지지로 에너지가 밝아졌으며, 이글루의 결석으로 더 깊은 자기개방을 한 것으로 보였다. 이글루와 방콕은 유일한 남학생으로 서로 경쟁적 느낌이 들었다.
- 오리: 어린 시절의 경제적 어려움, 학교 친구의 외모 놀림으로 인해 자신감이 결여되었고, 이로 인해 사람을 깊이 사귀지 못한다고 하였다. 특히, 남자친구가 단점을 보이면 바로 실망하여 마음을 닫게 된다고 하였다. 자신의 이야기에 울음을 터뜨렸고, 집단원이 이를 공감해 주었다. 오리는 블랙홀 작업을 하면서 변화에 초점을 맞추고 서둘러 변화해야 한다고 조급해하였으나, 집단지도자는 좀 더 여유를 갖고 자신을 들여다 보길 바랐다. 하지만 회기 경험보고서를 보니, 행동 변화로 초점이 다시 맞추어져 있는 것을 확인하였다.
- 동글이: 누가 자신에게 블랙홀에 빠져들게 한 말을 한 것은 아니었으나, 스스로 생각하고 상처받아 왔음을 알아차렸다. 동글이는 심리적인 탐색을 바라는 피드백에 대하여 저항하는 모습을 보였고, 타인의 말에 매우 민감한 반응을 보였다.
- 손바닥: 손바닥은 대인관계에서 소외되는 느낌, 친구들 관계에서 끼지

못하는 은따의 느낌, 전 남자친구의 바람에 대한 상처 등으로 커플관계에서도 소외당한다는 느낌이 자주 들고, 파트너가 자신의 삶에 집중하고 있을 때는 믿음이 줄어들고 거리감을 형성하게 된다고 하였다. 의심이 많아 파트너의 핸드폰에 집착하게 되고 연락하는 여자들 때문에 신경 쓰여서 스스로에게 스트레스라고 하였다. 집단상담 과정에서는 손바닥이 집단에서 보여 주는 적극적인 모습이 관계를 깊이 있게 해 준다는 지지를 받고 자신감을 얻었다.

- 곰: 파트너의 부탁을 쉽게 들어줄 수 없을 때 파트너가 나에게 서운한 감정이 생기게 될까 봐 계속 불안하고 신경이 쓰이며, 사소한 다툼으로까지 이어지게 되는 자신의 모습을 확인하였다.
- 피그렛: 인간관계에서 착한 여자 콤플렉스를 지닌 자신의 모습을 확인하였다. 부탁을 받고, 들어주기 싫지만 고민하다가 결국 들어주게 되며 억지로 도와주기 때문에 기분은 여전히 좋지 않고, 도와주고 후회하는 모습이 자주 반복되는 자신의 모습을 확인하였다. 커플관계에서도 감정 표현이 서툴고, 감정을 숨기며, 자신의 이런 반응에 파트너가 어떤 반응을 보일지 먼저 생각하고 걱정하는 자신의 모습을 확인하였다. 이번 회기 피그렛의 자기개방을 집단지도자는 매우 반가워했다. 또한 집단원이 이를 함께 공감해 주어 한층 가까워진 느낌을 받았다. 피그렛은 "고민이 많아서 오히려 나를 블랙홀 속으로 빠뜨리곤 했었는데 오늘 이 시간을 통해서 그 블랙홀을 극복하고 해결해 나갈 수 있는 방법과 용기를 얻게 된 것이 너무 좋았다."라고 경험나누기를 하였다.
- 유리: 중학교 때 사귄 첫사랑이 친했던 친구와 사귀어 배신감을 느끼고 난 후, 남자친구들의 전 여자친구와 주변 여자친구에 대하여 예민하다고 하였다. 또한 대인관계에서 거절하지 못하는 자신을 보았고 친구들 사이에서도 거절하지 못해서 오는 스트레스와 커플관계에서도 끌려다니고, 안절부절못하는 자신의 모습을 확인하였다.

② 집단지도자 평가

- 학과 보강수업일자로 1명(미소), 학생회 농활 참석으로 1명(이글루) 결석하였다. 참석자 수가 적어서인지 더 집중하는 모습을 보였다.
- 블랙홀 작업을 하면서 자신의 내면을 바라보고 싶은 것과 자신의 내면을 보고 싶지 않은 모습이 집단원 사이에서 끊임없이 나타났다. 또한 블랙홀 탐색과정에서 숨겨진 피해자–가해자의 역할, 전 남자(여자)친구의 유령의 역할이 커플관계에 영향을 주고 있음을 알 수 있었다.
- 유리, 손바닥, 오리 그리고 방콕, 오리는 서로 비슷한 경험에 대한 공감대를 형성하였다.
- 집단원의 작업 내용을 보면 방콕이나 손바닥은 블랙홀을 이해하고 자신의 블랙홀을 탐험하고 있는 것으로 느껴졌고, 오리의 경우 블랙홀을 확인하는 것에 머물러 있는 것으로 느껴졌으며, 곰이나 피그렛, 유리의 경우 표면적인 블랙홀을 확인한 것으로 느껴졌다.
- 집단원 개인 발표시간 안배가 필요할 것 같다. 적극적으로 참여하는 집단원과 그렇지 않은 집단원 간의 시간 분배가 균형적이지 못하였다.

6) 6회기: 커플관계 빅뱅

(1) 일시

201○년 ○월 ○일(월) 18~20시(120분)

(2) 장소

○○대학교 학생상담센터 내 집단상담실

(3) 출석

- 오리, 곰, 이글루, 미소, 동글이, 유리, 피그렛, 손바닥, 방콕, 지도자 총

10명

- 관찰자: 상담학 박사과정생 3명 (집단실 밖 일방경과 비디오 화면을 통하여)

(4) 회기 목표 및 활동 내용

① 회기 목표

- 자신의 빅뱅 과정을 확인한다.
- 자신의 빅뱅 과정이 커플관계에 어떠한 영향을 미치는지 확인한다.

② 활동 내용

차례	활동 요소	활동 내용	시간	실제 시간
1	집단활동 I	오늘의 목표 설명[주제: 빅뱅 (Big Bang)]	5분	2분
2	강의	커플관계에서의 빅뱅	5분	9분
3	개인활동	빅뱅 작성하기	10분	10분
4	집단활동 II	집단 나누기	80분	96분
5	정리	집단활동 후 느낌 나누기	20분	7분

(5) 진행

지난주 작업한 커플관계에서의 블랙홀을 탐색하고 이를 확장하여 빅뱅에 이르는 작업을 하였다. 블랙홀의 중심에서 느껴지는 두려움이 자신의 커플관계에서 어떻게 펼쳐질 것인지 느껴보고, 이를 확장하여 빅뱅에 이르도록 하였다.

(6) 평가

① 집단원별 평가

- 손바닥: 집단원을 도와주고 싶어서 자주 피드백하는 모습을 보였다. 빅뱅 작업에서는 파트너가 자신을 이용하고 다른 여자를 만나러 가는 것에

대한 작업을 하였는데, 오히려 이 남자친구의 배신 행동으로 자신이 행복하고 멋진 인생의 한 과정에 있다고 이해하고 펼쳤다.

- 오리: 학교 계단에서 넘어지면서 다리를 다쳐 왔다. 집단상담 과정에서 뒤로 빠져서 앉아 있었고, 집단상담 과정에 집중하지 못하는 모습을 보였다. 몸이 힘들어서라고는 하지만, 지지받고 싶은 마음, 대인관계에서의 외로움이 느껴졌다. 지도자와 집단원이 공감하는 말을 하면 받아들이기 싫어하면서 괜찮다고 반응하였다. 지지해 주거나 칭찬 등 긍정적인 피드백을 받아들이는 것이 힘들어 보였다. 작업 내용에서는 '남자친구와의 관계에서 투정만 부리지 말고 많은 대화를 나누면서 시간을 보내야겠다.'고 남자친구에게 의지만 하던 자신의 모습을 알아차렸다.
- 동글이: '파트너와의 관계에서 어색하고 서먹한 관계가 될까 봐 두렵다, 더 이상 날 좋게 생각하지 않고 귀찮게 여길까 봐 두렵다.'와 같은 관계에 대한 두려움이나 거부받는 것에 대한 두려움으로 회피하는 모습을 보였다.
- 방콕: 현재 자신의 열등감이나 블랙홀에서 자신감을 가질 수 있다고 하였고, '커플관계에서 가지고 있는 두려움이 무엇인지 깨닫고 두려운 문제에 빅뱅을 일으킴으로써 자신감을 가질 수 있는 계기가 되었다.'고 자신의 작업을 평가하였다.
- 미소: 4, 5회기 결석으로 빅뱅 작업에 어려움이 있었다. 또한 좋아하는 사람이 나타났고, 고백하지 못하고 고민하고 있다고 하였다. 그런 뒤 빅뱅 작업 시 고백했는데 거절당하였다면 쿨하게 인정하고 새로운 사람을 찾아 떠난다고 탐색하였다.
- 이글루: 5회기 결석으로 자신의 블랙홀을 확인하였지만, 빅뱅 작업으로까지 연결하지는 못하였다.
- 피그렛: 착한여자 콤플렉스와 거절에 대한 불안, 내 감정을 있는 그대로 표현했을 때 파트너가 느낄 실망감에 대한 두려움과 상처에 대하여 빅뱅

작업을 하였다. 이러한 과정에서 오히려 파트너도 피그렛을 더 이해하게 되고, 피그렛 역시 자신을 돌아보는 시간이 될 것이라고 알아차렸다. 이에 과제로 파트너에게 감정을 담은 편지를 써서 휴가 나온 남자친구에게 읽어 주기를 내 주었다. 다음 회기에는 남자친구가 휴가를 나와서 함께 여행하기로 하여 집단상담 프로그램에 참석하지 못한다고 하였다.

- 유리: 파트너의 이성관계에 대한 두려움을 확장하여, 남자친구가 바람을 피웠을 때 펼쳐지는 과정을 탐색하였다. 이에 건강하게 헤어지고 삶에 적응하는 모습으로 작업하였다.

② 집단지도자 평가

- 집단원은 "힘내라, 할 수 있다." 등의 피드백이 많이 나왔고 서로 공감하고 적극적으로 지지해 주는 모습이 많았다.
- 미소와 같이 4, 5회기를 참석하지 않은 집단원은 다른 집단원과 달리 자신의 블랙홀이 무엇인지 인지하지 못하였기 때문에 단지 현재 느끼는 커플관계에서의 어려움을 중심으로 빅뱅 작업을 하였다. 이에 대한 집단지도자의 집중작업이 필요하다는 것을 인식하였지만, 집단원에 대한 시간 배분과 준비되지 않은 집단원에 대한 작업 수준을 고려하여 적당한 선에서 넘어갔다. 좀 더 깊은 탐색을 유도할 수 있는 집단지도자라면 이들을 유연하고 깊이 있게 작업하였을 텐데라는 아쉬움이 느껴졌다.
- 자신의 블랙홀을 확장하여 빅뱅에 이르는 과정에서 집단원이 이를 느끼고 바디워크할 수 있도록 작업이 이루어져야 하는데, 집단원의 인지작업이 주로 이루어져서 안타까웠다.

7) 7회기: 커플 안의 카오스

(1) 일시

201○년 ○월 ○일(월) 18~20시(120분)

(2) 장소

○○대학교 학생상담센터 내 집단상담실

(3) 출석

- 오리, 곰, 이글루, 미소, 동글이, 유리, 손바닥, 방콕, 지도자 총 9명
- 관찰자: 상담학 박사과정생 3명(집단실 밖 일방경과 비디오 화면을 통하여)

(4) 회기 목표 및 활동 내용

① 회기 목표

- 커플관계에서 역경의 의미를 확인한다.
- 자신의 역경의 의미를 알아차린다.

② 활동 내용

차례	활동 요소	활동 내용	시간	실제 시간
1	집단활동 I	오늘의 목표 설명[주제: 커플 안의 카오스(Chaos in Couple)]	5분	5분
2	강의	주제: 커플 과정에서의 역경의 의미	10분	10분
3	개인활동	커플관계에서의 역경, 인생 그래프 그리고 의미를 작성하기	10분	10분
4	집단활동 II	집단 나누기	80분	77분
5	정리	집단활동 후 느낌 나누기	15분	10분

(5) 진행

커플관계에서의 역경을 중심으로 인생 그래프를 그려보고, 자신의 삶에서 경험한 커플관계의 역경이 어떠한 의미를 지니고 있는지 알아차리도록 작업을 진행하였다. 커플관계에서의 역경을 찾지 못한 집단원은 현재의 역경을 중심으로 작업하였다.

(6) 평가

① 집단원별 평가

- 방콕: 인생 그래프에서 자신의 꿈이 포기되었던 것, 좋아하는 사람이 있어도 고백하지 못하였던 것, 여자 쪽에서 먼저 사귀자고 하여 원치 않았지만 사귀었던 것 등을 이야기하였고, 역경이 주는 메시지를 탐색하는 작업에서 '솔직하지 못한 자신에게 용기를 가져라.'는 메시지를 찾아내었다.
- 동글이: 인생 그래프의 중요 사건들은 대인관계와 관련된 내용(평생 친구 만남, 친구 배신, 평생 친구 약속)을 중심으로 그렸다. 사람과의 관계에 따라 희로애락이 변화하는 것을 관찰하였고 인정받고 싶은 욕구나 사랑받고 싶은 욕구를 탐색하였다. 사람들에게 인정받기 위해서 자신보다는 타인에게 맞추어서 살아가는 모습을 알아차렸고, 이에 동글이가 처음 상담목표로 세웠던 '적당히 딱 중간에서 잘하기'를 '좋고 싫음을 분명히 말로써 표현하기'로 수정하기로 하였다.
- 오리: 부모님의 이혼에 대한 자기개방을 하였고, 자신의 가장 힘든 부분이며, 말할 수 없는 콤플렉스와 같은 것이라고 표현하였다. 이에 손바닥은 자신의 부모님도 이혼하였다고 개방하며 공감해 주었다. 오리는 비슷한 환경에서 자라온 집단원이 있다는 것에 대하여 안심하고 지지를 받았다.
- 미소: 오리와 손바닥의 부모님 이혼 이야기를 듣고 미소도 자신의 부모

님이 이혼한 내용을 이야기하였으며, 부모님의 이혼 후 어머니의 지나친 간섭으로 인하여 어려웠던 시간들을 개방하였다. 미소는 어머니로부터 심리적으로 독립하고 싶어 하면서도, 심리적으로 성장하지 못한 어린 아이 같은 모습이 공존하고 있다.

- 유리: 자신의 삶에 큰 굴곡이 없다고 개방하였고, 이에 미소가 부러움과 질투의 비언어적 메시지를 보였다. 미소의 반응을 보며 집단 내에서 공감받지 못하는 것 같아 섭섭하다고 하였다.
- 이글루: 이글루는 블랙홀 작업을 불참하여 작업 내용에 깊이 들어가지 못하고, 개인 활동이 오래 걸렸다. 친구에게 사기당했던 자신의 모습을 개방하였고, 자기개방을 할 때 방어하고 경계하는 모습을 보였다. 남들의 평가나 피드백에 민감하게 반응하였다. 역경 작업에 대하여 충분한 이해를 하지 못한 것으로 보였다. 역경을 성장하는 과정으로 이해하는 것이 아니라 싸워서 이기고 없애야 하는 것으로 인식하였고, 집단원이 이글루의 작업 내용에서 의미를 찾는다고 피드백하고 분석하여 이야기하자 방어적 태도를 보였다.
- 곰: 미래에 대한 불안감을 이야기하였다. 일본 유학과 취업에 대한 두려움을 나타내었다. 역경의 메시지를 탐색하는 작업에서 '현재를 적극적으로 살아야 한다.'는 메시지를 찾아내었다.
- 손바닥: 자신의 인생 그래프를 보면서 자신은 잘 살아온 것 같다고 위로하였고, 현재 고민하고 있는 직업, 일에 대한 불안감을 이야기하였다. 고민하고 즐기기만 하지 말고 노력해야겠다는 메시지를 찾아내었다.

② 집단지도자 평가

- 집단원이 전반적으로 몰입하여 집중하였고, 자기개방과 피드백이 활발히 일어났다.
- 집단상담 진행 시 원하는 사람부터 작업을 시작하다 보니 처음 시작한

집단원 방콕에게 너무 많은 시간을 할애하였다. 곰과 같이 소극적인 집단원은 부족한 시간에 짧게 이루어진다. 따라서 먼저 곰을 초대해도 좋았을 것 같다. 집단 나눔 시간에 시간 배분의 균형이 필요하다.

- 인생 그래프 그리기에서 커플관계에 대한 부분보다는 자신의 삶에서 나타난 다양한 역경들이 더 두드러져 나타났다. 집단원은 단지 커플에만 국한시키지 않고 인생 전반으로 펼쳐지는 것에 대하여 집단지도자로서 명료한 작업 내용 설명을 하지 못한 것에 대하여 당황하기도 하였으나 오히려 집단원이 자신의 삶을 이해하는 데 더 도움이 된 것 같다.
- 역경에서의 메시지를 찾는 회기인데, 오리나 이글루는 역경의 메시지를 찾지 못하였다. 현재 느끼는 역경에 대하여 치료적 측면에서 접근하지 못하고 표면적으로 머물 수밖에 없는 한계를 느꼈다.

8) 8회기: 심오한 민주주의

(1) 일시

201○년 ○월 ○일(월) 18~20시(120분)

(2) 장소

○○대학교 학생상담센터 내 집단상담실

(3) 출석

- 오리, 곰, 이글루, 미소, 동글이, 유리, 피그렛, 손바닥, 방콕, 지도자 총 10명
- 관찰자: 상담학 박사과정생 3명(집단실 밖 일방경과 비디오 화면을 통하여)

(4) 회기 목표 및 활동 내용

① 회기 목표

- 새로운 커플관계를 위한 행동 목록을 작성한다.
- 커플관계에 대한 모든 사람, 모든 경험, 모든 꿈, 모든 정신을 받아들이고 확장한다.

② 활동 내용

차례	활동 요소	활동 내용	시간	실제 시간
1	집단활동 I	오늘의 목표 설명[주제: 심오한 민주주의(Deep Democracy)]	5분	5분
2	개인활동 I	커플관계를 재정립하기 –실천할 수 있는 행동 목록표를 작성하기	15분	10분
3	집단활동 II	집단 나누기	60분	70분
4	개인활동 II	커플관계 경계확장에 대한 서약서 작성하기	10분	10분
5	집단활동 III	서약서 작성 내용 낭독하기	10분	10분
6	정리	집단활동 후 느낌 나누기	20분	10분

(5) 진행

커플관계에서의 다양한 자신의 역할과 행동과정을 이해한다. 그리고 건강한 자신의 커플관계 향상을 위하여 변화 가능한 행동 목록표를 작성하고, 이를 위하여 서약서를 작성하고 낭독하는 작업을 하였다.

(6) 평가

① 집단원별 평가

- 방콕: 지난 회기 이후, 버스 안에서 첫눈에 반한 여성에게 용기를 내어 고백하였고, 받아들여졌다. 여자친구가 생겨서 너무 기쁘고 행복하다고 하였다. 시작되는 커플관계에서 자신감을 갖고 적극적으로 행동하겠다

고 하였고, 자존감이 낮았던 자신에 대한 평가에서도 괜찮은 사람이라고 인식을 전환하였다.

- 유리: 과거 남자친구와 헤어진 경험이 현재에도 영향을 미친다고 하였고, 남자친구 어머니와의 관계를 개방하였다. 또한 커플관계에서의 알아차림이 많아지면서 최근에는 커플관계에서 할 일이 많아졌지만, 이러한 과정이 힘들기보다는 새로운 경험으로 받아들여진다고 하였다.
- 동글이: 집단 나눔 시 먼저 하겠다고 이야기하는 적극성을 보였다. 지난 회기의 상담목표 재설정에서 '좋고 싫음을 분명히 말로써 표현하기'였는데, 좀 더 자신을 명확히 표현하는 변화된 모습을 보였다. 커플관계 서약서에서도 '좋고 싫음을 분명히 나타내기'를 작성하였다.
- 미소: 머리를 자르고 왔으며, 표정이 밝아졌다. 외모에도 신경이 쓰이고, 삶에 활력이 생긴다고 하였다. '외박하고 싶다.'는 욕구를 이야기하고, 어머니의 간섭에서 자유롭고 싶다, 독립하고 싶다는 이야기와 이글루에게 인사하고 다니라는 직면을 하였다. 그동안 부탁하거나 부정적인 이야기를 하는 것을 힘들어하였는데, 이글루에게 인사하라고 하는 이야기는 다소 달라진 모습 같아 보였다.
- 손바닥: 파트너에 대한 믿음이 부족하다고 하였고, 남자친구가 가족에게 자신을 소개하는 것에 대한 부담감을 갖고 있는 것에 대하여 섭섭함을 토로하였다. 커플관계가 서로 공평할 수 있는 방법을 집단원에게 피드백 받았다.
- 이글루와 방콕 간의 긴장감이 감돌았다. 경쟁의식과 같이 서로 간의 피드백에 다소 의견 충돌이 나타났다. 이글루가 상대방의 이야기를 잘 듣지 않는다는 부분에 대하여 피드백하였다. 집단지도자가 방콕에 대한 의견을 이글루가 어떻게 생각하는지, 즉 생각 위주로 다루다 보니 긴장감이나 감정에 대하여 깊이 다루지 못한 아쉬움이 남는다.
- 곰: 소극적인 자신의 모습을 탐색하고 변화하고자 하였다. '표현을 자주

하기' '속마음 잘 드러내기'라는 행동 목록을 작성하였다.

- 오리: '상대방의 입장에서 생각해 보기' '중요한 과제는 뒤로 미루지 않고 해치우기' 등 자신의 비효율적인 행동 패턴을 확인하였다.
- 피그렛: 7회기 결석 후 참석하였고, 과제였던 남자친구에게 감정이 담긴 편지쓰기 과제를 수행하였다. 하지만 남자친구 앞에서 읽어주지는 못하고 휴가 복귀할 때 건네주었다고 하였다. 또한 집단상담 과정에서 자신의 목표인 '감정표현하기'를 실천하고자 노력하였다.

② 집단지도자 평가

- 집단상담 참여가 자발적이고 집단원 간의 피드백, 호응도가 높았다. 집단지도자가 크게 관여하지 않아도 집단원 스스로 피드백이 많이 나타났다.
- 지도자가 '감정표현하기' '참 좋은 것 같아요'라는 작업으로 집단원의 사기를 진작시키는 모습이 보기좋았다. 집단원 개인에게 맞춤식 과제 부여가 집단원의 상담 참여를 적극적으로 유도하였다.
- 이글루의 '폭력을 쓰는 경우도 있다.'는 것과 같은 부정적 행동에 대해 집단지도자의 명확한 피드백이 부족한 채 끝났다. 이글루의 폭력에 대한 단어는 집단원에 대한 분노나 방어와 같은 의미로 받아들여졌다.
- 이글루와 방콕의 다소 긴장된 피드백이 흐르고 있었는데, 이를 깊이 다루지 않고 넘어갔다. 집단지도자가 집단상담 과정에서는 집단원 간에 서로 다른 의견을 제시할 수 있다고 여겨서 가볍게 지나갔다. 하지만 집단지도자가 집단 내에서의 갈등 감정을 다루는 것에 두려움을 지니고 있었다. 좀 더 적극적으로 감정을 다루어 주었다면 오히려 이글루와 방콕이 서로 자신의 감정을 솔직하게 부딪치고 경험할 수 있었으리라는 아쉬움이 남았다.

9) 9회기: 새로운 세계

(1) 일시

201○년 ○월 ○일(월) 18~20시(120분)

(2) 장소

○○대학교 학생상담센터 내 집단상담실

(3) 참여자

- 오리, 이글루, 미소, 동글이, 유리, 피그렛, 손바닥, 방콕, 지도자 총 9명
- 관찰자: 상담학 박사과정생 3명(집단실 밖 일방경과 비디오 화면을 통하여)

(4) 회기 목표 및 활동 내용

① 회기 목표

커플관계에서 확장하여 현재 장에서의 삶의 과정을 확장한다.

② 활동 내용

차례	활동 요소	활동 내용	시간	실제 시간
1	집단활동 I	오늘의 목표 설명[주제 :새로운 세계(New World)]	5분	5분
2	개인활동	• 현재 장에서의 삶의 과정 확장하기: 집단과정의 경험 및 자신과 커플관계를 둘러싼 지지 체계를 확인하기 • 경계 확장을 위한 새로운 행동 목록표 작성하기	15분	15분
3	집단활동 II	집단 나누기	60분	70분
4	집단활동 III	삶의 경계확장에 대한 서약서 작성하기	10분	10분
5	집단활동 IV	서약서 낭독하기	10분	5분
6	정리	집단활동 후 느낌 나누기	20분	10분

(5) 진행

커플관계에서 작업한 다양한 자신의 역할과 행동과정을 이해 · 확장하고 자신의 삶의 긍정적인 변화를 위하여 실천 가능한 행동 목록표를 작성한 후 이를 위하여 서약서를 작성하고 낭독하는 작업을 하였다.

(6) 평가

① 집단원별 평가

- 방콕: 방콕은 이글루에게 그동안 불편했던 마음을 표현하였다. 또한 예전부터 알고 지내던 사이임을 이야기하였는데, 집단원과 집단지도자 모두 그 사실에 놀라워하였다. 방콕의 피드백에 군더더기가 없어지고 힘이 실려 있었다. (지난주에 방콕은 이글루에게 불편한 감정이 있었던 것으로 보였다.)
- 이글루: 방콕의 피드백에 대하여 표면적으로 받아들이지만, 충분히 그 말을 받아들이는 것 같지는 않았다. 자신의 이야기를 집단원 전체가 다루는 것에 대하여 다소 불편한 기색을 보였다.
- 곰: 자신의 부정적인 모습을 중심으로 탐색하고 자각한 것을 이야기하였다. 집단원이 곰에 대한 긍정적인 피드백을 하였으나 잘 받아들이지 못하고 부끄러워하였다.
- 동글이: 지나치게 타인 위주로 살아가던 자신의 모습에서 자기를 중심으로 관계를 설정하는 것으로 변화시키고 싶다고 하였다. '내가 최고다! 라고 생각하고 행동하기, 무슨 일에서든지 내가 제일 잘하고 잘났다고 자신감 갖기' 등의 모습을 작성하였고, '인간관계를 중요하게 여기되 얽매이지 않고 내게 소중한 사람들에게 더 노력한다.'라는 다짐을 하면서 자신감을 갖고 효율적인 관계 설정으로 변화하고자 인식하였다.
- 미소: 자신의 모습을 번데기로 표현하였는데, 부지런하게 행동하고 변화하고 싶은 의지를 나타내었다.

- 오리: 실행력 있는 사회인으로 변화하기 위해 행동을 실천하는 사람이 되고 싶다고 하였다. '미루는 일이 없도록 하겠다. 행동에 책임을 지겠다. 자신에게 더 솔직해지겠다.'는 서약서를 통해 나태했던 자신의 모습을 이야기하고, 변화를 위해 노력하고자 하였다.
- 유리: 현재 자신의 모습에서 지쳐 있는 모습을 이야기하였고, 에너지를 얻고 간다고 이야기하였다.
- 손바닥: 자신이 설정한 커플관계 틀에서 확장하여 '바람이 아니라 정말 좋아하는 사람 만나기, 나의 감정에 솔직하기' 등을 제시하였다.

② 집단지도자 평가

집단지도자는 방콕과 이글루 간의 갈등이 표면적으로 나타났을 때, 둘의 대화에 대하여, 방콕에게 '용기 있는 말을 했다.'고 지지함으로써 이글루에게는 방콕의 말을 받아들이게끔 무언의 압력을 행사했을 수도 있다. 두 집단원의 입장을 자유롭게 펼칠 수 있도록 하지 못하고 급하게 방콕의 편에 서서 두 집단원 모두를 보호하지 못한 아쉬움이 있었다. 집단원의 갈등에서 명료하게 서로의 입장을 드러낼 수 있도록 다루지 못한 것이 아쉬웠다.

10) 10회기: 과정에서의 삶

(1) 일시

201○년 ○월 ○일(월) 18~20시(120분)

(2) 장소

○○대학교 학생상담센터 내 집단상담실

(3) 참여자

- 오리, 곰, 이글루, 미소, 동글이, 유리, 피그렛, 손바닥, 방콕, 지도자 총 10명
- 관찰자: 상담학 박사과정생 3명(집단실 밖 일방경과 비디오 화면을 통하여)

(4) 회기 목표 및 활동 내용

① 회기 목표

- 프로그램 참여를 통하여 성장한 자신의 모습 및 커플 과정을 평가한다.
- 집단원의 성장을 확인하고 피드백한다.

② 활동 내용

차례	활동 요소	활동 내용	시간
1	도입	프로그램의 준비 및 오늘의 목표 설명	5분
2	집단활동 개별활동	• 집단원을 중심으로 긍정적 피드백해 주기 • 긍정적 피드백을 받은 사람은 본인의 변화된 모습을 자신의 언어로 표현하기	100분
3	마무리	인사 및 정리하기	15분

(5) 진행

집단원이 자신을 포함한 다른 집단원의 성장 내용을 중심으로 서로에 대한 긍정적인 피드백을 하였으며, 자신들이 세웠던 상담목표의 달성에 대한 평가를 하였다.

(6) 평가

① 집단원별 평가

- 동글이: 오늘의 피드백뿐만 아니라 다른 회기의 피드백에 대하여도 이

제 이해가 되는 것 같다고 하였다. 작업이 이제야 시작되는 것 같아 보였다. 이번 회기의 주제 '과정에서의 삶'처럼 자신만의 과정을 알아차리면서 살아가길 바라는 집단지도자의 마음을 피드백하였다.

- 곰: 자신의 이야기를 할 곳이 없었는데 자유롭게 이야기할 수 있어서 큰 힘이 되었다고 보고하였다.
- 유리: 자신을 돌아본 계기가 되었다고 하였고, 자신을 새롭게 다짐하고 긍정적으로 볼 수 있다고 하였다.
- 손바닥: 집단원의 열정적이고, 추진력 있다는 피드백에 감사해하면서 열심히 살아야겠다는 다짐을 하였다.
- 피그렛: 집단원에게서 긍정적 피드백을 받는 것을 어색해하면서도 자신이 깨닫지 못한 장점을 알게 되었다며 기뻐하였다.
- 방콕: 집단을 참여하면서 커플도 생기고 집단 내에서 인정받는 느낌이 들어서 좋다고 하였다.
- 미소: 적극적으로 집단에 참여하였다.
- 이글루: 집단에서의 칭찬에 매우 어색하고 오글거린다고 하면서, 잘 받아들이지는 못하였지만 자신도 보물을 많이 가지고 있는 사람이라고 평가하였다.
- 오리: 마지막에 대한 아쉬움을 표현하면서 자신감이 생기는 것 같다고 이야기하였다.

② 집단지도자 평가

- 마무리 회기로서 집단원 전체가 흐뭇한 기분으로 집단에 참여하였다. 성장을 위한 서로 간의 피드백 과정에서는 집단원이 지지받는 느낌을 갖게 되었다.
- 동글이가 긍정적인 피드백을 받으면서 자신을 더 깊이 이해하는 모습을 보고, 집단지도자가 동글이에게 도와주고 싶은 마음에 섣불리 직면하였

던 모습이 생각이 나서 부끄러웠다. 공감이 더 큰 변화와 알아차림을 가져온다는 것을 깨달았다.

11) 축어록 회기: 3회기

(1) 일시

201○년 ○월 ○일(월) 18~20시(120분)

(2) 장소

○○대학교 학생상담센터 내 집단상담실

(3) 출석

오리, 곰, 이글루, 미소, 동글이, 유리, 피그렛, 손바닥, 방콕, 지도자 총 10명

(4) 회기 목표

- 자신을 둘러싼 환경에서 나와 커플관계의 모습을 이해한다.
- 환경과 커플관계가 어떠한 과정을 만들어 내는지 확인한다.

(5) 축어록

집단지도자 1: 도입 및 강의– [나, 파트너, 환경에서의 역동 / 역할] [5분]

집단원: 개별 활동 [그림그리기, 20분]

[중략]

집단지도자 2: 작업한 것 소개해 줄 사람? 돌아가면서 한 명씩 한 번 해 보죠. 준비된 사람부터 시작할까요?

손바닥 1: 저는 딱 봐도 느껴지겠지만, 저는 제 손 위에서 남자를 가지고 논다고 생각했는데, 알고 봤더니 남자가 저를 이렇게 좌지우지하는 거예요. 이런 느낌을 이

사람 만나면서 느껴서 그림 그리라고 할 때, 이 이미지가 확~ 떠올라서 그렸거든요. 그리고 제 주변 환경은 만족하는 부분도 있긴 한데 4학년이고 하니깐 혼란스럽기도 하고 그래서 이런 그림을 그렸어요.

집단지도자 3: 손바닥님이 잘 이야기해 주셨는데요. 다른 분들 느낌은 어때요? 피드백해 준다면?

이글루 1: 뭔가 교육받고 있는 것 같은, 혼자 몰랐다가, 남자친구는 손바닥님을 손바닥 위에 올려놓고 가르치고, 손바닥님은 교육받고 있는 느낌이요. 그리고 딴 데 안 가고 집-학교-집-학교 이렇게만 가는 거예요?

손바닥 2: 요즘에는 4학년이니까.

이글루 2: 남자친구랑 동갑이에요?

손바닥 3: 아니요. 나이가 많아요. 직장인인데, 저보다 나이가 많아요. [전체 침묵]

집단지도자 4: (전체를 보면서) 자유롭고 편하게 피드백해 주시면 돼요.

손바닥 4: 솔직하게 하셔도 돼요.

집단지도자 5: 저는 외로움이 좀 느껴지는데요.

유리 1: 자기 자신을 작게 그리고 남자친구는 크게 그리네요.

이글루 3: 남자친구 생각만으로 기쁘니까 얼굴을 크게 그린 거 아니에요? 생각만으로 기쁘니까.

오리 1: 오? 90%? 레알? [전체 웃음]

손바닥 5: 90% 맞아요.

집단지도자 6: 남자친구를 많이 좋아하나봐요. [전체 웃음] 머리에 이 모양은 어떤 느낌이에요?

손바닥 6: 짜증날 때 모양이에요.

집단지도자 7: 남자친구가 짜증내는 모습이에요?

손바닥 7: 제가 현재 짜증날 때, 남자친구가 날 놀려먹을 때 더 악해 보이게 하려고 표현을 했죠.

집단지도자 8: 남자친구가 손바닥님을 좀 놀려먹는 느낌이 드는가요?

손바닥 8: 놀려먹는 게 아니라요. 나보다 나이가 많고 그래서 그런지, 말하는 것도 유도심문도 잘하고 그런 의도가 느껴져서. 그런데 어떻게 하다 보면 항상 그 의도에 말려들어가는 거예요. 저는 여태까지 이런지(거꾸로 인지) 알았는데, 이렇더라고요.

이글루 4: 남자친구 손바닥 위에 작게 그렸잖아요. 연인은 동등한 입장이잖아요. 근데 연인인데도 동등하지 못한 위축되어 있다고 해야 하나?

집단지도자 9: (이글루를 보면서) 손바닥님 이야기를 잘 이해하고 설명해 주시네요.

이글루 5: (웃음) 워낙 강한 그림이라고 해야 하나?

집단지도자 10: 유리님은 어때요?

유리 2: 저도 손바닥님이 자신을 너무 작게 생각하니까 그리고 머리가 복잡해서 날아가는 모습 안타까워 보여요.

집단지도자 11: 음… 안타까움. 미소님은요?

미소 1: 생각을 너무 복잡하게 하기보다는 좀 단순했으면 좋겠어요. 그냥 자기가 좋은것만 생각하면 되는데, 너무 게임하는 것 같아 힘들겠다. 그냥 편한 대로만 생각하면 좋겠다.

손바닥 9: 네, 생각이 좀 많은 것 같아요. 제가 생각이 많은 것을 늘 생각하고 있었거든요. 이것저것 잡다하게 늘 생각한다고 생각했는데.

유리 3: 비슷해요. 저도 그래요.

이글루 6: 생각 덩어리.

[침묵]

집단지도자 12: 집단원들이 생각이 많다. 위축되어 보인다. 이런 피드백들을 주었는데요. 아까 이글루님이 이야기한 것처럼 자신이 작게 보인다. 이 부분은 어떻게 느껴지세요?

손바닥 10: 그건요. 제가 그동안 사귀었던 모습과 반대의 모습이다 보니깐, 스트레스받고 그런 부분 같아요. 그런 부분에서는 제 잘못도 있는 것 같아요. 너무 경쟁적이게 하는 것도 있고.

집단지도자 13: 커플관계에서 서로 경쟁을 통해 권력을 쥐고 싶은 마음이 느껴지는데요. (네) 환경에서는 어떤가요?

손바닥 11: 환경은 현재 친한 친구와 싸워서 말 안 하고 있거든요. 그래서 혼자 있는 외로움도 있고 그런 부분 때문에 남자친구한테 더 의지하는 것 같기도 하고.

집단지도자 14: 속상한 부분에 대해서 남자친구에게 이야기하고, 그런 이야기들에서 위로받고 싶고, 파트너가 그런 바라는 역할에 대해서 충족해 주고 있는지?

손바닥 12: 아니요. 이야기할 때는 잠깐 해 주는데. 그렇지 않을 때는 바라고는 있는데 잘 해주지는 않아요.

집단지도자 15: 방콕님 하고 싶은 이야기가 있는 것 같은데요.

방콕 1: 아니, 저는 너무 잘 그려서, 어떻게 저렇게 표현할 수 있을까? [전체 웃음]

집단지도자 16: 특히 어떤 부분이 잘 표현된 것 같아요?

방콕 2: 손 안에 넣고 있는 거요. 그런데 파트너를 그렇게 손 안에 넣고 싶어요? 남자를 만날 때, 대등하게 만나고 싶지는 않았어요?

손바닥 13: 대등하게 만나는 게 뭔지 모르겠어요.

동글이 1: 근데 원래 만나면 누구든지 누군가는 위에 있지 않아요? 더 좋아하는 사람이 지는 것 그런 거… 제 생각은 그래요.

오리 2: 대등하기 쉽지 않아요. 말만 그렇지.

집단지도자 17: 우리 곰 씨는 어떻게 생각해요?

곰 1: 뭐 저도… 잘 모르겠어요. [웃음] [침묵]

집단지도자 18: 잘 모르겠다는 것은?

곰 2: 대등하면 좋을 것 같은데 사람에 따라서 잘 모르겠고, 어땠나? [침묵]

집단지도자 19: 그러게요. 사귀면서 어떨 때는 대등한 것 같고 어떨 때는 아닌 것 같고, 누군가는 위에 있고 아래 있기도 하고, 왔다 갔다 하는 것 같은데요. 커플관계에서 서로 경쟁하는 경쟁적인 역할이 숨어져 있는 것 같은데요. [잠깐 침묵] 마지막으로 하고 싶은 이야기, 지금까지 피드백 듣고 자신의 감정, 새로 알아차린 것이 있다면요?

손바닥 14: 음… 대등한 게 무엇인가? 생각해 보게 되었고, 커플관계에서 변화가 필요하다? 그런 것? 그런 생각이 들어요. 우리 관계에서 대등해지면 내가 좀 편해질 것 같은 그런 생각이 들어요. 내가 너무 한쪽에만 권력을 싣거나 갖고 싶고, 그러다 보니 힘들게 하고 있는 것 같은 느낌이 들고요.

집단지도자 20: 음, 손바닥님 통찰력이 대단하시네요. [전체 웃음] 다음 분?

이글루 7: 저는 이글루에서 따뜻하게 난로를 떼고 있는데, 여자는 밖에 기다리고 있고요. 저는 소개팅 같은 것 안 좋아하거든요. 제가 좋아하던 사람인데, 좋아하는 사람을 사귀고 싶었는데, 저는 여자가 오면 따뜻하게 해 주려고 몸을 데우고 기다리고 있는데, 여자는 밖의 모습만 보고 차갑다고 생각하고 가버리는.

집단지도자 21: 이글루님의 그림을 보고 다른 분들 느낌은 어때요?

유리 4: 쓸쓸하네요.

손바닥 15: 근데 이글루 문이 왜 닫혀 있죠?

이글루 8: 이글루 문은 원래 닫혀 있죠.

유리 5: 그래서 못 들어가는 거네요. 문 닫아 놓았으니까.

손바닥 16: 아니, 그리고 저렇게 여자가 아무것도 안 입고 뼈다귀 모양으로.

이글루 9: 아니, 이건 그냥 똑같이 그렸어요. 사람을 잘 못 그려서.

손바닥 17: 추운데 와서 서 있는데, 오기만을 기다리고 데리고 들어가지도 않고 너무 추워서 힘들 거 같아요.

동글이 3: 여자가 어디에 뭐가 있는지도 모르는 것 같은데.

유리 6: 맞아. 기다리고 있는지 어떤지도 모를 거고, 그래서 차이지 않았을까?

미소 3: 저러면 못 가죠.

오리 3: 여자가 떠날 만했네요.

이글루 10: 어~ 신기하네요. [전체 웃음]

손바닥 18: 아니, 끝까지 오기만 기다리고 있으면 어느 여자가 가겠어요. 나와서 모셔가도 시원찮을 판에.

이글루 11: 어~ 비슷해요. 신기하네. 제가 그때 그랬어요.

오리 4: 빨간색으로 이글루 다 녹여 버리겠어요.

집단지도자 22: 그러게. 본인은 에너지가 넘쳐서 막 하는데도 표현을 못 하는 모습, 이글루님이 얼음에 갇혀 있는 모습이요.

오리 5: 자신이 갇혀 있는 것 같아요.

손바닥 19: 겁이 좀 있어서.

곰 4: 방어적인 것 같아요.

손바닥 20: 오면 그때서야 좀 따뜻하게 해 줄 것 같아요.

유리 7: 어떤 여자가 저 이글루를 파 가지고 들어가겠어요?

이글루 12: 문을 만들어 놨어야 하는데.

집단지도자 23: 또 해 주고 싶은 피드백은요?

유리 8: 여자도 보니깐 까맣게 되게 꾸미지도 않고요.

이글루 13: 이건 그림을 못 그려서요.

유리 9: 여자도 보니깐 그렇게 다정다감하게 따뜻하게 다가가는 성격은 아닌 것 같은데, 차가워 보이는데요. 남자도 소극적으로 기다리기만 하고, 문도 안 열려 있으니깐 이루어질 수 없었던 것 같아요.

동글이 4: 표정도 보면 여자가 체념한 것 같아요. 기다리다가 '안 오나 보다, 나 그냥 가야겠다' 이렇게요.

유리 10: 중간에서 그냥 간만 보고 그냥 가는.

오리 6: 추워서 입도 얼어붙었네요.

손바닥 21: 한 발자국만 문 앞에 다가갔으면 되는 건데, 각자 다른 것을 보고 있어요.

집단지도자 24: (이글루를 쳐다보면서) 어때요? 지금 심정은? [전체 웃음]

이글루 14: 문을 여러 개를 만들 걸 그랬어요. 신기하네요.

집단지도자 25: 신기한 것 그리고 느낌은 어떤 느낌이 들어요. 우리 집단원들 이야기 들으니까.

이글루 15: 저도 적극적으로 다가가지 못하고, 여자도 적극적으로 다가가지 못했던 것 그게 생각이에요.

집단지도자 26: 그래서 아쉬운 마음이 들겠네요. 혹시 이런 모습으로 커플관계를 하는 것은 아닐까요?

이글루 16: 네, 제가 커플관계뿐만 아니라 사람들과의 관계에서도 이렇거든요. 좀 내성적이고 소극적이고 그래서 좀 바뀔려고 하는데 이게 쉽지 않아요.

집단지도자 27: 혹시 관계 속에서 어떤 부분이 힘든가요? 혹시 감정을 표현하거나 다른 사람에게 감정이 읽혀지는 게 두려운건지 궁금하네요.

이글루 17: 네~ 저는 내 감정이 읽히는 것은 괜찮은데, 이 사람이 정말 나를 좋아하나? 이런 생각을 많이 하는 것 같아요. 진심일까? 이런 거 그게 확신이 안 들면 다가가기가 힘들고요.

손바닥 22: 본인이 먼저 다가갔으면 되는데, 기다리기만 하니까요.

이글루 18: 기다리기만 한 것은 아니고요. 다가가기는 했는데 더 적극적으로 다가가지는 못하고 그냥 주변에서 맴돌면서 따라다니거나, 연락처를 받아도 어떻게 할지 몰라서 연락도 못 하고 있다거나 표현한다 해도 조금밖에 표현하지 못하고, 차갑게 그렇게 보였을 거예요.

집단지도자 28: 확신이 들기 전까지는 계속 고민하게 되고, 머뭇거리고 기다리는 역할이 숨겨져 있는 것 같네요. 커플관계에서 많이 발생할 수 있는 모습인데, 혹시 비슷한 경험이 있는 분들 있으신가요?

[중략: 나머지 집단원들의 작업 내용은 중략]

[집단지도자의 고스트 롤, 아웃 롤의 설명(5분 소요)]

집단지도자 29: 나는 커플관계에서 어떤 역할을 했는지, 또 파트너에게는 어떤 역할을 요구했는지 이야기해 볼게요. 손바닥부터 돌아가면서 이야기해 볼까요?

손바닥 23: 내가 남자친구한테 요구했던 역할은 따뜻한 이미지고요. 특히 아빠처럼요. 우리 아빠는 가정적으로 챙겨 주시는 편이거든요. 그래서 가정적으로 챙겨 주는 남자의 모습을 아빠처럼 기대했나 봐요. 제가 남자친구한테 기대한 것은 오늘 하면서 느낀 건데, 제가 위에 있고 남자친구가 밑에 있게끔 하면서 제가 진심으로 믿고 만난 게 아니라 스쳐 지나가는 사람들 중에 하나라는 생각처럼 만난 것 같아요. 그래서 그런 것을 좀 고쳐야겠다는 생각을 했어요.

오리 7: 저는 남자친구한테 아빠 같은 역할을 원했던 것 같아요. 나이 차이도 있고 그러다 보니 모두 챙겨 주기를 바라고 기대하고, 꼼꼼히 모든 걸 다 챙겨 주기를 바랐는데, 막상 남자친구는 연락도 잘 안 하는 성격이다 보니깐 그게 갈등이 더 심해졌던 것 같아요.

집단지도자 30: 본인은 어떤 역할을 한 것 같아요?

오리 8: 그냥 대체로 동생 같았을 것 같아요. 지금 생각해 보니 여자친구 역할도 했지만, 동생 역할을 많이 했던 것 같아요.

집단지도자 31: 그때 남자친구는 어떤 역할을 원했던 것 같아요?

오리 9: 잘 모르겠어요. 그냥 다 받아준다고만 생각했기 때문에 어떤 역할을 원하는지는 모르겠어요.

집단지도자 32: 남자친구가 원하는 모습에 대해서는 깊이 생각해 보지는 못했을 수도 있겠네요. 어쩌면 남자친구가 엄마 같은 역할을 바랐을 수도 있고, 챙겨 주는 역할을 바랐을 수 있는데, 그런 부분에 대해서는 어떻게 생각하세요?

오리 10: 챙겨 주는 역할보다는 자기 공간이나 영역을 좀 지켜달라는 그런 쪽이 더 맞을 것 같아요.

곰 5: 파트너는 저에게 기댈 수 있게 해 주었고, 저는 무작정 기대는 그런 역할을 했었어요.

집단지도자 33: 지금 다시 파트너를 구한다면 어떤 역할을 기대하고 계시나요?

곰 7: 내가 기대고 챙겨 주는 사람이요.

방콕 4: 저는요. 사귈 때 잘 챙겨 주기는 하는데요. 제 스스로 애인이 있으면 개인 스케줄을 다 버려요. 그게 오히려 집착이 아니었나? 그런 생각이 들고, 또 상대방한테 요구했던 역할은 엄마 같은 역할, 남자도 기대고 싶을 때가 있어요. 그럴 때, 나는 포근하게 감싸주는 그런 역할을 원했던 것 같아요.

피그렛 4: 저는 많은 역할을 했어요. 남자친구한테는 친구 같은 역할, 엄마 같은 역할, 아빠 같은 역할도 하고 그래서 저를 많이 따랐고, 저는 반면에 많은 역할을 기대하지는 않았던 것 같아요.

집단지도자 34: 그래서 좀 지친 게 아닌가요? 너무 일방적으로 많은 역할을 해 주다 보니까요.

피그렛 5: 그럴 수도요.

동글이 5: 저는 대게 어른스럽고 기댈 수 있는 남자를 원했던 것 같아요. 저는 기대는 것은 자존심 상하고 싫다고 하면서도 또 기대었었고, 그런 사람을 원했던 것 같아요.

미소 4: 저는 좀 이상향에 가까운 사람이요. 사귄 경험이 없어서 좀, 제가 이야기하면 다 받아주고, 보듬어 주는 사람 그런 사람을 원하고 나도 그렇게 하고 싶은데 좀 용기는 없고요.

유리 11: 상대방은 저한테만 유일하게 기대려고 했던 것 같아요. 다른 사람에게는 그러지 않으면서 저한테만 유독 그런 모습을 보여 주었고요. 제가 좀 잘 챙겨 주는 스타일이라서요, 그런데 또 그런 게 좀 힘들었던 것 같고, 저도 옆에서 기대고 싶었는데, 그럴 때는 옆에 없었던 것 그런 게 많이 아쉬웠던 것 같아요.

이글루 19: 내가 바라는 여자친구의 역할은 애교 떨고, 재롱장이 같은 역할을 원해요. 그리고 나를 믿고 기대어 주고 그러는 거, 그리고 나는 좀 오빠나 아빠 같은 그런 역할을 하고 싶어요.

[중략: 회기 정리 및 회기에 대한 경험 나누기 중략]

제3절 집단상담 평가

1. 과정 요약

1) 사전 준비과정 요약

집단상담 프로그램 실시를 위하여 우선 프로그램을 개발하였고, 프로그램 평가에 적절한 척도를 개발하였다. 또한 집단상담 프로그램의 목적과 목표를 담은 홍보지를 대학교 홈페이지에 게시하고 학교 주변에 홍보물을 부착하여 홍보하였다. 프로그램 참여를 희망하는 신청자는 학교 홈페이지나 학생상담센터로 직접 찾아와 신청하였다. 또한 1주 전 사전 모임을 통해 프로그램의 목적과 참여 동기 등을 인터뷰하여 집단원 스크리닝 작업을 하였고, 참여가 결정된 집단원에게는 프로그램 사전검사를 실시하였다.

2) 집단상담 진행과정 요약

집단상담 프로그램은 매주 2시간씩 10주에 걸쳐 이루어졌으며, 구조화된 프로그램의 일정에 맞추어 프로그램이 진행되었다. 또한 상담학 박사과정생으로 구성된 관찰자 그룹에서 일방경과 비디오 화면을 통하여 관찰을 하였고, 이들의 회기별 관찰 피드백을 통해 프로그램 진행과정의 이해와 평가를 받았다.

3) 집단상담 결과 요약

집단상담 프로그램 실시 결과 미혼 커플관계 탄력성 척도의 사전-사후 검사의 차이 검증에서 모든 하위 변인에서 사전점수보다 사후점수에서 높게 나타났다. 프로그램의 하위 목표를 중심으로 각 집단원의 성장에 대한 평가를 실시하였고, 집단지도자로서의 진행에 대한 평가와 집단상담 프로그램의 평가를 실시하였다.

4) 집단원 출결사항

번호	별칭(성별)	1회	2회	3회	4회	5회	6회	7회	8회	9회	10회
1	오리(여)	○	○	○	○	○	○	○	○	○	○
2	곰(여)	○	○	○	○	○	○	○	○	×	○
3	이글루(남)	○	○	○	○	×	○	○	○	○	○
4	미소(여)	○	○	○	×	×	○	○	○	○	○
5	방콕(남)	×	○	○	○	○	○	○	○	○	○
6	동글이(여)	○	○	○	○	○	○	○	○	○	○
7	유리(여)	○	○	○	○	○	○	○	○	○	○
8	피그렛(여)	○	○	○	○	○	○	×	○	○	○
9	손바닥(여)	○	○	○	○	○	○	○	○	○	○
10	바다(남)	○	포기								

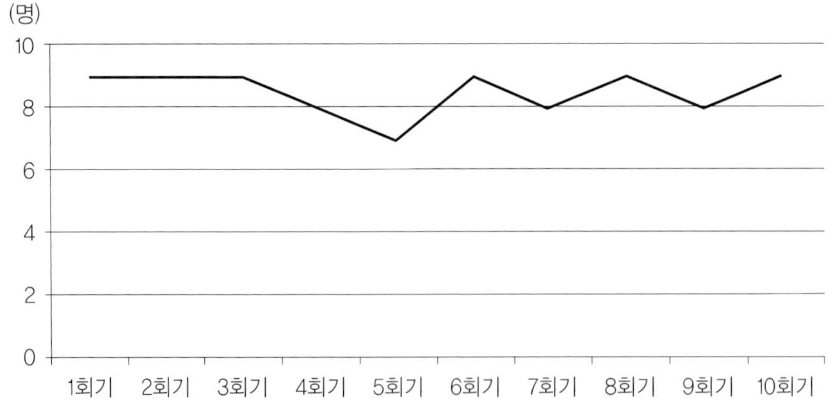

집단상담에 참석한 집단원 여학생 1명과 바다가 불편한 관계여서 1회기 이후 서로 누가 집단상담 프로그램을 포기할 것인지 이야기하였고, 바다가 빠지기로 하였다. 10명에서 시작한 집단상담 프로그램은 10회기 종료 시점을 중심으로 9명으로 마무리되었다. 1회기 이후 집단 참여를 포기한 1명(바다)을 제외하고는 집단원의 참석률이 높았다. 미소가 4, 5회기에 개인적인 사유 및 학과 행사를 이유로 두 번 결석을 하였는데, 이러한 불참은 프로그램 회기 내내 미소의 개인적인 탐색을 저해하는 요인이 되었다.

2. 평가방법 및 평가도구

1) 평가방법

프로그램에 대한 평가는 미혼 커플관계 탄력성 척도를 통한 사전-사후 검사의 차이 검증과 집단과정에 대한 녹취록 분석을 통한 집단원의 성장과정에 대한 질적 분석으로 이루어졌다.

2) 평가도구

(1) 미혼 커플관계 탄력성 척도

커플관계 탄력성을 측정하기 위하여 전지경과 양명숙(2011)의 연구에서 개발된 미혼 커플관계 탄력성 척도(Couple Relationship Resilience Scale)를 사용하였다. 하위 요인은 다섯 가지로 커플관계 긍정성, 커플관계 유연성, 커플관계 탈중심성, 의사소통, 사회적 지지가 포함되며 총 20문항이다. 척도는 5점 척도로 1점에서 5점으로 되어 있다.

3. 평가내용

1) 목표 성취

(1) 커플관계 탄력성 사전-사후 검사 결과

커플관계 탄력성의 사전-사후 검사 결과에 대한 평균과 표준편차 및 차이 검증 결과는 〈표 5-2〉와 같다. 사전검사(69.44)와 사후검사(73.88)의 평균 점수가 높게 나타났다. 또한 5개의 하위 변인의 사전-사후 검사 결과 모든 하위요인에서 사후검사 결과 평균점수가 높았다.

〈표 5-2〉 미혼 커플관계 탄력성 척도 사전-사후 검사 결과

미혼 커플관계 탄력성	N	사전 M(SD)	사후 M(SD)	*t*
커플관계 긍정성	9	12.00(2.44)	13.55(2.60)	1.306
커플관계 유연성	9	15.55(1.74)	16.44(2.20)	.925
커플관계 탈중심성	9	14.00(1.50)	14.44(2.96)	.402
사회적 지지	9	16.00(3.74)	16.99(2.80)	.570
의사소통	9	11.88(2.97)	12.55(3.57)	.430
척도 총합	9	69.44(7.58)	73.88(10.10)	1.055

(2) 각 집단원의 성장에 대한 평가

- 오리: 이해단계에서는 '파트너와 내가 달랐구나.'라는 인식에 머물렀으며 커플관계 주제에 대하여 회피하는 모습을 보였다. 작업단계로 이행되면서 어린 시절 친구 관계에서의 힘든 기억, 부모님의 이혼, 경제적 어려움 등으로 인한 자신의 블랙홀을 찾고 이를 통해 커플관계에서 형성된 자신만의 특성들, 즉 파트너와 함께 있어도 외로움을 느끼고, 파트너에게 투정부리며 아버지의 역할을 기대하는 모습 등 커플 과정 패턴을 알

아차렸다. 경계 확장단계에서는 '파트너의 입장에서 생각해 보기', 비효율적인 행동 패턴이던 자신의 모습에서 '뒤로 미루지 않고 하기' 등 자신만의 새로운 행동변화로 확장시켰다. 한편, 집단지도자로서 오리의 성장을 위하여 좀 더 다루고 싶었던 부분으로는, 대인관계에서 늘 외로움을 느낀다고 하면서도 스스로 고립시키고 외롭게 살아가는 모습이었다.

• 곰: 이해단계에서는 차이를 인식하고, 파트너에게 표현하지 못한 자신의 모습으로 인해 커플관계가 힘들었겠다는 것을 알아차렸다. 작업단계에서는 커플관계에 대한 개방이 거의 없어서 블랙홀이나 빅뱅의 과정을 집단지도자로서 구체적으로 확인하지는 못하였다. 행동변화와 관련된 부분에서는 '표현 자주하기, 속마음 잘 드러내기'와 같은 내용을 보고하였다. 마무리단계에서 곰은 '내 이야기를 할 수 있는 곳이 없었는데, 이렇게 자유롭게 이야기할 수 있어서 편안했다. 소중한 시간이었다.'라고 자신을 개방하였는데, 다른 집단원들의 이야기를 듣고 공감하면서 간접적인 경험을 하였다. 그리고 이를 통해 커플관계를 폭넓게 알아 간 것으로 곰의 집단 내에서의 성장 과정을 이해하였다. 집단 내에서 가장 소극적이고 언어적 피드백이 적었던 집단원이다. 집단지도자로서는 적극적인 참여를 유도하기 위해 열심히 애쓰게 만들었던 집단원이며, 한편으로는 기다려 주어야 하는데, 너무 부담감을 주는 것은 아닌가라는 고민을 하게 하였던 집단원이다.

• 이글루: 이해단계에서는 커플관계에서 소극적으로 대처하던 자신의 모습을 이해하였고, 실제 여성 집단원에게 피드백할 때 눈을 잘 마주치지 못하였다. 또한 집단에서 집단원의 피드백에 경계하고 방어하는 모습을 보였다. 알아차림단계에서는 1번의 결석이 있었고, 이에 다른 집단원보다 내면작업이 쉽지 않았다. 하지만 커플관계 경계확장단계에서는 구체적인 대안들을 모색하고, 변화를 위한 다짐과 과거의 자신의 모습을 재인식하는 모습을 보였다. 집단지도자로서 이글루의 성장을 위하여 더

다루고 싶었던 부분은 다른 사람과의 갈등 상황, 의견차가 발생되었을 때 나타나는 방어적 모습, 그리고 거절당하는 것에 대한 두려운 감정 등이었다.

- 유리: 이해단계에서는 커플관계에 온전히 빠져들지 못하는 자신의 모습과 이로 인해 느끼는 양가감정을 확인하였고, 알아차림단계에서는 전 남자친구의 배신 경험이 자신의 커플관계에 지속적인 영향을 주고 있었음을 알아차렸으며 빅뱅작업을 통하여 이를 재경험함으로써 새로운 커플관계로 이양되는 모습을 보였다.
- 동글이: 이해단계에서는 자신이 누구인지 잘 모르겠다고 하면서 표면적인 것들에 대하여 주로 다루고, 커플관계에서의 경험에서도 자신이 느끼는 감정과 이성이 서로 불일치된다는 것을 이해하였다. 작업단계에서는 동글이가 대인관계를 매우 중요하게 느끼면서 자신보다는 타인의 눈치를 보면서 살아가는 자신의 모습을 알아차렸다. 하지만 집단과정에서 나타나는 동글이의 모습은 자신이 느끼는 것과 불일치되는 모습에 대한 피드백은 받아들이지 못하였다. 커플관계에서 파트너로부터 받아들여지지 않고 거부당하는 것에 대한 두려움을 탐색하였고, 이성적인 판단이 앞서 감정을 무시하거나 차단하는 일이 많다는 것을 알아차렸다. 마무리 회기에서 자신의 일치된 감정을 만나는 모습을 보았다. 이성이 발달된 사람의 감정에 대한 알아차림은 기다림이 필요하다는 것, 집단지도자도 이성적 접근과 알아차림의 모습이 강한데, 동글이를 통해 그런 집단지도자의 모습을 볼 수 있었다.
- 미소: 집단 초기에는 '커플관계의 경험이 없어서 잘 모른다.' 혹은 같은 과 친구였던 동글이나 유리에게 의지하면서 성장하지 않은 어린아이 같은 모습이 많이 나타났었다. 작업단계에서 4, 5회기를 결석하면서 몰입도가 떨어지긴 하였으나, 어머니의 과도한 보호와 집착으로 나타난 자신의 어린아이 모습을 이해하고 성인으로서 독립하고자 하는 의지를 나

타내었다. 비록 자신을 '행동의 변화가 없고 게으른 번데기'로 표현하였지만 변화하고 싶어 하고, 집단 초기에 비하여 집단 후기에는 적극적으로 집단원에게 피드백하는 모습이 나타나 집단에서 성장되었다고 평가할 수 있다.

- 피그렛: 커플관계에서 감정을 표현하지 못하는 자신의 모습, 이를 착한 여자 콤플렉스와 함께 탐색하였고, 감정을 있는 그대로 표현했을 때 파트너가 실망할까 봐 그리고 관계 형성이 어려워질 것에 대한 두려움, 거절에 대한 불안 등을 알아차렸고, 이에 집단 내에서는 솔직한 감정을 표현하기, 남자친구에게 감정이 담긴 편지 쓰기와 같은 감정표현을 중심으로 작업하였다.
- 방콕: 집단 초기에 소극적인 모습을 보였고, 자신을 드러내는 것을 어려워하였다. 또한 이해단계에서 자신의 낮은 자존감을 확인하였고, 알아차림단계에서는 경제적 어려움과 정규학교를 다니지 못하였던 열등감에 대한 개방을 통해 자신의 커플관계의 모습을 알아 나갔다. 이를 통해 솔직하지 못했던 자신에게 용기를 찾자는 자존감이 회복되는 모습을 보였는데, 이는 첫눈에 반한 여자를 보고 고백한 사건에서도 확인할 수 있다. 이는 기존과 달리 자존감 회복과 관련된 부분이라고도 볼 수 있다. 이글루와의 관계에서도 솔직한 자신의 감정을 이야기하는 용기는 자신의 확장된 경계의 모습이라고 보인다.
- 손바닥: 손바닥은 집단 초기부터 적극적인 자기개방과 피드백을 보였다. 하지만 후반으로 갈수록 많은 자기개방으로 다른 사람들의 작업시간을 단축시켰다. 커플관계에서 주도권, 권력을 갖고 싶은 욕구가 있다고 이야기했었는데, 집단상담 과정에서도 마찬가지로 나타나는 모습이었다. 이 부분에 대하여 언급은 있었으나 집단상담 과정에서는 충분히 다루지 못한 아쉬움이 있다. 집단지도자가 손바닥을 믿고 맞닥뜨렸다면 더 큰 성장을 가져올 수 있었을 텐데, 손바닥에게는 '있는 그대로 믿기'라

는 상담목표를 설정하도록 독려하면서, 정작 집단지도자가 모델링이 되지 못함에 대한 아쉬움이 따른다. 손바닥이 친구들 사이에서 종종 은따의 경험을 하였다고 하는데, 이와 관련된 것이 아닐까라는 가설을 세워볼 때, 작업을 마무리하지 못한 아쉬움이 따른다.

2) 집단상담자 평가

- 전반적인 역할은 촉진자로서의 역할에 치중하였다. 초기 준비단계에서는 집단원의 역동을 위해서 끊임없이 집단지도자가 집단원을 참여시키는 것에 집중하여 강제적으로 피드백하도록 초대하는 횟수가 많았다. 중기 작업단계 및 마무리단계로 갈 때 집단원이 자발적으로 피드백하는 것이 늘어나면서 집단지도자가 뒤로 물러나 집단이 스스로 흘러가도록 돕는 촉진자로서의 역할을 하였다.
- 집단지도자도 집단의 한 일원인데 집단지도자의 경험에 대한 자기개방이 부족하였다. 회기마다 9명의 집단원의 개방과 구조화된 작업을 하다 보니, 집단지도자의 작업은 시간상의 한계가 있어 할 수 없었다. 하지만 좀 더 집단운영의 기술과 능력이 있었다면, 짧은 시간에도 적절하고 깊은 개방을 할 수 있었을 것이다. 아쉬움과 개발이 필요한 부분이다.
- 출석률에서의 분석은 다음과 같다. 초기에 하차한 1명을 제외하고 집단원 9명이 높은 출석률을 보였다. 집단원 중 미소는 2번 결석을 하였고, 이에 따라 활동에서 큰 성과를 이루지 못하였다. 집단상담이 진행될 때는 알아차리지 못하였지만, 사례를 정리하면서 알아차린 것은 미소에게 집단지도자가 어쩌면 무언의 밀어내기를 했을 수 있겠다는 생각이 든다. 미소는 어색한 상황에서 웃음을 보이는데, 이를 보는 집단지도자의 모습에서 답답함과 투사감정이 느껴졌기 때문이다. 집단지도자도 경계를 만나면 웃음을 보이는 모습이 많은데, 집단지도자가 무의식적인 비

난이나 직면을 했을 수 있었겠다는 생각이 들었다. 실제로 집단과정에서 미소에게 웃는 모습을 다룬 적이 있었는데, 준비되지 않은 집단원에게 큰 직면이 되었겠다는 생각이 든다.

- 방콕과 이글루는 처음부터 아는 사이로, 편안한 관계는 아니었다. 집단에서 둘 사이의 긴장감이 느껴질 때가 많았는데, 집단지도자가 이를 민감하게 다루지 못하였다. 또한 이 두 집단원의 역동에서 자기개방을 열심히 하는 방콕에게 좀 더 공감하는 모습을 보인 것으로 보이고, 이로 인해 이글루는 집단지도자에게 섭섭함을 느낄 수 있었다. 자료를 분석하면서 이글루가 폭력에 대한 부분을 언급하는 것이 있는데, 이는 집단에서 충분히 공감받지 못한 것에 대한 방어적인 표현이 아닐까 생각된다.
- 집단지도자도 성장하는 중이고 경계를 확장하는 과정에 있다 보니, 진행에서의 긴장감이나 집단원이 집단지도자의 의견에 저항하는 모습을 보이면 당황스러워하고 때로는 이를 관철시키고자 하는 모습을 나타냈다.

3) 집단상담 프로그램 평가

전체적인 집단상담 결과에 대한 평가를 분석해 보면, 회기별 집단과제는 구조화된 프로그램의 구성과 절차에 맞추어 진행이 되었다. 프로그램의 하위 목표인 커플관계 이해, 커플관계 알아차림, 커플관계 경계확장을 대부분 집단원이 성취하였다고 평가하였다.

제4절 집단상담 사례 토의

1. 수퍼비전 받고 싶은 내용

- 청소년이나 대학생을 대상으로 하는 집단상담 프로그램에서 작업내용을 모든 집단원을 대상으로 확인하는 것과 집중적으로 몇 명의 집단원만 깊이 다루는 것 중 어떤 것이 더 효율적일지 궁금하다. 소수의 집단원의 내용을 깊이 다룬다면, 참여 기회가 적거나 자신의 흥미와 관련되지 않은 집단원은 쉽게 흥미를 잃고 도태할 수 있어서 참여도가 떨어질 수 있고, 모든 집단원의 과정을 이해하기 어렵다. 또한 모든 집단원을 다루다 보면 깊은 내용의 작업이 이루어지기 힘든 점이 있다.
- 집단상담 프로그램에서 하차하는 집단원을 최소한으로 막을 수 있는 방법에는 어떠한 것들이 있을지 궁금하다.
- 집단 내에서 집단원의 미묘한 갈등이 감지되었을 때, 예를 들면 방콕과 이글루와 같은 갈등에서, 미리 집단지도자가 먼저 다루어 주는 것이 좋을지 아니면 집단원이 스스로 개방할 수 있도록 기다리는 것이 좋을지 궁금하다.
- 상담목표 설정 시 집단원이 원하는 욕구를 먼저 확인하고, 대부분의 집단원들은 광범위하고 추상적인 내용들을 설정한다. 이에 구조화된 본 프로그램의 경우 1회기 상담목표 설정을 위한 집단활동 시간에 구체화하는 작업을 수행하였지만 시간이 부족하였다. 따라서 집단이 진행되는 과정에서 집단원의 핵심 문제와 관련하여 집단원에게 직면이 필요한 부분을 중심으로 상담목표를 지속적으로 수정하였다. 대부분 4회기 커플관계 이해단계에서 만들어지지만, 동글이의 경우 7회기에 자신의 상담목표가 설정되기도 하였다. 이러한 것이 과연 바람직한 방향이라고 볼

수 있는지, 뒤늦게 설정된 상담목표가 프로그램에서의 집단원 개인목표라 할 수 있는지, 한편으로는 집단원 동글이가 이번 프로그램이 아니라 다음 프로그램이나 개인상담에서 수정된 목표를 수행할 수도 있었는데 집단지도자가 너무 욕심을 낸 것은 아닌지 궁금하다.

2. 수퍼비전 내용

1) 제1 수퍼바이저 의견

본 구조화 집단은 지도자가 과정지향심리학 이론을 바탕으로 미혼 커플을 위한 집단상담 프로그램을 매우 면밀하게 계획하고 섬세하게 진행하고 있는 집단이다. 집단지도자는 커플관계 집단상담 프로그램을 구성하면서 그 내용을 커플관계 이해(Understanding), 커플관계 알아차림(Awareness), 커플관계 경계(Edge)확장이라는 3단계를 통해 매우 면밀하고 체계적으로 구성하였다. 집단지도자는 이러한 집단의 내용의 중심축을 지속적인 알아차림으로 설정하고 집단과정 자체를 끊임없이 집단원 자신과 커플관계의 알아차림을 위한 연습과 훈련을 통해 커플관계 탄력성을 증진하고자 하였다. 그러나 집단상담 프로그램에서 프로그램의 목표가 성취되기 위해서는 프로그램의 내용뿐만 아니라 집단지도자의 특성이 매우 중요한 요인이다. 본 사례를 통해서 집단지도자는 매우 성실하고 성의 있으며 완벽한 내용 구성을 지향하는 체계적이고 구조적인 특성을 지니고 있는 것으로 보인다. 이러한 집단지도자의 특성은 목표지향적인 집단을 만들어 내고 집단상담이 진행되는 과정에서 집단원들로 하여금 상담목표를 성취하도록 지속적인 영향을 주고 있다. 즉, 집단진행과정에서 집단지도자를 중심으로 한 배를 탄 집단원이 집단지도자를 신뢰하고 그의 방향 제시에 따라 믿고 따르는 듯한 지도자 중심의 응집력을 확인할 수 있다. 이러한 집단지도자의 리더십이 때로는 강점이기도 하지만 때로는 집단원이 깊이 있는 내면적 성찰을 하기보다는 인지적 이해와 피상적 알아차림으로 흘러갈 수도 있게 한다. 집단지도자는 집단과정에서 리더십을 집단원에게 분배할 뿐만 아니라 집단원의 깊은 내면에 접촉할 수 있도록 머무를 수 있어야 한다. 이를 위해서 자신의 내면에 대한 끊임없는 알아차림과 감수성의 증진을 위한 훈련이 필요하다.

또한 집단의 초기 과정인 구조화 과정에서도 집단지도자는 일방적인 오리엔테이션보다 집단원 스스로가 집단의 규칙을 만들고 이를 합의하는 과정을 진행하도록 도와야 한다. 이를 통해 집단원은 자발성을 가지고 집단에 적극적으로 참여하고, 역동을 일으키며, 자신을 개방해도 안전하다는 경험을 할 수 있다. 즉, 집단지도자는 집단원이 지도자의 방향 제시에 따라 수동적으로 움직이거나 관철하는 입장이 아닌 집단을 조성해 가는 참여자로서 상담과정에 초청을 할 수 있어야 한다. 프로그램에서의 일방적인 오리엔테이션은 앞에서 언급한 집단지도자의 특성과도 일치한다고 할 수 있다. 집단지도자는 규칙과 규범을 만들기보다는 집단의 역동을 활용하여 집단원이 스스로 목표를 성취할 수 있는 생산적인 규칙을 만들 수 있게 역할을 하는 것이 중요하다. 집단지도자는 이러한 집단의 규칙을 집단상담 진행과정에서 재인식시켜 진행과정에 어려움을 주는 집단원에게 알아차림을 줄 수 있어야 한다. 이러한 집단 초기의 활동은 집단원의 중도 탈락을 예방할 뿐만 아니라 중단하는 집단원에게서 집단을 보호할 수도 있다.

집단지도자가 고민했던 내용 가운데 하나가 집단원 사이의 갈등을 어떻게 다룰 것인가에 대한 것인데, 이는 집단지도자가 판단하여 적절한 시기에 다루어 주어야 할 필요가 있다. 자칫 집단원의 갈등이 집단역동에 영향을 줄 뿐만 아니라 하위 집단을 형성하여 집단의 긍정적인 활동을 방해할 수 있기 때문이다. 집단지도자는 갈등하는 집단원들을 상호작용으로 초대하여 그들의 언어적 · 비언어적 메시지에서 나오는 내용을 다루는 방법을 활용할 수 있다. 또한 집단지도자가 관찰하는 상호작용의 특성을 직접적인 즉시성과 진솔성을 통한 개방으로 갈등을 직접 다룰 수도 있으며, 다른 집단원을 초대하여 그들의 의견을 물어보면서 다루어 나갈 수도 있다.

마지막으로, 프로그램 진행과정에서 일방경으로 관찰하는 3명의 다른 집단이 존재한다. 집단지도자는 집단 프로그램을 운영하면서 이러한 외부 관찰자 집단이 집단지도자 자신과 집단원에게 주는 영향에 대해 좀 더 숙고할 필요가 있다. 집단 시작단계에서 외부 관찰자 집단이 집단운영과 집단원들 각자에게 어떤 영향을 주고 있는지 집단 내에서 직접적으로 충분히 다루어야 한다. 이를 통해 외부 관찰자 집단이 주는 영향과 불편함에 대한 알아차림과 이에 대한 안전감을 얻을 수 있도록 하는 과정이 필요하다.

2) 제2 수퍼바이저 의견

집단지도자 특성에 대하여 피드백을 해 준 제1 수퍼바이저의 의견에 동의한다. 성실하고 완벽하고 성의 있으며, 책임감 있게 집단을 잘 운영하였다. 또한 집단원들의 개별 목표를 성취하기 위하여 지속적으로 세심하게 노력한 부분이 보인다.

또한 본 프로그램은 우리나라에 새롭게 소개되는 이론인 과정지향심리학 이론을 바탕으로 프로그램을 개발하였고, 체계적으로 구조화한 프로그램이다. 집단지도자가 오랜 시간 연구하여 본 프로그램을 개발하고 운영하였다는 것에 대한 의미가 깊다고 볼 수 있다. 과정지향심리학 이론은 인간이 일상적 실재 CR에서 알아차리지 않는 비일상적인 측면을 다루면서 이를 통해 더 깊은 알아차림을 가져오는 상담 접근 방식이다. 이에 다차원적이고 정의하기 어려운 다양한 측면을 구조화한 작업은 상당한 의미와 노력이 있었다고 여겨진다. 또한 과정지향심리학 접근에서의 집단지도자는 영적인 알아차림 과정과 과정을 느끼고 따라가는 민감성이 매우 요구되는 것으로 보인다. 본 집단지도자는 집단원의 비일상적 실재 NCR의 측면을 알아차리는 통찰력이 뛰어난 장점을 지니고 있고, 민감성을 지니고 있다. 하지만 집단지도자의 다양한 특성 중에서 자신의 감정에 머물고 느끼는 부분이 다소 부족해 보이는데, 이러한 측면이 집단상담을 운영하면서 집단지도자로서 집단원의 감정이나 갈등 상황 중 더 오래 혹은 더 깊은 알아차림을 위해 버텨 주는 힘이 부족한 것으로 보인다. 이는 집단원이 커플관계의 역경 상황이나 스트레스에 대한 임상적 부분을 깊이 다루지 못하고 표면적인 부분을 다루는 것에 머물렀다는 아쉬움과도 연결된다.

또한 집단원의 개인목표 설정이 표면적인 측면에 머물고 있어, 역경과 연결하는 부분에서 좀 더 심도 깊은 고찰이 있었다면 집단원의 역경과 관련된 임상적 부분에 대한 깊은 통찰이 함께 일어날 수 있었을 것으로 보인다.

3. 수퍼비전을 통하여 성장한 내용

1) 집단상담 진행과 관련된 내용

이 프로그램의 목적은 커플관계 탄력성 증진에 있기에 집단지도자는 집단원이 경험하는 커플관계에서의 다양한 역경과 스트레스에 대한 임상적 측면을 다룰 수 있어야 한다. 이를 위해 집단원의 상담목표를 설정하면서도 피상적인 측면에 머물지 않고 구체적인 역경과 스트레스 경험에 비추어 상담목표를 설정할 수 있어야 한다. 또한 집단상담의 과정은 집단원 스스로가 만들어가는 것이기 때문에 집단지도자가 일방적인 구조화 작업을 하는 것이 아니라 집단원과 함께 작업하는 것이 필요하다는 것을 깨달았다. 또한 집단지도자는 역경과 스트레스 상황에 대처하는 모델링이 될 수 있기 때문에 집단과정에서 경험하는 갈등 상황에서 적극적이고 효율적인 자기개방이 필요하고, 집단지도자 스스로가 갈등 상황에서의 감정을 느끼고, 이를 개방함으로써 효율적으로 과정을 펼치는 모습을 보여 주는 것이 필요하다는 것을 깨닫게 되었다. 또한 과정지향심리학의 임상적 적용의 관점에서 집단원이 표면적인 알아차림보다 더 깊은 알아차림을 할 수 있도록 집단지도자로서 민감하게 집단원들이 펼치는 각 과정을 따라가면서 때로는 버텨 주고, 때로는 기다려 줄 수 있는 상담자로서의 성장이 필요함을 알게 되었다.

2) 집단지도자로서 개인적 성장

집단과정 속에서 집단지도자의 경계(Edge)를 만나게 하는 집단원이 있다면, 그 순간 경험하는 감정이나 행동을 펼침으로써 좀 더 빠른 알아차림을 할 수 있도록 자신의 과정을 따라가야 함을 알게 되었다. 특히, 미소나 이글루와 같이 자신의 경계를 만나게 하는 집단원에게는 나도 모르게 무의식적으로 수용하지 못하고, 이들을 밀어내는 느낌을 주었을 수 있을 것이다. 이에 집단지도자는 이러한 자신의 과정을 잘 알아차릴 수 있어야 한다. 이를 위해 집단지도자가 전체 과정을 조망하고, 집단원이 성장하며, 스스로 알아차릴 수 있도록 기다릴 수 있는 여유가 필요하며, 자신의 감정과 만나고 수용하고 그 속에서 머무를 수 있는 기술이 필요하겠다. 또한 서두르지 않고 집단원 개개인의 알아차림 과정을 따라가면서 그들의 성장을 위한 피드백이 필요하다는 것을 느꼈다.

참고문헌

전지경, 양명숙(2011). 미혼커플관계 탄력성 척도 개발. **상담학연구, 12**(5), 1509-1525.

양명숙, 김동일, 김명권, 김성회, 김춘경, 김형태, 문일경, 박경애, 박성희, 박재황, 박종수, 이영이, 전지경, 제석봉, 천성문, 한재희, 홍종관(2013). **상담학 총서 3: 상담이론과 실제.** 서울: 학지사, 461-498.

전지경, 양명숙 (2014). 미혼 커플관계 탄력성 증진을 위한 과정지향 집단상담 프로그램 개발. **상담학연구, 15**(2), 579-596.

Diamond. J., & Jones, L. S. (2004). *A path made by walking: process work in practice*. OR: Portland Lao Tse Press.

Mindell, A. (2006). *Alternative to therapy: a creative lecture series on process work*. OR, Portland: Lao Tse Press.

Mindell, A. (1996). *Class: group process & world work*. Process Work Center of Portland, OR. Sep-Oct 1996.

Mindell, A. (1982). *Dreambody: the body's role in revealing the self*. Santa Monica, California: Sigo Press.

Mindell, A. (2011). **관계치료: 과정지향적 접근**(양명숙, 이규환 역). 서울: 학지사. (원전은 1987년에 출판).

Mindell, A. (1993). *The Shaman's Body*. OR, Portland: Lao Tse Press.

찾아보기

인 명

내 용

저자 소개

양명숙(Yang, Myong Suk)
독일 하인리히-하이네 뒤셀도르프(Heinrich-Heine Duesseldorf) 대학교
철학 박사(심리학 전공)
현 한남대학교 일반대학원 상담학과 교수
한남대학교 법정대학 아동복지학과 교수
한국상담학회 전문영역 수련감독급 전문상담사(집단, 아동 · 청소년)

한재희(Han, Jae Hee)
미국 베일러(Baylor) 대학교 상담심리학 박사
현 백석대학교 상담대학원장
한국상담학회 전문영역 수련감독자(집단, 부부가족, 심리치료)
한국상담심리학회 상담심리사 1급(주수퍼바이저)

전지경(Jeon, Ji Kyung)
한남대학교 상담학 박사
현 한남대학교 상담심리학과 겸임 교수
인덕심리상담센터 소장
한국상담학회 1급 전문상담사 일반수련감독자

김윤희(Kim, Yun Hee)
한남대학교 상담학 박사
현 한남대학교 학생상담센터 전임상담원
한국상담학회 1급 전문상담사 일반수련감독자

진선애(Chin, Sun Ae)
한남대학교 상담학 박사 수료
현 한남대학교 학생상담센터 전임상담원
한국상담학회 1급 전문상담사 일반수련감독자

집단상담 사례와 프로그램 개발의 실제

Practice of Group Counseling: Case Studies and Program Development

2017년 9월 20일 1판 1쇄 발행
2019년 6월 20일 1판 2쇄 발행

지은이 • 양명숙 · 한재희 · 전지경 · 김윤희 · 진선애

펴낸이 • 김 진 환
펴낸곳 • (주) 학지사
04031 서울특별시 마포구 양화로 15길 20 마인드월드빌딩 5층
대표전화 • 02) 330-5114 팩스 • 02) 324-2345
등록번호 • 제313-2006-000265호
홈페이지 • http://www.hakjisa.co.kr
페이스북 • https://www.facebook.com/hakjisabook

ISBN 978-89-997-1371-2 93180

정가 17,000원

저자와의 협약으로 인지는 생략합니다.
파본은 구입처에서 교환하여 드립니다.

이 도서의 국립중앙도서관 출판시도서목록(CIP)은 서지정보유통지원시스템 홈페이지(http://seoji.nl.go.kr)와 국가자료공동목록시스템(http://www.nl.go.kr/kolisnet)에서 이용하실 수 있습니다.
(CIP제어번호: CIP2017022189)